야사로 보는
삼국의 역사
2

야사로 보는 삼국의 역사 2

초판 1쇄 펴낸 날 | 2006. 2. 7

지은이 | 최범서
펴낸이 | 이광식
편집 | 곽종구 · 오경화 · 김지연
영업 | 박원용 · 조경자
펴낸곳 | 도서출판 가람기획
등록 | 제13-241(1990. 3. 24)
주소 | (121-130)서울시 마포구 구수동 68-8 진영빌딩 4층
전화 | (02)3275-2915~7  팩스 | (02)3275-2918
홈페이지 | www.garambooks.co.kr
전자우편 | garam815@chollian.net

ISBN 89-8435-242-X (04910)
ISBN 89-8435-240-3 (세트)

ⓒ 최범서, 2006

* 저자와의 협의에 따라 인지는 붙이지 않습니다.
* 잘못된 책은 구입한 서점에서 바꿔드립니다.

서점에서 책을 살 수 없는 독자들을 위해 우편판매를 하고 있습니다.
수    협 093-62-112061 (예금주 : 이광식)
농    협 374-02-045616 (예금주 : 이광식)
국민은행 822-21-0090-623 (예금주 : 이광식)

정사보다 진솔하고 소설보다 재미있다!

# 야사로 보는
# 삼국의 역사 2

― 신라 편

| 최범서 지음 |

의문투성이인 신라 건국과 박혁거세 | 박제상과 치술령 사당
연제부인 | 순교자 이차돈 | 화랑의 뿌리 | 비형 전설
화성 솔거 | 진평왕과 후직 | 작은 인연의 큰 은혜
거문고집을 쏘아라 | 석탈해왕 | 소지왕의 숨겨놓은 여인
두 스님의 이적 | 혼자 걸어다니는 석장

# 차례

## 신라 편

의문투성이인 신라 건국과 박혁거세 · 7 | 박제상과 치술령 사당 · 12
연제부인 · 21 | 순교자 이차돈 · 25 | 화랑의 뿌리 · 29 | 비형 전설 · 31
화성 솔거 · 34 | 진평왕과 후직 · 38 | 작은 인연의 큰 은혜 · 41
거문고집을 쏘아라 · 44 | 석탈해왕 · 52 | 소지왕의 숨겨놓은 여인 · 59
두 스님의 이적 · 68 | 혼자 걸어다니는 석장 · 73 | 두 악공 이야기 · 75
만파식적 · 79 | 노힐부득과 달달박박 · 81 | 만명부인 · 85
국사가 된 정수 · 87 | 원광의 어머니 · 89 | 수레공자 · 90
수로부인 · 99 | 지켜진 혼약 · 102 | 온군해의 충절 · 109
원효와 의상 · 115 | 지귀의 짝사랑 · 122 | 대야성 전투 · 130
복술가의 환생 · 145 | 금와보살 · 149 | 이순과 충담사 · 152
여왕의 등극 · 155 | 꿈을 산 문희 · 161 | 북한산성 싸움 · 168
돌아온 왕손 · 173 | 화랑 응렴의 세 가지 좋은 일 · 176
경덕왕의 후비 만월 · 180 | 김현과 신도징의 호랑이 아내 · 187
처용은 누구일까 · 192 | 광덕과 엄장 스님 · 196 | 진표율사 · 199
장보고의 해상왕국 · 204 | 조신의 꿈 · 214 | 신라의 야합 풍속 · 218
원효의 천안통 · 222 | 두 번 태어난 김대성 · 224 | 진정법사의 효와 선 · 227
부설거사 가족 · 229 | 대진국과 신라 · 233 | 효자 · 효녀 이야기 · 239
두운대사와 호랑이 · 243 | 최치원은 신선이 되었을까 · 247
진성여왕이 신라를 망쳤는가? · 269 | 청주 한씨 시조의 정자 · 272
신라의 5교와 9산 선종 · 278

저자 후기 : 왜 4국이 아닌 3국인가 · 287

*1권 차례*

머리말 · 4

## 고구려 편

고주몽의 탄생설화 | 고구려의 건국 | 협보의 다파라국 | 비운의 해명태자
솔·말·괴유의 활약 | 머슴이 왕이 되다 | 일곱 겹 소나무숲의 사연
중천왕의 무서운 결단 | 고구려를 먼저 찾은 부처의 빛 | 호태왕과 그의 아들
고구려의 무속 | 대방 태수의 딸 | 합종에서 분열로 | 바보 온달
승려 화가 담징 | 을지문덕과 수나라 | 연개소문의 등장 | 안시성을 사수하라
하늘이 낸 효녀 | 기우는 고구려 | 고구려가 통일의 주체국이 되지 못한 이유

## 백제 편

백제의 건국 | 백제의 내분과 서라벌 | 백제의 왜 열도 쟁탈전
신공과 칠지도 | 보과부인 | 왜로 건너간 한문·문화
백제의 전성시대 | 백제 불교의 왜 전파 | 도미의 아내
고구려의 첩자 신성 스님 | 동성왕의 신라 여인 | 동성왕과 곰나루성
첩자를 죽여라 | 아비지와 9층탑 | 소금 굽는 스님
설화로 남은 정략결혼 | 바위가 된 청년 | 싸움터에서 죽은 성왕
백제의 불교문화 | 금오산 향천사 | 공주와 무사
백제의 멸망 | 백제의 재건운동과 풍왕

# 신라 편

## ◉ 의문투성이인 신라 건국과 박혁거세

마한馬韓 동쪽에 진한辰韓이 있었다. 진한에는 열두 나라가 있었고, 그 열두 나라 가운데 사로斯盧라 부르는 나라가 있었다. 이 사로에 여섯 마을이 있었다. 이 여섯 마을에 각각 하늘에서 내려온 여섯 어른이 있었다, 이 어른들이 한 마을씩을 다스렸다.

알천 양산촌閼川楊山村 어른은 평平이었다.
돌산 고허촌突山高墟村 어른은 소벌도리蘇伐都利였다.
무산 대수촌茂山大樹村 어른은 구례마九禮馬였다.
취산 진지촌嘴山珍支村 혹은 간지촌干珍村 어른은 지백호智伯虎였다.
금산 가리촌金山加利村 어른은 지타紙沱였다.
명활산 고야촌明活山高耶村 어른은 호진虎珍이었다.

어느 날, 이들 여섯 마을의 어른들이 각각 그들의 자녀들을 거느리고 알천 언덕 위에 모여서 즐겁게 놀며 얘기를 나누었다.

"우리가 비록 한 마을씩을 맡아 다스리지만, 여섯 마을 전체를 다스리는 지도자가 없으므로 백성들이 제 마음대로 행동하오. 덕이 있는 분을 지도자로 내세워 나라를 다스리게 하는 것이 좋을 듯하오."

"좋은 생각이오. 우리 모두 뜻이 같을 게요."

그들은 얘기를 나누다가 남쪽에 있는 나정蘿井을 바라보고 깜짝 놀랐다. 나정에 하늘에서 내려온 빛이 꽂혀 있었고 우물가에 흰 말 한 마리가 무릎을 꿇고 있는 모습이 보였다. 여섯 마을 어른들이 그곳으로 달려 내려갔다. 그들이 달려오는 것을 보고 흰 말은 하늘을 향해 크게 한 번 울고 나서 하늘로 올라가버렸다. 그런데 말이 무릎 꿇고 있던 자리에 커다란 알 한 개가 놓여 있었다.

그들은 이상하게 여기며 커다란 알을 잘 받들고 껍질을 벗겨내었다. 신기하게도 옥동자가 나타났다. 그들은 옥동자를 모시고 동천東泉에 가서 목욕시켰다. 옥동자의 몸에서 광채가 나고 뭇 짐승들이 모여들어 춤추고 노래했다. 여섯 마을 어른들은 옥동자를 혁거세赫居世라 이름했고, 또 불구내弗矩內라고도 불렀다.

혁거세에 대해서는 여러 가지 설이 있다. 혁을 '밝'으로 읽는 것은 다 같으나 '밝아내'로 읽어 하나님의 아들 '밝안의 아이'로 해석하기도 한다. 또 '밝아뉘'로 읽어 세상을 다스린다는 뜻으로 해석하기도 하며, 혁거세의 거세는 임금을 우리 옛 기록에 거서간居西干·거슬간居瑟干·길지吉支라고 한 것과 같은 뜻이다. 결국은 '밝기시'로 읽을 것이라는 설이 있다.

알에서 깨어난 옥동자 소식을 듣고 여섯 마을 백성들이 모여들었다.

"하나님의 아드님이 탄생하셨다! 이제 곧 배필이 어디선가 나타나실 게다!"

백성들은 기뻐했다.

바로 그날 사량리沙梁里에 있는 알영이라는 우물가에 계룡鷄龍이 나타났다. 계룡 왼쪽 옆구리로 옥 같은 여자 아이가 탄생했다. 그런데 여자 아이의 입이 닭부리처럼 뾰족했다. 백성들은 여자 아이를 월성月城 북쪽 냇물에 데리고 가서 부리 같은 것을 떼어버렸다. 여자 아이는 비로소 예쁜 모습을 보였다. 부리 같은 것을 떼어낸 곳을 발천撥川이라고 불렀다.

여기에서 알영閼英 또는 아리영阿利英은 '알'·'아리' 등이 우리 옛 문헌에 기록된 것으로, 고구려 건국 설화에 나오는 동명왕의 '알' 과 유화부인의 입술 이야기와 같다. 설화의 계통이 같은 것으로 보아 민족문화의 계통도 같다는 것이 증명되었다.

여섯 마을 어른들은 남산 서쪽 모퉁이에 대궐을 짓고 남녀 아기를 받들어 모셨다. 그리고 혁거세가 들어 있었던 알이 큰 박만하다 하여 성을 박朴씨로 삼았다. 계룡의 따님은 우물 이름을 따서 알영이라 이름지었다.

혁거세의 나이 열세 살이 되자 여섯 마을 어른들은 그를 추대하여 임금으로 모셨다. 기원전 57년이었다. 나라 이름을 서라벌徐羅伐 또는 서술徐戌이라고 했는데 이것이 신라 건국설화이다.

여기에서 박朴은 광명을 뜻하는 '밝'이고, 서라벌은 서야벌徐耶伐이라고도 쓰고, 서·사斯·신新은 다같이 '새'로 읽는다. 또 나·야·노盧 등은 '내' 또는 '라'로 읽는다. 이것은 '나라'란 말이며, 벌은 불弗·부리비리夫里卑離·화火 등과 어울려 불·벌로 읽는다. 이것은 벌판 또는 도성의 뜻이다. '서라벌'이 뒷날 '서울'로 변했다는 것은 다 아는 사실이다.

그런데 신라를 건국한 혁거세가 박씨 아닌 김金씨라는 주장과, 수도 역시 한반도 경주가 아닌 중국 대륙이란 설이 있다. 또 하나 6촌의 어른이 모여 박혁거세를 추대했다는 그 여섯 마을로서는 나라가 성립이 되지 않는다는 설도 있다. 신라가 한반도 아닌 중국 대륙에 있었다는 것은 신라의 뿌리를 멀리 진한에서 찾기 때문이다. 진한은 그 뿌리를 진辰에서 찾는데 이는 상고시대에 중국 대륙에 동이족만이 있었다는 다소 과장된 해석에서 나온 것 같다.

신라의 뿌리가 진한이었다는 설은 여러 문헌에서 보이므로 긍정적인 판단이 서지만 혁거세의 중국 대륙의 건국설은 선뜻 수긍하기 어렵다.

고구려·신라·백제의 중국 대륙 건국설은 고구려 중심적 역사해석의 무리일 수도 있다. 고구려가 중국 대륙에 웅거해 있었던 증거는 비교적 고증이 확실한 터여서 믿을 수 있다. 그러나 신라·백제의 대륙 건국설은 앞으로 확신을 가질 때까지 연구대상일 수밖에 없다.

몽고어로 지금도 황하를 신라라 하고, 우리말로 신라는 새땅이라는 뜻이다. 신라의 뿌리를 동호족東胡族에서 찾는 이도 있다. 동호족도 조선족이었다. 기마민족인 동호족은 철 따라 황하, 즉 신라 유역의 초원지대를 누비며 삶의 터전으로 삼았다. 그들은 황하 상류 서쪽을 무대로 삼고 있었던 흉노족과 공존해왔다.

동호족이 힘을 잃고 방황한 것은 주변 국가의 변화 때문이다. 동명왕이 해부루를 가섭원으로 쫓아내고 주변의 거수국들을 규합했다. 이러한 때에 흉노족의 영웅 모돈冒頓이 제 아비를 살해하고, 급속도로 부족을 통일시켰다. 중원의 새 강자로 떠오른 것이다. 그러자 북방 초원지대의 패권을 놓고 동호족과 일전이 불가피해졌다. 이 싸움에서 동호족은 무참히 참패당하고 말았다. 그 결고 황하 이북의 동호족이 둘로 갈라져버렸다.

일부는 선비족鮮卑族이 되어 한족과 힘을 합쳤다. 다른 일부는 지금의 내몽고 오환산烏丸山에 들어가 힘을 길렀다. 이들을 오환족이라고 불렀다.

오환족은 기원전 87년 대초원 지대를 다시 복구하려고 흉노족의 왕릉을 파괴하고 싸움을 걸었다. 그러나 곧바로 반격에 나선 흉노족에게 패하여 많은 병사를 잃고 말았다. 싸움에서 패한 오환족은 뿔뿔이 흩어졌다. 일부는 전한으로 망명하고 일부는 고구려로 들어왔다. 이들을 신라족이라고 했다. 이들 가운데 우거수右渠帥 호공瓠公이 이끄는 무리들이 계속해서 남쪽으로 이동하여 지금의 한강가에 이르렀다. 이들은 일찍부터 자리잡고 있는 마한에게 몸을 낮추고 영지를 얻어 신라 건국의 첫발을 내디뎠다.

기원전 37년 혁거세는 힘을 길러 마한과의 결별을 결심했다. 홀로서기에 자신이 있었던 것이다. 서라벌은 마한의 남부에 자리잡은 진한과 함께 한강을 중심으로 공존했다. 그런데 이 소식을 듣고 중국 대륙에서 오환족들이 속속 남하했다. 이들은 삽시간에 큰 세력으로 발전했다.

힘이 길러지자 혁거세는 마한과 일전을 벌였다. 그들은 멀리 웅진熊津으로 도망쳤다. 이제 한강 일대의 종주권을 확실하게 거머쥐었다. 이어 진한까지 공격, 명실공히 한수의 패자가 되었다.

그런데 여기에 의문을 제기하는 설이 있다. 우선 신라의 서울이 중국 서안西安의 왕검성王儉城일 때도 있었다는 것이다. 신라의 서울에 있었던 집이 무려 17만 8,936호나 되었다. 그리고 읍邑과 리里가 1,360방坊이며 서울은 55리였다. 신라 서울의 큰 저택을 일컬을 때 금으로 만든 집이라는 뜻으로 금입택金入宅이라 했다. 즉, 으리으리하게 큰 집에서 살고 있다는 뜻이다. 이러한 집이 신라 서울에 35집이 있었다는 것이다. 한수변의 서울은 비좁아 도저히 이러한 집이 들어설 수 없다는 것이다.

또 하나 혁거세는 성이 박씨가 아니라 김씨라는 설이다. 신라 고사에 하늘에서 금궤짝이 내려왔다고 하여 옛날 성을 김씨라고 했다. 신라인은 소호금천씨小昊金天氏의 후예이다. 이 소호금천씨의 후손인 진한이 망하자 후손들은 뿔뿔이 흩어졌다. 그리고 살 길을 찾아 중국 대륙을 누볐다. 때로는 얻어먹고 다녀서 걸의식국乞衣食國이라는 말도 나왔다. 그러나 비록 얻어먹고 다녔으나 군신君臣의 후예답게 나라를 세울 수 있었다. 이 나라가 신라라는 것이다.

혁거세가 박씨라는 기록은 《삼국사기》에 나와 있다. 다른 기록에 따르면 "신라국은 원래 귀족으로서 김씨이다. 먼 조상은 김방이金旁怡이다. 당대의 일인자로서 유복한 부잣집의 장남으로 태어났으나 어느 때부터인가 가산이 기울어 나라를 세우는 데 매우 어려웠다. 하는 수 없이 얻어먹으면서도 나라를 세워 지켜야 했으므로 걸의식국이 되었다". 이 기록을 보면 김씨설에 신빙성이 있어 보인다.

또 6촌으로서는 나라가 될 수 없다는 설이다. 원래 조선 유민들은 산간 계곡에서 흩어져 살았다. 여기에서 촌락을 이루었는데, 신라 6촌은 진한의 6부라고도 한다. 이 육부는 지금으로부터 2,000년 전으로 춘추 전국시대이다.

그런데 그 당시 나라가 형성되려면 적어도 일개 군郡은 되어야만 했다. 그 다음이 현이다. 현은 작은 고을로서 36현 이상이 모여야만 작은 나라가 될 수 있었다. 따라서 6촌으로서는 나라가 될 수 없었다.

《홍범연의洪範衍義》에 따르면 한 나라가 형성되려면 사방 100리 거리여야 하고, 1개군이 되어야만 소국으로 인정할 수 있다는 기록이 보인다. 6촌으로 나라를 세웠다는 것은 《삼국사기》를 쓴 김부식이 꾸민 것 같다.

신라라는 이름도 건국 초기부터 신라가 아니었다. 기원후 295년 기림其臨 이사금尼師今 때까지 오랜 세월이 흘렀다. 빌어먹고 다녔다는 걸의식국이 신라 최초의 이름이다. 이어 비집기국가飛集其國家 · 시라尸羅 · 사라斯羅 · 시림始林 · 유계有鷄 · 계괴鷄怪 · 계림鷄林 · 서라벌 등이 있었다. 또 어떤 때는 유잠국有蠶國이라고도 했는데, 누에를 길러 비단을 짜는 나라라는 뜻이다. 기원후 259년 전까지는 신라라는 이름을 사용하지 않은 것 같다. 앞으로 밝혀져야 할 것이 너무나 많은 신라의 건국설이다.

## ❀ 박제상과 치술령 사랑

신라 내물왕奈勿王 37년은 고구려 광개토대왕 2년으로 서기 392년이다. 두 나라가 서로 화친을 맺고 세력이 약한 신라에서 이찬伊湌 대서지大西知의 아들 실성實聖을 고구려에 인질로 보내었다. 실성이 고구려에서 볼모생활을 한 지 9년, 고구려에서 실성을 신라로 돌려보냈다. 실성은 9년 동안의 볼모생활에 치를 떨었다. 내물왕에 대한 원한이 가슴에 한으로 맺혀 있었다.

실성이 돌아온 다음해에 내물왕이 세상을 떠났다. 내물왕의 아들이 아직 나이가 어려 조정 중신들이 회의를 열어 고구려에서 인질생활을 한 실성을 임금으로 추대했다. 서기 402년의 일이다.

이 해에 왜국에서 사신이 왔다. 신라는 왜국과도 화친을 맺고 인질을 보내기로 했다. 실성왕은 내물왕에게 원한이 많은지라 내물왕의 아들 가운데 하나를 왜국으로 보내기로 했다. 내물왕의 아들 3형제 중 막내 미해 美海(미사흔未斯欣·미토희味吐喜·미질허지微叱許智 등으로 불림)를 왜국으로 보내었다.

그런 후 10년이 지났다. 고구려에서는 광개토대왕이 죽고 그의 아들 장수왕이 왕이 되었다. 장수왕이 신라로 사신을 보내어 또 인질을 요구했다. 신라는 국력이 약해 고구려의 요구를 들어줄 수밖에 없었다. 실성왕은 이번에도 잘되었다 싶어 내물왕의 둘째 아들 보해宝海(복호卜胡라고도 부름)을 보내었다.

실성왕은 내물왕에게 당한 설움을 앙갚음했으나 맏아들 눌지訥祇가 마음에 걸렸다. 실성왕은 눌지를 없애버리기로 했다.

실성왕은 전에 고구려에 있을 적에 친하게 지내던 무사武士가 머리에 떠올랐다. 편지를 써서 비밀리에 고구려 무사에게 보내었다.

"…그대의 나에 대한 우정이 변하지 않았으리라 믿고 있소. 나를 위해 큰일을 하나 해결해주오. 이 글을 읽은 즉시 신라로 들어오시오. 내가 영접사를 보낼 터이니 그 영접사를 죽여주시오. 일을 성사시키면 후한 상을 내리겠소. 부탁하오."

이 편지를 받고 고구려의 무사가 길을 떠나 신라로 들어왔다. 실성왕은 무사가 들어왔다는 소식을 접하고 내물왕의 맏아들 눌지를 불렀다.

"지금 고구려에서 매우 중요한 임무를 띠고 우리 나라로 오는 사신이 있다. 그대는 곧바로 길을 떠나 그 사신을 영접하라!"

"대왕마마, 분부 거행하겠나이다."

눌지는 그날로 길을 떠났다. 이틀 후 눌지는 고구려의 무사를 만났다. 무사는 눌지를 보고 범상치 않은 인물로 여겼다. 그는 곰곰 생각했다.

'이런 인물을 왜 죽이려는 것일까? 아마 실성과 원한관계일 게야. 그러나 내 앞에 선 이 인물이 신라에서 중요한 사람이라면 내가 죽인 후 뒤탈이 나면 문제가 정치적으로 비약할 수 있다. 함부로 죽일 일이 아닌 것 같다…'

무사는 눌지를 빤히 쳐다보다가 물었다.

"나를 영접 나온 댁은 뉘시오?"

"내물왕의 맏아들이외다."

"오, 그러하오? 전왕께오서는 실성왕과 사이가 좋지 않았소?"

"잘 모르오나 아마 실성왕께오서 원한을 가지셨을 것이외다."

"실성왕을 고구려에 인질로 보냈다고 말이요?"

"그런 까닭이 있나이다."

"지금부터 내 말 잘 들으시오. 내가 신라에 온 것은 그대를 죽이기 위해서요. 내 비록 실성왕이 고구려에 있을 적에 친하게 지내어 사람 죽이는 일에 선뜻 나섰소만 그대를 보고 마음이 변했소. 그대는 죽어서는 안 될 귀한 몸이요. 나는 이 길로 되돌아가겠으니 그리 알고 그대도 돌아가구려."

"고맙소이다. 이 은혜 두고두고 갚겠소이다."

눌지는 도성으로 돌아와 밤에 동지들을 모았다. 그리고 그 밤으로 대궐에 들어가 단잠에 빠진 실성왕을 단칼에 목베어버렸다.

이튿날, 눌지는 대신들을 모아놓고 그동안의 경위를 설명했다. 대신들은 눌지를 왕으로 추대했다. 서기 417년, 실성왕 16년의 사건이다.

눌지왕이 등극한 지 1년, 날이 갈수록 두 아우가 보고 싶었다. 왜국에 볼모로 간 막내 미해는 고국을 떠난 지 벌써 17년이 지났고, 고구려에 간 둘째 보해는 7년이 지났다.

어느 날이었다. 눌지왕은 벌보말伐宝末·구리내仇里乃·파로波老 등 세어진 이들을 불렀다.

"그대들을 부른 것은 급히 의논할 일이 있어서요. 그대들도 알다시피 내 두 아우가 하나는 왜국에, 하나는 고구려에 볼모로 잡혀 있소. 내가 보위에 앉아 있으나 마음은 온통 두 동생 생각뿐이라오. 동생들을 데려올 방법이 없겠소? 지혜를 빌려주오."

눌지왕의 눈가에 이슬이 맺혔다. 세 어진 이들도 눈물을 훔쳤다. 세 사람 가운데 한 어진 이가 말했다.

"폐하, 신이 듣기로 삽량주歃良州(지금의 경상남도 양산梁山)에 사는 제상提上이란 이가 용감하고 기운이 셀 뿐만 아니라 지혜 또한 출중하다 하옵니다. 두 왕제를 모셔오는 데는 그 사람이어야 할 것 같사옵니다. 그 사람을 불러 의견을 들어보시오소서."

다른 두 어진 이도 똑같은 생각이었다.

"그리하소서, 폐하."

제상의 성을 《삼국유사》에서는 김씨라고 했다. 그러나 일반적으로 널리 알려진 성이 박씨이다. 또 제상을 세상 사람들이 이름으로 알고 있는데 실은 이름이 아니라 고을의 태수라는 뜻이다. 제提는 '해'요, 상上은 '마루'로서, 그 지역의 어른이란 뜻이다. 그는 본래 파사왕婆娑王의 5세손인데 이름이 기록으로 남아 있지 않아 일반적으로 널리 알려진 제상이 이름이 되어버렸다.

눌지왕은 지체없이 박제상을 불러들였다. 제상이 임금 앞에 나와 엎드렸다. 눌지왕은 부른 까닭을 설명했다. 제상이 다 듣고 나서 말했다.

"신이 듣건대 임금의 근심은 신하 된 자의 욕이요, 임금이 욕을 보면 신하는 죽어야 한다고 들었나이다. 일의 어렵고 쉬움을 따지는 것은 충성이 아니옵고 죽고 사는 것을 헤아리는 것은 용기가 아니나이다. 신이 비록 재주도 없고 우둔하오나 대왕마마의 뜻을 알고서야 어찌 가만히 있겠나이까!"

"오오, 고맙소. 태수!"

눌지왕은 박제상의 말에 감격하여 눈물을 보였다.

눌지왕은 주안상을 들이라 하여 제상에게 술을 따라주며 함께 술잔을 기울였다.

"태수, 어느 나라가 쉽겠소?"
"아무래도 가까운 고구려가 쉬울 듯하나이다."
"순서로 봐서도 둘째 보해가 먼저 아니겠소?"
"그렇사옵니다."
"태수만 믿겠소."
"기필코 일을 성사시켜 진충보국하겠나이다."

박제상은 사신의 임무를 띠고 고구려로 떠났다. 예물을 갖춘 사신 일행은 고구려 도성으로 들어가 정식으로 사신의 임무를 수행했다. 장수왕을 뵐 날짜가 되었다. 박제상은 고구려 임금에게 예의를 갖추고 말문을 열었다.

"신이 알고 있건대 나라와 나라 사이에는 친선이 우선이옵고 그 친선은 성의와 신의가 뒷받침되어야만 공고해진다고 들었나이다. 서로 볼모를 주고받는 것은 신의가 없고 도의가 땅에 떨어진 징조가 아니겠나이까?"

"그대의 말에 일리가 있도다. 말해보라!"

장수왕은 아량이 넓었다. 제상의 유창한 말솜씨에 호감이 갔다.

"폐하, 신의 나라 임금께오서 고구려에 볼모로 와 있는 아우를 생각하고 형제의 애틋한 그리움을 참지 못함이 마치 어미소가 송아지를 부르는 것처럼 애절합니다. 하옵고 대왕마마께오서는 볼모를 보내주신다 한들 소등에 털 하나 뽑힌 것과 무엇이 다르오리까. 부디 대왕마마께오서는 큰 덕을 베푸시어 신의 나라 임금의 형제 그리운 정을 풀어주신다면 그 은혜를 잊을 길이 없을 것이옵고, 또한 두 나라는 이런 일로 하여 무궁한 평화를 누릴 것이나이다. 원컨대 대왕마마께오서는 굽이 살피시어 하늘 같은 은혜를 베풀어주시오소서."

장수왕은 제상의 정성어린 말과 정당한 이론에 매료되어 선선히 허락해주었다. 세 치 혀의 외교적 성공이었다.

박제상은 눌지왕의 둘째 아우 보해를 데리고 보무도 당당하게 신라로 돌아왔다.

7년 만에 고국에 돌아온 보해는 여한이 없었다. 눌지왕은 잔치를 열어 신하들과 기쁨을 나누었다. 하루종일 술과 가무에 취하여 기쁨을 만끽했는데도 눌지왕의 가슴 한구석에서는 찬바람이 돌았다. 막내 동생 미해가 떠올라 눌지왕의 가슴에서 찬바람이 일었다.

박제상은 눌지왕의 마음을 훤히 읽고 있었다.

"마마, 막내 동생이 그립사옵니까?"

"그렇소 태수. 두 팔 중에 한 팔은 찾아왔건만 다른 한 팔이 없어 허전하오."

"염려 마소서 마마, 신이 왜국으로 떠나겠나이다."

"태수, 고맙소이다. 차마 말을 못 하겠기에 한숨만 지었다오."

"마마, 이번 왜국행은 고구려행 때와는 다르옵니다. 다른 방법을 쓰지 않으면 어려울 것이나이다. 고구려는 대국인데다가 장수왕께오서는 선이 굵고 어진 임금이었으나 왜국은 섬나라여서 인정과 도덕을 앞세워 설득해서는 일이 이뤄지지 않을 것이옵니다. 지혜와 꾀로써 저들을 속일 수밖에 없사옵니다. 신은 왜국으로 떠나는 그날부터 신라의 배신자가 될 것이옵니다."

"무슨 말이오, 태수?"

"신이 왜국으로 들어가 신라를 배반하고 떠나온 것처럼 행세해야만 왜놈들이 믿을 것이오니, 신의 가족을 옥에 가두어 왜국에서 감쪽같이 속아 넘어가도록 하시오소서."

"어찌 그대의 가족을 옥에 가두란 말이오?"

"그렇게 하셔야 일을 성사시킬 수 있나이다."

눌지왕은 대답이 없었다.

박제상은 아내와 세 딸을 만나보지도 않고 율포栗浦로 나가 배를 탔다. 뒤늦게 소식을 듣고 달려온 부인이 율포로 달려왔으나 배는 이미 포구를 떠난 뒤였다. 부인은 포구에 주저앉아 멀어져가는 배를 향해 울음 섞인 목소리로 외쳤다.

"여보오! 기왕 가시는 길 맘 편히 먹고 다녀오시구려. 이 몸 당신이 오실 날을 기다리며 세 딸을 잘 키우겠나이다."

박제상이 아내의 목소리를 들었는지 대꾸했다.

"여보오, 미안하오! 내가 꼭 가야 할 길이기에 떠나오. 만약 내가 돌아오지 못한다 해도 원망일랑 마오. 나는 나라에 바친 몸이오. 부디 아이들의 현명한 어머니가 되어주시구려."

아내는 듣지 못했다. 설움이 복받쳐 꺼이꺼이 우느라고 아무 소리도 못 들었다.

왜국에 닿은 제상은 왜국의 왕 앞에 나가 신라를 배반하고 도망쳐 온 망명자 행세를 했다.

"신은 본디 신라 양산 고을 태수였사온데, 신라 임금이 죄도 없는 신의 어버이를 죽여 분노를 억누를 길 없어 귀국으로 머리를 두르고 호소하러 왔나이다. 부디 받아주소서."

왜왕은 믿지 않았다. 신하에게 박제상을 감시하라고 일렀다.

"저놈이 세작(첩자)인지 모른다. 철저히 감시하라!"

제상은 왜왕이 자기를 감시하고 있다는 것을 알고 각별히 행동을 조심했다.

얼마 후 백제 사신이 일본에 왔다. 왜왕을 만난 자리에서 백제 사신이 말했다.

"신라 양산 태수가 이곳에 와 있나이까?"

"어찌 아오?"

"신라에서 박제상이 신라를 배반하고 왜국으로 도망쳤다 하여 그 가족을 옥에 가두었다 들었나이다."

"오, 그런 일이 있었구만."

"여기 있나이까?"

"나는 그자가 세작인지 몰라 감시하던 참이었소."

"그자가 신라를 배반한 것이 사실이나이다."

박제상은 왜왕의 신임을 받았다. 감시 없는 생활을 할 수 있었고, 미해와도 자주 만나게 되었다.

박제상은 왜왕에게 복수를 해달라고 꼬였다. 왜왕은 신라를 치겠다며 배를 만들기도 했다. 제상은 왜의 앞잡이 노릇을 하겠다고 자청했다.

어느 날, 재상은 미해와 함께 낚시질을 구실삼아 다른 섬으로 갔다. 거기에서 하루 종일 낚시질을 했다. 따라온 왜인들도 그들을 전혀 의심하지 않았다.

그날 밤, 안개가 짙게 깔려 한 치 앞도 분간할 수 없었다. 박제상이 미해를 재촉했다.

"이때를 기다렸소. 자 서둘러 신라로 떠나시오!"

"나 혼자 떠나라구요?"

"그렇소이다. 둘이 함께 떠났다가는 잡히고 맙니다. 나는 뒤에 기회 봐서 떠날 것이니 염려 말고 떠나시오. 이번 기회를 놓치면 언제 또 만들어질지 모르오."

"그래도 나 혼자는 좀…"

"어서 떠나야 하오. 신라에서 형님 왕께서 목이 빠지게 기다리고 있소이다!"

미해는 박제상을 끌어안고 흐느끼다가 짙은 안개 속에 배를 띄웠다. 그 배에 신라 사람 강구려康仇麗가 함께 타고 미해를 돌보았다.

미해를 떠나 보낸 제상은 왜놈들의 동정을 살피며 방안에서 자는 듯이 누워 있었다. 날이 새었는데도 늦잠을 자는 체하며 일어나지 않고 한나절을 끌었다. 미해의 배를 멀리 떠나 보내려는 생각에서였다. 기다리다 못해 왜놈들이 방문을 부수고 들어왔다.

"미해는 어디 갔나?"

"신라로 떠났다."

"아니 뭐라고?"

왜놈들은 아직도 안개가 짙어 배를 띄우지 못하고 발을 동동 굴렸다.

박제상을 꽁꽁 묶어 왜왕 앞으로 끌고 갔다. 왜왕은 미해가 도망쳤다는 보고를 받고 노발대발이었다.

"네 이노옴! 네가 나를 속이려고 부러 수작을 부렸구나!"

"수작이 아니외다. 신라 왕제가 신라로 갔거늘 무엇이 잘못인가!"

"너는 어느 나라 신하이냐?"

"그야 물론 신라의 신하다!"

"내 앞에 있으니 나의 신하가 아니더냐!"

"말 같지 않은 소리 마라!"

"지금이라도 내 신하가 된다면 너를 용서하고 벼슬을 주겠다."

"나는 죽어서 신라의 개·돼지가 될지언정 살아서 왜의 신하가 될 수 없다! 또한 신라의 형벌은 달게 받을지언정 왜의 벼슬은 받고 싶지 않다!"

왜왕은 약이 바짝 올라 제상의 사타구니를 칼로 저미고 곤장을 치면서 물었다.

"누구의 신하냐?"

"나는 살아서도 죽어서도 신라의 신하다!"

왜왕은 쇠를 불에 달구어 제상의 등을 지졌다. 살 타는 노린내가 지독했다. 제상은 얼굴을 찡그리지도 않고 의연한 자세였다.

"다시 묻겠다. 누구의 신하냐?"

"신라의 신하다!"

왜왕은 끝내 재상의 지조를 꺾을 수 없었다. 마침내 장작불에 타죽으면서도 신라인의 명예를 꿋꿋이 지켜냈다.

신라에서는 율포 포구에 미해 왕제가 17년 만에 돌아왔다는 소문이 퍼져 백성들이 모여들어 환영 일색이었다. 눌지왕도 율포로 나가 막내 동생을 얼싸안았다. 그리고 기쁨의 눈물을 뿌렸다. 대궐로 돌아온 임금은 잔치를 크게 베풀었다. 보해 때와는 달리 가슴이 꽉 찼다.

눌지왕은 기쁜 나머지 우식곡憂息曲이란 노래를 손수 지어 불렀다. 두 동생도 따라 불렀다. 우식곡은 모든 근심이 사라졌다는 뜻이다.

얼마 후 박제상이 왜국에서 죽었다는 소식을 듣고 눌지왕은 소리내어 울었다. 그리고 그의 은혜를 갚기 위해 제상에게 대아찬大阿飡 벼슬을 추증하고 그의 집에 많은 재물을 하사했다. 그래도 미흡한 것 같아 제상의 둘째 딸을 미해와 짝지어 주고 사돈관계를 맺었다. 제상의 부인에게는 국대부인國大夫人의 칭호를 내렸다.

박제상의 아내는 어느 한 가지도 즐겁지 않았다. 영원히 보지 못할 남편만이 몹시 그리울 따름이었다. 그녀는 세 딸을 앞세우고 치술령鵄述嶺 위로 올라가 멀리 동해 넘어 왜국을 바라보며 남편이 그리워 통곡하다가 그 자리에 쓰러져 숨을 거두고 말았다.

눌지왕은 소식을 듣고 그녀를 정중히 장사 지내주고 거기에 사당을 지어 부인을 치술신모鵄述神母로 모시도록 했다. 어떤 사람이 이 일을 슬피 여겨 노래를 지어 불렀다. 그 곡이 널리 퍼져 백성들이 따라 부르자 그 곡을 '치술령곡'이라고 했다.

또 박제상이 왜국으로 떠날 때 부인이 나와 망덕사望德寺 남쪽 모래밭에 주저앉아 하염없이 울던 자리를 장사長沙라고 불렀다. 그때 친척 두 사람이 부인을 아무리 달래었으나 부인이 두 다리를 벌리고 앉아 울면서 일어나지 않았던 자리라 하여 그곳을 벌지지伐知旨라 부르기도 했다.

## ❀ 연제부인

모량부 숲속에서 무엇인가를 찾는 두 사나이가 있었다. 이때 큰 나무 아래에서 개 두 마리가 큰 자루 양끝을 물고 서로 싸우다가 사내들을 보고 도망쳐버렸다. 사내들이 개가 버리고 간 자루를 보고 그만 눈이 휘둥그레졌다.

"히야, 이런 건 처음 보네."

"이것이 사람의 것 맞아?"

"맞긴 맞아."

큰 자루 같은 그것이 아침 햇살에 황금빛을 띠었다.

"남자의 것일까?"

"남자의 것이라면 대장감일세."

"여자의 것이라면?"

"지대로智大路(지도로智度路·지철로智哲老라고도 함)의 짝이 될 만하이."

"그런데 사람의 것 맞아?"

"맞아, 사람의 것이 아니면 개가 먹으려고 하지 않았겠지."

사내들은 근처를 두리번거렸다. 때마침 한 소녀가 심부름을 가는지 총총걸음으로 사내들의 앞을 지나쳐가고 있었다.

"낭자, 말좀 묻겠소."

"말씀해보소서."

"이 근처에 누가 있었는지 낭자께서 아시우?"

"아까 상공 댁 아가씨가 숲에서 나오는 걸 보았나이다."

"상공 댁이라면?"

"이 동네에 박 상공 댁이 있나이다."

두 사내는 박 상공 댁을 찾아가 숲을 다녀갔다는 아가씨를 훔쳐보았다. 키가 7척 5촌이나 되는 덩치 큰 여자가 우물가에서 빨래를 하고 있었다. 키만 큰 것이 아니라 이마도 넓고 코도 크고 손 하나가 오동잎 이파리만 했다. 여장부 중의 여장부였다.

두 사내는 내물왕의 손자인 습보習寶에게 달려갔다. 습보가 보지 못하던 사내들이었다.

"무슨 일로 나를 찾았는가?"

"지대로 도련님의 아버님이시나이까?"

"그렇네만."

"소문에 도련님의 음경陰莖이 1척 5촌이라는데 맞는 말이옵니까?"

"그렇다네. 워낙 물건이 커서 여태껏 짝을 찾지 못했다네. 그에 맞는 음문陰門이 있어야 말이지."

"염려 마소서. 소인들은 사냥꾼인데 오늘 아침 우연히 모량부 숲속에서 지대로 도련님의 짝을 찾아 선까지 보고 오는 길이나이다."

두 사내는 입에 거품을 물고 자초지종을 늘어놓았다. 습보는 얘기를 듣고 나서 슬그머니 구미가 당겼다. 모량부 박 상공이라면 습보도 알고 있었다. 이찬伊湌 벼슬의 박등흔朴登欣이 아닌가. 습보는 두 사내에게 비단 한 필씩을 상으로 주었다.

그날 습보는 궁으로 달려가 소지왕 앞에 엎드렸다.

"대왕마마, 신의 자식 지대로가 정혼할 나이를 훨씬 넘겼사오나 짝을 구할 수 없어 여태껏 노총각으로 살고 있나이다. 왕손이 성취하지 못하와 노심초사했사온데 오늘 드디어 짝을 찾았나이다. 모량부의 이찬 박등흔의 여식이 지대로와 신체조건이 맞을 듯하오니 대왕마마께오서 박등흔을 불러 혼인을 성사시켜 주시오소서."

"내 어찌 왕손의 혼인에 모른다 하랴. 염려 마오!"

소지왕은 즉시 모량부 박등흔의 집에 사람을 보내어 규수를 데려오도록 했다. 박 규수가 궁으로 들어와 소지왕에게 인사를 올렸다. 소지왕은 규수의 덩치를 보고 그만 입이 벌어지고 말았다. 특히 입이 하품하는 황소만하여 만족스러웠다. 지대로의 음경이 크다는 소문을 소지왕도 듣고 있었다. 소지왕은 지대로와 박 규수의 혼인을 직접 주관했다. 첫날밤 혹시 사고가 나지 않을까 하여 신방 밖에서 지켜보았으나 아무런 사고 없이 잘 넘겼다. 신랑·신부가 그야말로 천생연분이었다.

소지왕이 승하했다. 후사를 이을 아들이 없었다. 왕실에서는 지대로를 왕으로 추대했다. 그때 지대로의 나이 64세였다. 지대로왕은 60 평생 넘게 백성들과 함께 살아 백성들의 실정을 꿰뚫고 있었다. 백성들의 편에 서서 나쁜 법을 하나씩 고쳐나갔다.

순장법殉葬法부터 과감히 금했다. 소지왕 때까지만 해도 왕이 승하하면 모시던 신하들이 함께 순사했는데 이는 천도에 어긋나는 일이어서 법을 뜯어고쳐버렸다.

또 농기구 개량에 힘을 기울였다. 백성들이 간단한 농기구로 땅을 일구어 소출도 적고 힘이 배로 들었다. 사람들끼리 밭갈이를 하던 것을 소를 이용하여 밭을 갈게 하고 쟁기·서레 등을 만들어 사용했다. 이때에 비로소 소를 이용하고 제대로 된 농기구를 사용하여 농사를 지었다.

지대로왕 4년에는 국호를 비로소 신라로 정했다. 그 다음해에는 상복喪服을 제정했고, 또 그 다음해에는 이사부異斯夫를 실직주悉直州의 태수로 세워 지방장관에게 군사권을 주어 변경을 다스리도록 했다. 지대로왕 9년에는 북위에 사신을 보내어 한문화漢文化를 들여왔다.

지대로왕 13년에는 하슬라주何瑟羅州 태수 이사부가 동해 바다 가운데 있는 우산국于山國을 신라 땅으로 만들었다. 우산국, 즉 울릉도는 섬에서 도민들끼리 넉넉히 자급자족하고 있었다. 그리하여 도민들은 육지 사람들에게 기대지 않고 자기네들끼리 자기네식 방법으로 살아갔다.

이사부는 섬 사람들이 용맹스럽기는 하나 지혜가 없어 아둔한 것을 알고 나무로 사자를 만들어 배에 싣고 우산국으로 들어갔다.

"창을 던지고 복종하라! 만약 반항하는 자들은 이 사자를 풀어 잡아먹게 하리라!"

섬 사람들은 창을 던지고 항복했다. 이후부터 우산국은 신라에 해마다 조공을 바치고 신라의 문화를 배워갔다. 이때부터 울릉도가 우리 땅이 된 것이다.

그리고 지대로왕 이전까지는 임금의 이름 뒤에 거서간居西干·차차웅次次雄·이사금尼師今·마립간麻立干 등을 붙여 불렀는데, 이는 모두 왕이라는 뜻이다. 지대로왕 때부터 이런 말을 사용하지 않고, 중국 문화의 본을 떠서 죽으면 시호諡號를 쓰기 시작했다. 지대로왕은 제위 14년 동안 많은 업적을 남겼다. 그야말로 커다란 음경 몫을 잘한 임금이었다. 그가 죽은 후 지증智證이라는 시호를 받아 지증왕으로 불리었다. 그 뒤를 연제부인과延帝夫人의 사이에 태어난 법흥왕法興王이 이었다. 연제부인은 무지무지 큰 똥덩이를 싼 바로 그 여인이었다.

## ❋ 순교자 이차돈

법흥왕 15년 어느 날, 임금은 조정의 신료들을 불러모았다. 임금의 용안은 매우 심각해 보였다.
"오늘 나는 결단을 내리려 하오."
법흥왕의 첫마디였다. 신하들은 긴장했다. 드디어 올 것이 온 것이다.
"백성들을 위해 나는 절을 짓고자 하오. 경들의 의견을 듣고 싶소."
"아아…"
신하들 사이에서 가벼운 탄식이 흘러나왔다.
법흥왕은 불법佛法으로 나라를 다스리기로 마음을 정하고 신하들과 여러 차례 의견을 나누었으나 어느 하나 임금의 뜻에 따르려고 하지 않았다.
고구려를 통해 불교가 신라에 몰래 들어온 지도 150여 년, 신라 조정은 불교의 번성을 원치 않았다. 백성들 사이에 음성적으로 전파되고 있을 뿐 나라에서는 관심이 없었다. 법흥왕은 불교를 국교로 삼아 나라를 다스리려고 결단을 내린 것이다.
신라 조정에서 존경을 받는 한 신하가 반대 의견을 분명히 했다.
"대왕마마의 뜻을 누구 하나 따르지 않겠나이까. 하오나 절을 짓는 것만은 따를 수 없나이다."
"그러하나이다."
모든 신하들이 앉은 자리에서 허리를 굽혔다.
"어찌 안 된다는 것인지 기탄없이 말해보오."
"불교라는 것이 허무맹랑해 보여 백성들에게 권할 수 없다고 사료되나이다."

"그러하옵니다. 한번 더 어심을 가다듬어주시오소서."
"슬픈 일이로다! 반대하는 이유치고는 막연하도다!"

법흥왕은 한숨을 내쉬었다. 법흥왕은 어전회의를 파해버렸다. 임금의 결단도 신하들의 반대에 부딪히면 어쩔 수 없었다. 막무가내로 몰아붙이는 것은 다스림이 아니었다. 우선 신하들의 동의를 얻고 백성들의 여론을 들어 모든 일을 결정해야만이 비로소 참다운 정책이 되고, 백성을 위한 것이 된다는 것을 법흥왕은 알고 있었다.

법흥왕의 마음은 하루도 편할 날이 없었다. 이때 조정에 박염촉朴厭觸이라는 벼슬아치가 있었다. 그의 아버지는 알려지지 않았으나 할아버지는 아찬阿飡 벼슬을 한 종宗으로 습보習宝 갈문왕葛文王의 아들이었다. 이 기록도 확실치 않다. 박염촉의 아버지는 길승吉升이며, 할아버지는 공한功漢이요, 증조할아버지는 걸해대왕乞骸大王이라는 설도 있다. 이 박염촉이 바로 이차돈異次頓이었다.

이차돈은 사인舍人 벼슬을 살고 있었다. 마음이 거울같이 맑고 의지가 대쪽같이 곧았다. 이차돈이 임금의 상심을 알고 한번 뵙기를 청했다. 임금은 말단 벼슬아치에게 지혜가 있을 것 같지 않아 무시해버렸다. 그래도 이차돈은 뜻을 굽히지 않고 계속 임금 뵙기를 청했다. 법흥왕의 마음이 움직였다. 그를 불러들였다.

"대왕마마, 신이 나라와 마마를 위해 목숨을 내놓을까 하나이다."
"무슨 말이더냐?"
"마마께오서 백성을 위해 절을 세우고자 하시온데 그 뜻을 신하들로 하여 이루지 못하고 계시나이다. 신이 그 일로 목숨을 바치고자 하나이다."
"아니 된다. 섣불리 할 일이 아니니라. 네 목숨을 바치고도 일이 성사되지 않으면 어찌하겠느냐?"
"아니옵니다. 신, 그에 대한 확신이 있나이다. 신은 부처님을 모신 지 오래되나이다. 부처님께오서 신을 품안에 거두신 것은 오늘을 위해서일 것이나이다. 신이 죽어 신하들의 마음을 기필코 돌려놓고 말겠나이다."

"너를 무슨 명분으로 목을 벤단 말이더냐?"

"신에게 죄를 뒤집어씌우소서."

법흥왕은 이차돈의 간곡한 청에 믿음이 갔다. 무엇보다 불교에 대한 열정과 신념이 확실해 보였다. 게다가 충성심마저 돋보였다. 그러나 법흥왕은 그를 죽일 수 없었다.

"어찌 죄없는 그대를 죄를 만들어 죽이겠느냐? 임금이 할 짓이 아니니라."

"마마, 세상에서 제일 버리기 어려운 것이 목숨임을 신이 어찌 모르겠나이까. 하오나 신이 저녁에 죽어 아침에 대교大敎가 행해진다면 어찌 목숨을 아끼겠나이까. 통촉해주시오소서."

이차돈의 자신만만하고 극진한 청에 법흥왕은 온몸에 기쁨이 충만해 오는 것을 느꼈다. 부처님의 자비가 깨달아지는 순간이었다.

"오, 의롭도다 사인이여! 그대가 도를 위해 행하고자 하니 가히 보살행이 아니겠는가!"

법흥왕이 옥좌에서 벌떡 일어나 이차돈에게 다가가 덥석 안았다. 순간 이차돈의 눈에서 광채가 뻗쳤다. 임금과 신하가 부둥켜안고 흐느껴 울었다. 이승에서의 작별 인사였다.

며칠 뒤였다. 조정에 소문이 쫙 퍼졌다. '임금이 절을 지으라는 명령을 내렸다' 는 것이었다. 신하들이 은근히 못마땅해하고 법흥왕은 무섭게 화를 내었다. 그러한 명령을 내린 적이 없었다.

"누군가 임금을 모해하려는 수작이다. 그 말을 퍼뜨린 자를 잡아 참하라!"

법흥왕의 무서운 영이 떨어졌다. 벼슬의 고하를 막론하고 엄한 범인 색출명령이 떨어져 신하들이 떨고 있었다. 범인은 곧 색출되었다. 이차돈이 스스로 죄를 자백했기 때문이다.

이차돈이 오라에 묶여 임금 앞에 나아갔다. 그는 자기의 소원이 이루어져 크게 기뻐했다.

'법흥왕께옵서 불교를 일으키려고 신명을 돌보지 아니하시니 기어코 결연結緣하시리로다. 하나님은 상서로운 기운을 뭇 대중들에게 두루 보이소서.'

법흥왕은 이차돈과 약속하고 벌인 일이었으나 이차돈의 죽음이 헛되지 않을까 두려웠다. 형틀에 이차돈이 앉았다. 임금의 영이 떨어지면 이차돈의 목이 떨어질 판이었다. 망나니가 시퍼런 칼을 들고 이차돈의 등 뒤에 서 있었다.

법흥왕이 말했다.

"마지막으로 할 말이 있느냐?"

"마마, 신의 죽음은 결코 헛되지 않을 것이오며 신의 목이 떨어지는 순간 증험이 나타날 것이옵니다. 부디 이 나라를 불국토로 만드시오소서."

"저자의 목을 쳐라!"

영이 떨어지자 망나니가 칼춤을 한바탕 추고 나서 '에잇' 하는 기합 소리와 함께 이차돈의 목이 베어졌다. 그 순간 임금과 신하들은 똑똑히 보았다. 이차돈의 머리가 하늘로 날아올라 경주 남산 정상에 떨어지고 목에서 피 대신 흰 젖이 분수처럼 솟았다.

맑은 하늘에 금세 먹구름이 몰려와 캄캄해지고 땅이 흔들리고 꽃비가 내렸다. 법흥왕은 '나무아미타불'을 읊조리며 눈물을 흘리고 신하들은 두려움에 떨었다. 경주의 샘이 한순간 죄다 마르고 물고기들은 물위로 뛰어오르고 나뭇가지가 바람도 없는데 부러지고 원숭이들이 떼를 지어 울었다.

법흥왕은 이차돈의 시신을 머리가 떨어진 곳에 장사 지내었다. 백성들은 소문을 듣고 뛰어나와 장례 행렬을 따르며 눈물을 뿌렸다.

이차돈의 순교 후 법흥왕은 불교를 국가적으로 공인하게 되었고, 신하들은 반대하지 않았다. 백률사柏栗寺의 석당石幢은 이차돈의 명복을 빌기 위해 세운 것이다. 또 궁궐 나인들이 자추사刺楸寺라는 절을 세워 이차돈의 순교를 기렸다. 이로부터 신라에 불교가 번성하게 되고 국교로 정착하기에 이른다.

## ◉ 화랑의 뿌리

진흥왕은 신선사상에 빠져 아름다운 여자를 좋아했다. 왕은 성 안에서 제일 어여쁜 처녀 둘을 뽑았다. 하나는 남모南毛요, 다른 하나는 준정俊貞이었다. 원래 신선사상은 북위에서 들어왔는데 현세를 초월한 삶을 희구했다. 불교적인 색채에 도교적인 사상, 유교적인 행적, 거기에 무속까지 섞여 원화原花가 생겼다.

진흥왕은 남모와 준정을 원화로 삼았다. 두 원화는 남녀 300여 명을 거느리고 경치 좋은 곳을 골라 다니며 수양을 쌓고 도의를 닦았다. 그런데 여자이기에 서로를 질투했다. 서로가 임금에게 사랑을 더 받고 뭇 남성들의 눈길을 더 끌기 위한 경쟁 또한 치열했다. 특히 준정의 남모에 대한 질투는 도를 넘었다. 언젠가는 남모를 없애려고 마음에 칼을 품었.

어느 날 그 기회가 왔다. 북천내에서 야유회를 즐기고 있었다. 준정은 남모에게 독이 든 술을 권하여 죽여버린 후 냇가에 묻어버렸다. 남모를 찾는 무리들에게 준정은 남모가 술에 취해 북천내 건너 숲에서 잠이 들어 있다고 거짓 꾸며댔다.

준정은 남모가 푹 자도록 놓아두고 도성으로 돌아가자며 무리들을 거느리고 북천 냇가를 떠났다.

며칠이 지나도 남모는 돌아오지 않았다. 남모를 따르던 무리들은 남모가 사라지자 흩어져버렸다. 그후 홍수가 나서 북천 냇가에 묻힌 남모의 시체가 발견되었다. 진흥왕은 성이 나서 준정을 불러 남모의 사인을 추궁했다.

"숲에서 자고 오겠다던 남모가 어이하여 시체로 발견되었느냐?"

"신은 모르는 일이옵니다."

"네가 죽였다는 것을 알고 있느니라!"

진흥왕은 유도심문을 했다. 준정의 눈동자가 불안하게 굴려졌다.

"네 입으로 죄를 자백하렷다!"

"대왕마마, 죽여주소서."

준정이 울음을 터뜨렸다.

"고얀 것! 엉큼한 암코양이 같구나. 질투에 눈이 멀어 사람의 목숨을 빼앗다니, 용서할 수 없다!"

진흥왕은 아무래도 원화는 안 되겠다는 생각이 들었다. 심신을 수련하라고 만든 제도인데 질투에 눈이 멀어 살인사건이 터진 것이다. 이것은 제도가 잘못되어 일어난 사건이었다. 진흥왕은 준정을 사형시키고 원화제도를 폐지해버렸다.

진흥왕은 원화의 뜻을 살리고자 이번에는 가문이 좋은 집의 자제 중 남자를 뽑아 화랑花郞이라 불렀다. 남자들끼리 도당徒黨을 만들어 도를 닦고 무예를 익히고 가무를 즐기며 산수 좋은 곳을 골라 돌아다녔다. 이러는 동안 인의예지가 싹트고 나라에 대한 충성심이 길러졌다. 그후 원광법사는 화랑을 위해 세속5계를 정했다.

사군이충事君以忠 : 임금께 충성할 것.

사친이효事親以孝 : 부모에게 효도할 것.

교우이신交友以信 : 벗과는 믿음을 지킬 것.

임전무퇴臨戰無退 : 싸움터에서는 물러서지 말 것.

살생유택殺生有擇 : 살생을 가려서 할 것.

화랑들이 왕성하게 활약한 시기는 신라가 삼국을 통일할 때였다. 삼국을 통일한 후에는 임무를 다했다는 듯이 화랑들은 유흥에 빠져 타락해버렸다. 화랑의 시초는 설원랑薛原郞으로 알려져 있다.

## ◉ 비형 전설

　진지왕眞智王은 재위 겨우 4년이었으나 호색한으로 알려져 있다. 그 호색이 빌미가 되어 결국 폐위당하는 신세가 되었다.
　사량부에 도화녀桃花女라는 여자가 있었는데 미색이 뛰어나 도성에까지 소문이 자자했다. 진지왕은 소문을 듣고 구미가 당겨 도화녀를 궁궐로 불러들였다. 도화녀는 듣던 대로 절세가인이었다. 왕이 수작을 부렸다.
　"짐이 그대에게 마음이 끌리도다! 그대는 어떤가?"
　도화녀가 당돌하게도 임금을 빤히 올려다보았다. 얼굴에 가시가 돋쳐 있었다. 임금은 그 모습이 더 매혹적이었다.
　"이 몸은 남편이 있사옵니다. 남편이 있는 여자가 다른 남자에게 몸을 허락하는 것은 윤리강상에 어긋나는 줄로 아나이다."
　목소리에 독기가 묻어 있었으나 임금의 귀에는 옥구슬 구르는 소리로 들렸다.
　"짐은 임금이니라. 신민이 임금의 청을 거역하겠다는 말인가!"
　숫제 우격다짐이었다. 도화녀는 지혜로웠다.
　"이 몸은 역대 성군께서 지키라 하신 정조를 지키려는 것이옵니다."
　맹랑한 발뺌이었다. 만약 진지왕이 도화녀를 범하면 성군이 되기에는 틀린 일이었다. 성군을 들먹이자 임금의 마음의 열기가 식어갔다.
　"만약 네 남편이 없다면 허락하겠느냐?"
　"그때 가서 생각해볼 문제이나이다."
　재치있게 잘 빠져나가자 임금은 도화녀를 진심으로 좋아하게 되었다.
　"그대는 하늘이 낸 열녀로다. 돌아가도 좋다."
　도화녀는 대궐을 뒤도 돌아보지도 않고 집으로 돌아와 그제야 안도의 한숨을 내쉬었다.
　왕의 음란한 짓거리는 끊이지 않았다. 미색을 골라 짓거리를 즐기다가 드디어 폐위당하는 수모를 당했다.

진지왕의 뒤를 이어 진흥왕의 태자 동륜銅輪의 아들 진평왕眞平王이 등극했다. 진지왕은 폐위된 지 얼마 안 되어 세상을 떠났다. 때맞춰 도화녀의 남편도 세상을 떠났다.

남편이 죽고 나서 얼마 후였다. 어느 날 밤, 도화녀의 침실에 죽은 진지왕이 의관을 갖춘 채 나타났다. 도화녀는 소스라치게 놀랐다.

"나를 알아보겠는가?"

"전왕 마마가 아니시나이까?"

"아직 잊지는 않았구만."

"하온데 어인 일로…"

"전에 했던 약속을 잊었는가?"

"약속이라니요. 무슨 약속이옵니까?"

"남편이 죽으면 내게 허락하겠다고 하지 않았는가?"

도화녀는 기가 막혔다. 죽어서까지 색을 밝히는 진지왕의 집념에 그저 입이 떡 벌어질 지경이었다. 이제는 거절할 수 없게 되었다.

"전왕이오나 임금의 말씀을 어이 거역하겠나이까? 좋도록 하시오소서."

그날 밤부터 도화녀의 침실에 이상한 일이 벌어지고 있었다. 오색 구름 같은 것이 방안에 자욱하고 도화녀는 자욱한 구름 같은 것에 싸여 촉촉이 젖어오는 흥분을 느꼈다.

몇 달 후 도화녀에게 태기가 있고 열 달을 채워 아들이 태어났다. 그 아이의 이름을 비형鼻荊이라고 지었다.

진평왕이 이 소문을 듣고 영을 내렸다.

"그 아이를 궁으로 데려오라! 전왕의 아들이니 궁에서 길러야겠도다!"

아이가 궁으로 들어가 자랐다. 어느새 15세가 되었다. 덩치가 제법 어른 같았다.

비형은 저녁이 되면 몰래 대궐을 빠져나가 새벽에 돌아오곤 했다. 진평왕은 수상하게 여겨 비형을 감시하라고 일렀다. 명을 받은 궁중 호위 병사들은 초저녁부터 비형의 일거수일투족을 물샐틈없이 살폈다. 한밤중, 비형이 궁궐의 높은 담을 훌쩍 뛰어넘었다. 병사들이 대궐문을 열고 나가 뒤를 밟았다. 비형은 월성 서쪽 황천荒川에서 귀신들과 어울려 놀고 있었다. 병사들은 숲에 숨어서 지켜보았다.

새벽 무렵, 절에서 새벽 예불 종소리가 들리자 귀신들이 뿔뿔이 흩어지고 비형도 궁중 담을 넘어 들어와 제 방으로 들어갔다.

날이 밝는 대로 이 사실을 진평왕에게 알렸다. 임금이 비형을 불렀다.

"네가 귀신과 통한다는 말이 사실이더냐?"

"그러하나이다, 마마."

"너는 귀신들에게 나라를 위해 일하게끔 할 수 있겠느냐?"

"무슨 일이옵니까?"

"너도 보아서 알 것이니라. 황천 동쪽 신원사 들어가는 다리가 부실하여 짐이 행차할 때마다 불안하도다. 그 다리를 새로 튼튼히 놓아보겠느냐?"

"염려 놓으소서. 새 다리를 놓겠나이다."

그날 밤 병사들이 비형의 뒤를 몰래 밟았다. 비형은 귀신들을 만나 다리 놓는 일을 의논하고 나서 곧 작업에 들어갔다. 귀신들은 비형의 지시를 받아 큰 돌을 힘들이지 않고 가져다가 다리를 새로 놓았다. 하룻밤 사이에 다리가 완성되었다. 그리하여 그 다리를 귀교鬼橋라고 이름 붙였다.

왕은 다음날 비형을 불렀다.

"귀신 가운데 사람으로 환생시켜 나랏일에 유용하게 써먹을 놈이 있느냐? 네가 천거해다오."

"길달이란 자가 있사온데, 나라에 보탬이 될 만하나이다."

"내일 너와 함께 오너라."

"예에, 마마."

다음날 길달이 궁으로 들어와 그날부터 조정의 일을 보았다. 진평왕은 조정 중신 가운데 아들이 없는 임종林宗에게 길달을 양아들로 주었다. 임종은 양아들 길달에게 흥륜사 앞에 문루<sup>門樓</sup>를 지으라고 했다. 길달은 문루를 지어놓고 날마다 그 위에서 잤다. 사람들은 이 문을 길달문이라고 이름 붙였다.

어느 날, 길달은 여우로 변하여 달아나버렸다. 비형은 귀신들을 동원하여 길달을 잡아 죽여버렸다. 그후부터 귀신들은 길달의 이름만 들으면 겁이 나서 달아나버렸다. 그 당시 백성들은 아래와 같은 글자를 귀신막이로 써서 붙였다고 한다.

聖帝魂生子 성제혼생자
鼻荊郎室亭 비형랑실정
飛馳諸鬼衆 비치제귀중
此處莫留停 차처막유정

성제의 아들이 비형랑을 낳았으니
여기는 비형랑의 집이로다
귀신들이여 달아나라
이곳에 있지 말지어다

## ● 화성 솔거

진흥왕 시대에 시골 농사꾼의 아들로 태어난 솔거<sup>率居</sup>는 미목이 수려하고 행동이 민첩했다. 사람들은 개천에서 용이 났다며 솔거의 출세를 점쳤다.

"저애는 시골에서 농사꾼으로 묻힐 아이가 아니야. 하다못해 궁지기라도 될 게야."

"궁지기가 다 뭔가. 누가 아나 재상이 될지."

"그건 어렵지. 워낙 출신 성분이 농사꾼이라…"

"아니야. 두고 봐. 세상에 이름을 떨칠 인물이 될 게야."

동네 사람들의 기대가 컸다. 솔거는 열 살이 되기도 전에 저보다 가난한 집을 도와주어 어른들의 칭찬이 자자했다. 그는 일을 하면서도 무엇인가를 유심히 관찰하는 습성이 있었다. 그리고는 나뭇가지를 꺾어 땅에다 무엇인가를 열심히 그렸다.

"어르신, 어때요? 땅에 그린 이것 저기 서 있는 버드나무 닮지 않았나요?"

"그러고 보니 닮았구나. 너 장차 무엇이 될래?"

"그림을 그리려고 해요."

"뭐 그림?"

동네 어른은 실망했다. 장차 큰 벼슬아치를 기대했는데 기껏 환쟁이가 되겠다니, 실망이 컸다. 솔거는 벼슬에는 뜻이 없었다.

나무를 하러 산에 올라 칡을 보면 줄기를 잘라 동아줄을 만들어 몸을 묶은 다음 바위를 바라고 서서 바위에 소나무 이파리로 붓을 만들어 나무·새·꽃·구름·하늘을 그려보며 심취해버렸다. 한나절도 좋고 하루도 좋은 바위에 그림 그리는 날이 솔거에게는 가장 행복한 날이었다.

밭에 나가 일을 하다가도 잠시 쉬는 때는 땅에 무엇인가를 열심히 그렸다. 심지어 꿈속에서도 그림을 그리고 밥먹을 때, 똥 눌 때도 그림 생각뿐이었다. 순전히 혼자 하는 그림 공부였다. 시골 구석에 스승이 있을 수도 없고, 그림이란 시골에서는 사치스러웠다. 솔거는 아무도 알아주지 않는 그림 그리기에 매달려 세월을 보내면서 장차 유명한 화가의 꿈을 버리지 않았다.

어느 날 밤 꿈에 인자한 얼굴의 도인이 나타나 솔거에게 말했다.

"혼자 외로운 싸움을 하는구나. 나는 네게 무한한 힘을 주기 위해 나타났느니라. 너는 장차 유명한 화가가 될 것이니, 부디 희망을 버리지 말지어다."

솔거는 도인에게 무엇인가를 물어보려고 안간힘을 쓰다가 꿈에서 깨어났다. 이때부터 솔거에게 힘이 솟았다. 그림 그리기에 더욱 정진했다.

솔거는 꿈에서 본 그 신인의 초상을 그려보았다. 쉽게 그려졌다. 이러는 동안 솔거가 그림을 잘 그린다는 소문이 온 나라에 퍼졌다. 조정에서 그에게 단군의 초상을 그려보라는 주문이 왔다. 단군은 우리 나라를 최초로 세운 우리 민족의 시조였다.

솔거는 몇 날 며칠 머리를 쥐어짰으나 영감이 떠오르지 않았다. 어느 날 밤 솔거는 잠 못 이루고 전전반측하다가 깜빡 토막잠이 들었다.

"무엇을 그리 고민하는 게냐? 나를 그리면 되느니라!"

"예에?"

솔거가 깜짝 놀라 눈을 떴다. 전에 꿈속에서 솔거를 격려했던 그 노인이 나타나 자기를 그리면 된다는 것이었다. 그제서야 솔거는 깨달았다. 꿈에 나타난 그분이 단군 할아버지라는 것을….

솔거의 붓끝은 가벼웠다. 눈을 뜨고도 단군의 얼굴을 훤히 떠올릴 수 있었다. 솔거는 단군의 초상을 조정에 바쳤다. 진흥왕이 보고 기쁨을 감추지 못했다.

"이만하면 단군 할아버지로서 손색이 없겠도다. 인자하면서도 위엄이 깃들어 있고, 부드러우면서도 강한 면모가 보이고, 무엇보다도 도량이 하늘보다 넓어 보이도다. 가히 신필이로다."

극찬이었다. 진흥왕은 솔거에게 상으로 비단을 하사했다.

이 소문을 듣고 황룡사 주지 스님이 솔거를 만나자고 연통을 넣었다. 솔거는 가슴이 뛰었다. 기쁜 일이 기다리고 있을 것 같았다. 한달음에 달려가 주지 스님을 만났다.

"어서 오시오, 화백."

스님이 반갑게 맞았다.

"소생을 어인 일로 부르셨는지요?"

"저기 대웅전 벽이 허전하지 않으오?"

대웅전 벽 한 면이 하얗게 비어 있었다. 다른 벽면은 산신도며 극락도 같은 탱화로 채워져 있었는데 동쪽 벽면은 하얗게 비어 있었다.

"어이 하여 비워두셨는지요?"

"화성畵聖을 기다린 게요."

"부러 저 벽면을 채울 화가를 기다리셨다구요?"

"그렇소. 전국에서 그림깨나 그린다는 사람들이 찾아와 저 벽면을 탱화로 채워주겠다고 했으나 죄다 물리쳤소이다."

"소생이 저 벽면에 그림을 채울 수 있다고 어찌 믿으셨나이까?"

"화백께서 단군 할아버지를 그려 이름을 떨치기 전에 이미 함자를 알고 있었소이다. 그리하여 황륭사에 찾아오겠거니 은근히 기다렸으나 끝내 오지 않으셨소. 그리하여 소승이 오늘 부른 것이외다."

"저 벽에 어떤 그림을 원하시나이까?"

"화백 마음대로 그려주시오."

"한번 해보겠소이다."

솔거는 그날부터 황룡사에 머물며 벽화를 그릴 구상에 들어갔다. 부처님 앞에 무릎을 꿇고 하루종일 앉아 있거나 절 뒤 숲에 들어가 며칠씩 나오지 않았다. 숲에 들어간 솔거는 자연의 삶을 관찰하고 연구했다. 이러기를 석 달, 솔거는 아침부터 사다리를 벽에 걸쳐놓고 밑그림을 그리기 시작했다.

주지 스님은 작업에 방해가 될까 보아 대웅전 출입을 아예 막아버렸다. 솔거는 절간의 정적을 맛보며 신들린 듯 그림을 그려나갔다. 잠시도 쉬지 않았다. 때로는 하루 낮밤을 꼬박 그렸다. 그림을 그리기 시작한 지한 달, 솔거가 스님 앞에 나타났다.

"스님, 그림을 감상하러 가시지요."

"완성되었소이까?"

"막 붓을 놓고 오는 길이외다."

"어여 가보십시다."

스님이 앞장서서 큰소리로 말했다.

"벽화가 완성되었단다. 궁금한 대중들은 다 나오너라!"

대웅전으로 달려가던 주지 스님이 그 자리에 멈춰섰다. 이것이 웬일인가. 벽화가 그려진 동쪽 벽면에 뭇 새들이 날아와 앉으려고 날개를 접다가 땅에 떨어졌다가 다시 날았다. 스님은 벽화 앞으로 한 발 다가갔다. 커다란 늙은 소나무 한 그루가 여러 가지를 거느리고 실물처럼 벽에 뿌리를 안착시키고 있었다.

"아, 과연 화성이로다!"

스님은 벽화 앞에서 합장을 했다. 소나무가 실물과 똑같아 뭇 새들이 진짜 소나무로 착각하고 가지에 앉으려다가 벽에 부딪히는 낭패를 당하곤 했다. 솔거는 이 벽화로 온 나라에 화성으로 알려졌다.

그런데 솔거는 이 벽화를 그린 후 어디론가 자취를 감춰버렸다. 신선이 되어 하늘로 올라갔다는 소문이 나돌았다.

세월이 한참 흐른 뒤 벽화의 색깔이 바래어 황룡사 스님 가운데 그림을 잘 그리는 화승畵僧이 빛 바랜 노송에 색을 칠해 산뜻하게 단장시켜 놓았다. 그랬더니 새가 한 마리도 날아오지 않았다. 솔거의 노송 그림은 그 뒤에도 여러 차례 색칠이 더해지고, 새들은 노송을 전혀 기억조차 하지 못하게 되었다.

## ◉ 진평왕과 옥대

진평왕은 키가 11척이나 되는 대장부였다. 즉위년에 천사天使가 주었다는 옥대玉帶를 항상 띠고 있었다. 이 옥대는 신라 3보三寶 중의 하나이다. 겉을 62개의 옥과 금으로 장식하고 둘레가 열 아름이나 되었다. 임금은 이 옥대를 띠고 늘 위엄을 부렸다. 신라의 3보는 황룡사의 9층탑과 장육상과 이 옥대였다.

이 옥대는 먼 훗날 경순왕이 고려 태조 왕건에게 신라를 통째로 넘겨

줄 때 함께 주었다.

진평왕은 태평시대라 여기고 날마다 신하들을 데리고 사냥 다니기에 바빴다. 당시 신라는 한강 유역을 손에 넣어 중국의 물건이 잘 들어왔다. 신라가 꽤 커진 것이다. 그리하여 왕은 자만에 빠져 흥청거렸다.

병부령 후직后稷은 임금의 이런 태도를 매우 못마땅하게 여겼다. 지금 이웃 나라의 동향을 볼 때 결코 태평성대라 할 수 없고, 설사 태평성대라 할지라도 임금의 태도는 취할 바가 아니었다.

"대왕마마, 신이 한 말씀 올리겠나이다. 마마께오서는 태평성대라 여기시는데 결코 그렇지가 않사옵니다. 무슨 일이든 심사숙고하시어 만사 불여 튼튼 다져 나가야 하옵나이다. 마마께옵서는 사냥을 좋아하시어 부정한 무리들을 옆에 끼고 계시나이다. 부디 선정을 베푸소서."

임금은 후직의 말이 공연한 잔소리 같아 귓등으로 흘려버렸다.

"이 보시오 병부령, 사냥 잘하는 임금치고 무능한 사람 보았소? 병부령은 작은 일에 쓸데없이 걱정이 많아 탈이오."

"작은 걱정이 아니나이다. 작금 나라의 주변 정세를 보면 북에서는 고구려가, 서에서는 백제가 호시탐탐 기회를 노리고 있나이다. 이런 시기에 대왕께서는 나랏일을 소홀히 한 채 사냥에 빠져 계시니 이 어찌 작은 일이라 보옵니까?"

후직이 죽을 각오로 간했다. 진평왕은 불쾌했으나 후직의 충성심을 알고 있어 꾹 참았다.

"병부령, 걱정하지 않아도 된다고 하지 않았소? 설사 고구려와 백제가 준동을 한다 해도 병부령 같은 충신이 있는데 걱정할 게 뭐가 있겠소?"

후직은 그만 포기하고 말았다. 곧 병부령 자리를 물러나 집에 칩거해 버렸다. 임금은 잔소리꾼이 사라져 홀가분했다. 이 산 저 산 옮겨다니며 사냥을 즐겼다.

후직은 나라 걱정에 화병이 생겨 죽음에 이르렀다. 아들 삼형제를 불러들였다.

"얘들아! 지금부터 내가 하는 말을 새겨들어라!"

"예에, 아버님."

"나는 평생 동안 신하로서 국왕의 잘못을 간하여 바로잡지 못하고 죽게 되는 것이 천추의 한이다. 이대로 가면 대왕의 흥청거리는 생활이 더하면 더했지 덜하지는 않을 것이야. 나는 죽어서도 마음을 놓을 수 없을 것 같구나."

"아버님, 어떻게 해드리면 마음이 편하실 수 있겠나이까?"

"내가 죽거든 대왕께서 사냥 다니시는 길목에 나를 묻어다오."

"하지만 길목에 어찌 장사 지내겠나이까?"

"꼭 그래야 하느니라. 명심하거라!"

이 말을 유언으로 남기고 후직은 세상을 떠났다. 자식들은 아버지의 부탁이 너무나도 간곡하여 후직을 임금이 사냥을 잘 나다니는 길목에 장사 지내었다.

임금은 후직의 부고를 듣고 속으로 이제야 거침없이 사냥을 다닐 수 있겠구나 싶어 속으로 웃고 있었다.

어느 날 임금이 북산으로 사냥을 나가 북천내 길을 갈 때 어디선가 대왕의 사냥을 막는 큰소리가 들렸다.

"대왕마마, 가지 마시오소서!"

임금이 괘씸하게 여겨 옆의 신하에게 물었다.

"어디서 나는 소리냐?"

"아마 후직의 묘에서 나는 소리 같나이다."

"후직의 묘가 이 근처에 있느냐?"

"예에, 마마. 북천 냇가 길에 있나이다."

"왜 하필이면 내가 다니는 길목에 장사를 지냈다더냐?"

"후직이 자식들에게 유언으로 남겨 그리되었다 들었나이다."

임금은 그제서야 퍼뜩 깨달았다.

'후직이 죽어서까지 내 지나친 사냥을 막으려고 길목을 지키고 있구

나. 과연 만고의 충신이로다.'
 이런 마음이 들자 임금은 말머리를 돌렸다.
 "사냥을 그만두겠다. 궁으로 돌아가자!"
 임금은 궁으로 돌아와 다시는 사냥을 나가지 않았다. 신라는 이러한 충성스러운 신하가 있었기에 점차 번성해갔다. 그리하여 해외 유학파가 생기기도 했다. 대세大世와 구칠仇柒 스님이 유학을 간 일화逸話를 남기기도 했다. 대세는 외국으로 나가려는 뜻을 품고 친한 친구 담수淡水 스님께 말했다.
 "이보게 스님, 신라에서 일생을 보낼 생각을 하니 내 자신이 연못의 고기나 장속에 든 새 같은 신세일세 그려. 사내가 이렇게 살아서야 쓰겠나. 세상이 얼마나 크고 넓은지 한번 알아보고 싶다네."
 "생각은 좋은데 떠날 수 있겠는가?"
 "있고말고. 나는 바다 건너 오월도 구경하고 그곳의 명승名僧에게 글을 배워 딴 사람이 되어 돌아오겠네. 헌데 자네와 함께 가고 싶다네."
 "나는 이곳에서 도를 닦아 성불해보겠네. 자네나 다녀오게나."
 담수가 응하지 않자 대세는 다른 친구 구칠을 설득하여 남해에서 오월 땅으로 건너갔다. 이는 중들의 단순한 호기심으로 볼 수 있으나 엄연한 유학길이었다. 신라 후기로 오면서 유학승留學僧이 크게 늘어난 단초를 바로 이때 대세와 구칠 두 스님이 열어놓은 것이다.


## ❁ 작은 인연의 큰 은혜

 거칠부居漆夫는 내물왕의 6세손이다. 아버지는 이찬을 지낸 물력勿力이다. 거칠부는 불가에 뜻이 있어 일찍 머리를 깎았다. 탁발승으로 신라 곳곳을 돌아다니다가 문득 이웃 고구려가 궁금하여 국경을 넘었다. 고구려의 정세와 인정·풍습이 보고 싶었다.

신라에서는 이차돈의 순교 이후 겨우 10년쯤 되어 불교가 빠르게 번성하고 있었다. 고구려는 이미 150여 년 전부터 불교가 성해 이름 높은 스님들이 이웃나라에까지 알려지고 있었다. 그 스님들 가운데 혜량 법사惠亮法師가 가장 많이 알려져 있었다. 거칠부는 혜량을 만나고 싶었다. 설법을 잘한다고 칭찬이 자자했다.

거칠부는 혜량을 찾아가 법문을 듣게 해달라고 간청했다. 혜량은 기꺼이 받아들여 거칠부를 여러 날 유심히 관찰했다.

어느 날 밤, 사람들이 죄다 잠든 시각에 혜량은 거칠부를 불렀다.

"그대는 어디에서 왔는고?"

거칠부는 숨김없이 대답했다.

"신라에서 왔나이다."

"짐작한 일이로다."

혜량이 거칠부의 손을 덥석 잡았다.

"나는 많은 사람을 만나보았다네. 그동안 그대를 유심히 관찰했었네. 이곳에 머물러서는 아니 되네."

"무슨 말씀이온지?"

"신라와 고구려가 좋지 않은 사이인 이때에 그대는 무슨 마음을 먹고 이곳에 왔는고?"

"신라는 아직 불교가 일천하고 고구려는 역사가 오랜지라 여러 스님들의 오묘한 진리의 말을 들으러 왔사옵니다. 물리치지 마시고 부디 가르침을 주시오소서."

혜량은 거칠부의 말에 가벼운 한숨을 쉬었다.

"그대의 말에는 거짓이 하나도 없다. 허나 그대가 고구려의 다른 사람의 눈에 띈다면 크게 곤욕을 치를 게야. 진리탐구도 좋지만 세상이 험한 때이니 어서 본국으로 돌아가게."

거칠부는 혜량의 말에 따르기로 했다. 자기를 생각하는 스님의 마음이 절절해서였다.

이튿날, 거칠부는 혜량에게 작별인사를 올렸다. 혜량이 거칠부의 손을 잡았다. 손이 따뜻했다.

"떠나는 마당에 내가 한마디 부탁할 말이 있다네. 그대 얼굴을 찬찬히 뜯어보았네. 곧 그대 나라에서 크게 이름을 떨칠 장수가 될 게야. 멀지 않아 두 나라가 싸우게 되는데 그대는 장수로서 선봉장이 될 것일세. 그 때 나를 만나거든 저버리지 말기를 부탁하는 바네."

"스님, 이 납자가 어찌 스님을 저버릴 수 있겠나이까. 그 점 염려 놓으소서. 부디 평안히 계시오소서."

거칠부는 혜량과 이별하고 무사히 신라로 돌아왔다. 그후 그는 생각한 바 있어 환속해버렸다. 그리고 벼슬길에 나가 대아찬大阿湌에 이르렀다. 다섯 번째 높은 지위였다.

그는 진흥왕 6년 왕명을 받들어 국내의 문사들을 모아 신라의 국사를 편찬해냈다. 그러나 그 역사서는 유실되어 전하지 않는다. 이 공으로 그는 한 등급 올라 파진찬波珍湌이 되었다.

다시 6년의 세월이 흘렀다. 신라는 백제와 동맹을 맺어 고구려 정벌에 나섰다. 거칠부는 최고 지휘자가 되었다. 그의 휘하 장수가 여덟 사람으로 구진仇珍·비태比台·탐지耽知·비서非西·노부奴夫·서력부西力夫·비차부比次夫·미진부未珍夫 등 쟁쟁한 인물들이었다.

거칠부는 여덟 장수와 병사를 거느리고 선봉에 서서 고구려를 치러 나섰다. 백제는 성왕聖王, 고구려는 양원왕 때였다. 백제는 평양성을, 신라는 여러 고을을 공략하기로 약속이 되어 있었다.

거칠부는 백제가 평양을 공격하는 동안 죽령竹嶺을 넘었다. 그는 가는 곳마다 크게 이겨 그때 신라가 빼앗은 고구려 땅의 고을은 죽령 밖으로 고현高峴을 비롯하여 무려 열 고을이었다.

거칠부는 승세를 몰아 다른 고을을 공략했다. 피란민들이 줄을 이었다. 피란민 가운데 혜량 일행도 섞여 있었다. 말 위에서 피란민들을 살피던 거칠부의 눈에 낯익은 민머리 하나가 눈에 띄었다. 눈을 비비고 다시 보니 틀림없이 혜량이었다. 거칠부는 말에서 뛰어내려 혜량에게 달려갔다.
"법사, 거칠부이옵니다."
혜량이 힐끗 보고 환하게 웃었다.
"장군이 올 줄 알았소."
"어느새 십수 년이 지났습니다, 스님."
"참으로 안타까운 사연으로 만났구려 장군. 내 부탁을 잊진 않았겠지요?"
"잊다니요. 어찌 스님의 은혜를 잊겠나이까. 그리고 제가 한 약속도…"
"고맙소. 나는 신라로 가고 싶소. 나를 인도해주실 수 있겠소?"
"이르다 말씀이옵니까? 스님은 제게 스승이나이다."
"지난날 잠깐 맺은 스승과 제자의 인연을 잊지 않은 장군의 그 마음에 감사하오. 지금 고구려의 정세는 날로 어지러워가고, 불법을 전하는 데는 국경이 없으므로 나는 귀국에 가서 남은 여생을 열심히 설법하고 싶소."
"그리하소서, 스님."
거칠부는 혜량을 신라로 모시고 가서 진흥왕에게 소개했다. 그리고 그 동안의 사연을 낱낱이 아뢰었다. 진흥왕은 혜량을 반갑게 맞았다. 그리고 승통僧統의 직함을 내리고 신라 역사상 처음으로 강설회를 열었다.
혜량은 남은 여생을 신라 불교를 위해 힘썼다. 두 사람의 인연은 스승과 제자에서 전혀 달라진 것이 없었고, 거칠부는 신하로서 최고 관직인 상대등上大等에 올라 78세에 세상을 떠났다.

## ◎ 거문고집을 쏘아라

신라 제21대 소지왕炤智王은 덕을 베풀고 어진 정치를 펴려고 무척 힘썼다. 그러나 소지왕이 즉위한 이듬해부터 해마다 천재지변과 재앙이 끊이지 않았다. 극심한 가뭄이 드는가 하면 태풍이 불어 곡식과 가축을 망쳐버렸다. 그런가 하면 홍수로 농민들의 어깨가 처지곤 하였다.

어느 해에는 여름에 우박이 쏟아져 농작물을 망치고 마른 하늘에 날벼락이 떨어져 백성들의 간담을 서늘케 했다. 괴이한 현상이 나타나기도 했다. 초여름에 눈이 여섯 개 달린 거북이 나타나고, 어느 해 3월에는 추라정鄒羅井이라는 우물 속에서 용이 나타나 민심이 극도로 흉흉해졌다.

이렇게 민심이 흉흉한 때에도 재앙은 끊이지 않았다. 메뚜기떼가 산과 들, 그리고 민가를 덮쳐 해를 가릴 정도였다. 금성정金城井, 즉 금성의 우물에서도 용이 나타나고 누런 안개가 세상을 뒤덮기도 했다.

소지왕은 재위중 12년 동안에 숱한 천재지변과 이변을 겪었다. 그뿐만이 아니라 말갈·고구려·백제·왜의 침범마저 간간이 있어 나라는 위급존망에 처해 있었다. 그러나 소지왕은 덕으로 꿋꿋이 버텨냈다. 이재민에게 곡식을 나누어주고, 외국의 침범이 있는 지방에는 임금이 친히 나가 백성들을 위로했다. 그리하여 백성들은 임금을 존경하고 따랐다. 소지왕의 성덕은 사람뿐만이 아니라 산천초목·금수에까지 미치고 있었다.

소지왕 재위 10년, 정월 보름날이었다. 새해 복을 비는 불공을 천천사天泉寺에서 드리기로 하고 임금이 직접 거둥했다. 이 행사는 매년 있는 국가의 한 의식이었다.

임금은 문무백관을 거느리고 호위 군사들의 호위를 받으며 천천사로 연輦을 타고 출발했다. 백성들은 쌀쌀한 겨울 날씨였으나 임금의 거둥을 보려고 길가에 나와 땅에 엎드렸다. 누가 시켜서 하는 일이 아니었다. 백성들이 임금을 존경하고 사랑하여 자발적으로 나와 임금을 우러러봤다. 임금은 백성들에게 손을 흔들어주었다.

임금의 행차가 금오산이 바라보이는 천주사天柱寺 근처 길목에 다다랐을 때였다. 큰 쥐 한 마리가 나타나 임금의 말을 가로막으려고 수작을 부렸다. 큰소리로 '찍찍' 거리며 이리 뛰고 저리 뛰며 열심히 호소하고 있었다. 호위 무사들이 아무리 잡으려고 해도 잡히지 않았다.

쥐와 호위 무사가 한바탕 술래잡기 같은 짓을 벌이고 있었다. 이번에는 까마귀 한 마리가 날아와 쥐를 응원하듯이 '까악깍' 울어댔다.

"무슨 변고인고?"

임금을 따르는 신하들이 언짢아했다. 소지왕 즉위 이후 별의별 일을 다 겪어온 신하들이었으나 오늘만은 왠지 두려웠다. 호위 무사들이 창으로 까마귀를 찌르려고 생판 난리를 피웠다. 쥐와 까마귀는 호위 무사들의 창칼을 피하며 임금의 연 옆으로 가려고 했다.

임금은 주위가 어수선하여 어가를 멈추게 했다.

"어인 일이냐?"

"마마, 난데없이 쥐와 까마귀 한 마리가 나타나 길을 막으려고 하나이다. 호위 무사가 잡으려 하오니 심려 마소서."

내관이 알렸다.

"쥐와 까마귀가 길을 막는다? 필시 무슨 곡절이 있을 것이니라. 그것들의 하는 짓을 막지 말라!"

임금의 명령이 떨어지자마자 쥐가 날쌔게 달려와 뒷다리로 서고 앞다리 둘을 싹싹 비비며 사람이 하는 것처럼 말을 했다.

"상감마마, 까마귀가 날아가는 곳을 따르소서."

"어이하여 따르라는 것이냐?"

"까닭은 곧 밝혀지오니 따르시오소서."

"따르지 않으면 어찌 되느냐?"

"나라에 큰 사건이 벌어지나이다."

쥐는 애원하듯이 앞발을 싹싹 비비며 머리를 주억거렸다. 문무백관들은 쥐가 사람이 말하듯 하므로 쥐의 말에 따르지 않을 수 없었다. 임금도 쥐의 말을 믿고 따라야겠다는 생각이 들었다.

"까마귀가 가는 곳을 따르라!"

임금의 영이 떨어졌다. 어느 새 쥐는 간 곳이 없고 까마귀는 금오산 동쪽 기슭을 향해 아주 천천히 날아갔다.

앞서 가던 무사들이 까마귀를 따라 금오산 동쪽 기슭에 이르렀을 때였다. 어디선가 돼지가 꿀꿀거렸다. 까마귀는 꿀꿀거리는 쪽으로 잽싸게 날았다. 무사들이 힘껏 달려갔다. 까마귀는 돼지가 있는 곳까지 가서 근처의 나뭇가지에 앉았다. 무사들이 달려가보고 그만 입을 쩍 벌려버렸다. 돼지 두 마리가 박 터지게 싸우고 있었다. 머리통으로 들이받고 물어뜯고 발길질을 하고, 돼지들은 상처투성이가 되어 싸우며 피를 흘렸다.

"햐, 돼지가 잘 싸우지도 않거니와 이토록 치열하게 싸우는 것은 처음 보네."

"그러게 말야. 대왕마마 가시는 길에 어이하여 이런 일이 생기는 것인지, 알 수 없구만."

무사들은 얘기를 나누며 얼굴에 그늘이 졌다. 무사들은 넋을 잃고 구경하다가 문득 까마귀 생각이 나서 까마귀가 앉아 있던 나뭇가지 위를 쳐다보았다. 까마귀가 사라져버렸다. 큰일이었다. 까마귀를 따라가야 하는데 까마귀가 사라진 것이다.

"큰일이다. 서둘러 까마귀를 찾아야 한다!"

호위 대장이 외쳤다. 호위 무사들이 흩어져 까마귀를 찾았다. 호위 대장이 까마귀를 찾아 큰 못이 있는 곳까지 왔다. 그런데 고요하던 못물이 물결이 일면서 '쏴아, 출렁' 하고 소리를 내었다. 점점 못물이 뒤집힐 것 같이 요동을 치면서 소리를 내었다.

잠시 후 못물이 쩍 갈라지더니 백발 노인이 못에서 나와 언덕 위로 올라갔다. 호위 대장은 눈이 휘둥그레졌다.

"이 무슨 조화 속인고."

입속말을 하고 두리번거렸다. 노인이 말을 걸었다.

"무슨 말을 중얼거리느냐?"

"아무것도 아닙니다, 노인장."

"무얼 찾아 나섰느냐?"

"예에, 까마귀를 찾고 있나이다."

"까마귀는 왜?"
"대왕마마의 길잡이이나이다."
노인은 껄껄대고 웃었다.
"노인장 까마귀를 찾아주소서."
"내가 어떻게 찾노?"
"노인장은 찾을 수 있는 도인 같으오이다."
"그대들이 당한 일을 나는 알고 있다네. 쥐를 만나고, 쥐가 까마귀를 소개하고, 까마귀가 돼지 싸움을 구경시켜 주고, 까마귀가 달아나 찾다가 나를 만나고… 허나 내가 무슨 말을 하면 그것은 천기 누설이 되니 말할 수 없다네. 그 대신 이 편지를 주겠네. 대왕께 바치게."

노인은 품속에서 봉서封書를 꺼내어 호위 대장에게 주었다.
"쥐가 까마귀를 따르라고 한 것은 이 봉서를 임금께 드리고자 함이니, 까마귀는 이제 찾을 것 없네. 어서 가게나."

말을 마친 노인은 종적 없이 사라져버렸다. 호위 대장은 귀신에게 홀린 듯이 서 있다가 봉서를 들고 임금에게 갔다. 어느새 박 터지게 싸우던 돼지는 눈에 띄지 않았다.

"대왕마마, 이 봉서를 받으시옵소서."
호위대장이 자초지종을 말하고 봉서를 주었다. 임금은 겉봉을 보고 흠칫 놀랐다. 겉봉에 이렇게 씌어 있었다.

'뜯어보면 두 사람이 죽고 뜯어보지 않으면 한 사람이 죽는다.'
임금은 점치는 일관日官을 불러 편지에 쓰인 글을 보여주었다.
"무슨 뜻이냐?"
"예에 마마, 두 사람은 백성을 가리키는 것이오며, 한 사람은 마마를 가리킨 것이나이다."
"어쩌면 좋으냐?"
"당연히 뜯어보셔야 하나이다."
"백성이 둘이나 죽는대도?"

"그 백성은 아마 죄를 지은 백성일 것이나이다. 어서 뜯어보소서."
임금은 조심스럽게 봉서를 뜯었다.

'사금갑射琴匣'

"거문고 궤, 즉 집을 쏘아라고 했도다!"

"마마, 서둘러 환궁하시오소서. 필시 내전에서 무슨 일이 벌어지고 있는 듯하나이다."

신하들이 입을 모았다. 임금도 그렇게 짐작하고 있었다.

임금은 그곳을 떠나며 노인이 나타난 연못을 '서출지書出池'라 이름 지어 주었다. 그 노인은 서출지를 지키는 용이었다.

소지왕은 불교를 숭상했다. 그리하여 왕비가 있는 내전에 스님을 상주시키고 왕비와 궁녀들이 부처님을 모시고 불공을 드리도록 편의를 봐주었다.

왕비는 빼어난 미인이었다. 그야말로 경국지색이었다. 구중궁궐 깊은 내전에서 스님과 가깝게 지내다가 그만 정을 통하고 말았다. 왕비와 정을 통한 중은 제사보다 젯밥에 눈이 어두워져버렸다. 독경보다는 왕비의 몸을 탐했다. 왕비도 후궁 사이에 싸여 어쩌다 가뭄에 콩나듯이 찾아오는 임금을 기다리는 데 지쳐 밤마다 중을 끌어안고 운우지락을 즐기는 데 도통해버렸다.

두 사람은 떼려야 뗄 수 없는 정까지 듬뿍 들었다. 처음에는 두려움에 마음 졸이며 사랑을 나누다가 이제는 대담해져 갔다. 들키는 날이면 두 사람 다 살아남을 수 없었다. 살아남을 방법을 두 사람은 머리를 맞대고 궁리했다.

"어찌하면 좋소?"

"몰래 밤보따리를 싸면 어떻겠소?"

"이 세상 어디로 도망친단 말이오. 나는 왕비, 그대는 스님이 아니오? 우리가 평범한 백성이 아니질 않나이까?"

"고구려나 백제로 도망치면 모를 것이 아니오?"

"소용없나이다. 우리의 신분이 발각되면 국제적인 망신이나이다."
"이러저러지도 못한다면 우리가 목숨을 끊는 수밖에 없소."
"우리가 죽거나 죽지 않을 방법 중 어느 것을 택하겠소이까?"
"그야 죽지 않을 방법을 택해야지요."
"그렇다면 답이 나왔나이다."
"무슨 답이 나왔소?"
"그대의 연적을 죽이는 것이나이다."
"예에? 왕비, 그 말이 진정이오?"
"우리가 살 방법은 그 길뿐이나이다."

스님은 깊이 궁리해보았으나 다른 방법이 없었다. 왕을 죽이고 스스로 왕이 되어 지금의 왕비를 그대로 왕비로 삼는 것이 손쉽고 편리할 것 같았다.

"좋소. 우리가 사는 방법을 택하겠소. 언제가 좋겠소?"
"왕이 천천사로 거둥하는 날이 좋겠소."
"방법은?"
"그대를 거문고 집에 넣어 거문고와 같이 벽에 세워두겠소. 나와 왕이 밤에 수작을 부릴 때 거문고 집에서 뛰쳐나와 왕의 심장에 칼을 꽂으면 그만이나이다."
"중이 살인을 한다?"
"이제 와서 그 무슨 소리요? 중이 여자맛은 어이하여 본 것이나이까?"
"내가 왕비를 그리한 것은 몸 공양을 한 것이외다."
"능청 떨지 마오. 이 일을 꼭 성사시켜야 우리가 살 수 있나이다."
"내가 임금이 된다? 왠지 웃음이 나오려고 하오."
"그래서 안하겠다는 것이나이까?"
"그건 아니외다."
"천천사에서 환궁하는 날 밤에 거사하는 것이나이다. 그날은 임금이 몹시 지쳐 있을 것이나이다."

두 사람이 임금을 죽여버릴 방법을 강구하고 있는데 시녀가 왕의 환궁을 알렸다. 왕비는 거문고 집을 가지고 와서 그 안에 중을 숨겨 벽에 기대어 놓았다. 중은 단도를 갖고 있었다.

환궁한 임금은 궁수를 데리고 내전으로 들어왔다. 임금은 거문고 집을 발견하고 거침없이 영을 내렸다.

"저 벽에 기대어 있는 거문고 집을 쏘아라!"

궁수가 활을 날렸다. 거문고 집이 화살을 맞고 두 쪽으로 쩍 갈라졌다. 중은 혼비백산하여 거문고 집에서 나와 방바닥에 쓰러져버렸다.

"중놈을 묶어라!"

임금은 정전으로 나아가 형구形具를 갖춰 좌우에 신하들을 세우고 중을 친국했다.

"네가 어찌하여 거문고 집에 들어가 있었느냐?"

"소승은 그저 왕비마마께오서 시키는 대로 따랐을 뿐이나이다."

"왕비의 침실에는 왜 갔었더냐?"

"왕비마마의 부름이 계시어 갔었나이다."

"그래, 내전에서 왕비와 무슨 일을 하였느냐?"

"그것은 말할 수 없나이다."

"네 이놈! 이실직고하렷다! 대답에 거짓이 있으면 당장 목을 치리라!"

임금의 서슬 푸른 닦달에 중은 그만 오갈이 들어 실토하고 말았다.

"대왕을 해치려고 했나이다."

"어찌하여 나를 죽이려고 했느냐?"

"그 일은 죄다 왕비께오서 꾸민 것이나이다. 소승은 모르나이다."

"왕비는 어이하여 그런 음모를 꾸몄는지 답하라!"

임금이 사색이 된 왕비를 몰아붙였다.

"마마, 죽여주소서!"

왕비는 울음을 터뜨렸다. 이제야 제 정신이 든 것이다.

"왕비는 중놈과 간통을 했는고?"

"묻지 마시고 죽여주소서."

"으음! 괘씸한지고…"

중은 왕비에게 죄를 뒤집어씌웠다. 왕비가 유혹을 하여 넘어갔고, 왕비가 임금을 죽일 음모를 꾸미고, 자기는 왕비의 명을 거역할 수 없어 음모에 가담한 것이라고 구차한 변명을 늘어놓았다. 왕비는 중이 한심해 보였다. 사내 자식이 목숨이 아까워 구차하게 살아남으려고 죄를 떠넘기는 꼬락서니라니, 왕비는 한때나마 몸과 마음을 다 바쳐 중을 사랑했던 자신이 비참하고 초라해져 억장이 무너져내렸다.

"대역 죄인 중놈과 왕비를 한꺼번에 목을 베어버려라!"

임금이 단호히 영을 내렸다. 두 사람은 죗값을 치렀다.

임금은 악몽 같은 지나간 며칠을 돌이켜보았다. 천천사 가는 길에 쥐를 만나고, 쥐가 까마귀를 소개하고 까마귀는 돼지들의 싸움을 구경시키고, 못에서 용왕이 나와 편지를 전하여 왕비의 음모를 알리고, 이런 일들이 우연이 아니어서 짐승들에게 무한한 사랑을 느꼈다.

다음해 정월, 임금은 백성들에게 반포했다.

'첫 쥐날上子日과 첫 돼지날上亥日과 첫 용날上辰日에는 살생을 금하고 정성스러운 마음으로 기념할 것이며, 정월 보름날에는 까마귀를 제사지내는 날로 정하고 찹쌀로 밥을 지어 까마귀를 대접하라. 그리고 이날을 오기일烏忌日로 정하노라!'

지금은 보름날 약밥을 지어 먹는다. 이 오기일부터 내려오는 세시풍습이다.


## 석탈해왕

신라 동쪽에 서지촌西知村이 있었다. 그곳에서 멀지 않은 곳에 나루가 있었는데 아진포阿珍浦라고 불렀다. 이 아진포에 의선義先이라는 노파가 살았다.

하루는 의선 할머니가 나루터에서 빨래를 하고 있었다. 나루터 언덕에 큰 느티나무가 한 그루 서 있었다. 이 나무에 여러 마리의 까치가 날아와 저희들끼리 뭐라고 조잘대었다. 까치는 길조로 알려져 있었다.

"오늘 손님이 오시려나? 까치가 무슨 소식을 전하는지 알 수가 있어야지."

할머니는 혼자 중얼거리며 멀리 바다 쪽으로 눈을 돌렸다. 작은 배 한 척이 나루터 쪽으로 다가오고 있었다. 할머니는 드디어 손님이 오는가 보다고 매우 기뻐했다. 배가 점점 나루터로 다가왔다. 그런데 배에 사람이 보이지 않았다. 가까이 다가오는 배를 할머니가 잡아당겼다. 배 안에 궤짝 하나가 덩그렇게 놓여 있을 뿐 텅 비어 있었다.

할머니는 호기심이 동해 그 궤짝을 열어보았다. 그런데 이것이 무슨 조화인가. 궤짝 속에 옥동자가 반듯하게 누워 오른손 주먹을 입으로 빨고 있었다.

"히야, 이쁘고 잘생겼구나. 하나님이 내게 보낸 귀중한 선물이구나. 이 아이를 잘 기르리라."

할머니는 아기를 안고 집으로 돌아와 이름부터 지었다.

"가만 있자, 옥동자가 나루터로 오기 전에 까치가 신이 나서 지껄였었지. 그러니까 까치가 먼저 아기가 온다는 것을 내게 알린 것이야. 까치와 이 아기가 각별한 인연이 있는 이름을 붙이자."

할머니는 머리를 짰다. 먼저 까치 작鵲자가 머리에 떠올랐다.

'까치 작자를 성으로 쓸까? 그럴 수는 없다. 그렇다면 새 조鳥자를 떼어버리고 오랠 석昔자를 성으로 삼으면 어떨까? 예 석, 오랠 석, 즉 오래된 성씨라 그 말이지.'

할머니는 아기의 성을 석씨로 삼았다.

'이름을 무엇으로 짓는다? 옳지, 궤짝에서 벗어났으니 탈해脫解라고 지으면 되겠다. 석탈해… 부르기도 좋고 이름 속에 뜻이 있어 썩 좋은 성

과 이름인 것 같다.'

할머니는 아기를 석탈해라고 불렀다. 석탈해는 자라면서 지혜롭고 너그러웠다. 석탈해가 헌헌장부가 되었을 때 그의 지혜와 덕이 온 나라에 소문이 났다.

신라 제2대 남해차차웅南解次次雄, 즉 남해왕은 석탈해를 불렀다. 잘생기고 눈이 빛나고 허우대가 좋은 청년이었다. 남해왕은 석탈해를 시험해보았다. 흠잡을 데 없었으나 다만 글을 몰랐다.

"하는 일이 무엇인고?"

"어부이옵니다."

"글공부를 할 생각은 있는고?"

"하고싶은 마음 굴뚝 같사오나 제게는 부양해야 할 할머님 한 분이 계시나이다."

"으음, 이제부터 할머니 부양 걱정 말고 글공부에 매달리도록 하라!"

"예에?"

"그대를 내 사위로 삼아 글공부를 시키겠노라!"

남해왕은 석탈해를 사위로 삼았다. 부인을 아니부인阿尼夫人이라고도 하고 아효부인阿孝夫人이라고도 했다.

석탈해는 공부를 파고들어 금세 학문에 두루 달통했다. 그때까지 석탈해는 집 한 칸 마련하지 못했다. 남해왕이 도우려고 했으나 석탈해는 자기 힘으로 살아가겠다고 후원을 사양해버렸다.

어느 날, 석탈해는 동악東岳에 올라가 지리를 살폈다. 호공瓠公 댁 뒤가 집터로서 썩 훌륭했다. 석탈해는 그날 밤 숯과 숫돌을 호공 댁 근처에 여기저기 던져놓았다. 그러고는 관청에 고소했다. 호공 댁이 본래 자기 소유라고 소송을 건 것이다.

"호공 댁과 그 주위의 땅은 대대로 내려오던 우리땅이오. 우리집은 대대로 대장간을 했사온데 호공이 그 땅을 차지하고 돌려주지 않으오. 찾아주소서."

호공은 고소를 당하자 맑은 하늘에서 날벼락을 맞은 것 같았다.
"석탈해는 우리집의 집터가 좋은 것을 알고 빼앗으려고 하는 것이오. 날강도 같은 짓거리이니 옥에 가두고 심문해보소서."
호공이 재판관에게 억울함을 호소했다. 석탈해가 그럴듯하게 증거를 대었다.
"호공 댁 주위를 살펴보소서. 대장간을 할 때 쓰다 남은 숯과 연장을 만들어 갈던 숫돌이 아마 남아 있을 것이나이다."
재판관이 사람을 시켜 석탈해가 말한 증거물들을 수거해오도록 했다. 과연 호공 댁 주변에서 숯과 숫돌을 여러 개 수거해왔다. 호공은 심장이 터져버릴 것 같은 화가 치밀었다.
"그 증거물은 석탈해가 조작한 것이 틀림없소이다. 내가 수십 년 살아오지만 전에 숯과 숫돌이 단 한 개도 발견되지 않았소이다."
"증거물이 나왔다. 집을 석탈해에게 비워주라!"
재판관은 석탈해의 손을 들어주었다.
호공은 원래 마음이 착했다. 억울한 일을 당했으나 집이 여러 채여서 석탈해에게 비워주고 다른 집으로 옮겨가버렸다. 석탈해는 마음속으로 다짐했다.
'미안하오. 허나 이 은혜는 꼭 갚겠소. 억울하지만 조금만 참고 기다리시오.'
이 사건이 세상에 널리 알려져 남해왕도 알게 되었다. 남해왕은 석탈해가 벼슬을 할 때가 되었다고 여겨 조정으로 불러들였다. 석탈해는 조정에서 단연 두각을 나타내었다. 그는 대보大輔 벼슬에까지 올랐다.
남해왕이 재위 34년 만에 앓아 누웠다. 아들 유리儒理와 사위 석탈해를 불렀다.
"내가 죽은 후 어질고 덕이 많은 자가 내 뒤를 잇도록 하라!"
유언을 남기고 남해왕이 승하했다. 아들 유리가 석탈해에게 말했다.
"매형이 나보다 지혜도 많고 덕이 있으니 아버지의 뒤를 이으소서."

"그 무슨 말인가? 당연히 자네가 대왕의 뒤를 이어야 하네."
"아닙니다. 매형이 이으소서."
"아닐세. 자네가 잇게나."
서로 양보하며 한치도 물러서지 않았다. 석탈해는 한 가지 제안을 했다.
"내가 제안을 하겠네. 어쩔 텐가. 내 제안에 따를 텐가?"
"말씀해보소서."
"우리 둘이 떡을 씹어 잇금(齒跡)이 많은 사람이 뒤를 잇기로 하면 어떤가?"
유리가 곰곰 생각해보았다. 석탈해가 자기보다 나이가 많아 잇금이 많을 것 같았다.
"좋습니다. 그리 하겠소이다."
두 사람은 떡 한 개씩을 씹어 잇금을 내었다. 석탈해는 꾀를 부려 유리보다 잇금을 덜 내었다.
"자, 보게나. 자네 것이 나보다 많네. 이제는 사양 말고 보위에 오르게나."
이런 과정을 거쳐 유리는 신라 제3대 임금이 되었다. 유리왕은 재위 21년 만에 세상을 떠났다. 후사가 없었다. 임금 자리는 자연히 석탈해에게 돌아갔다. 석탈해는 나이 62세로 신라 제4대 임금이 되었다. 박씨 아닌 석씨가 임금이 된 것이다.

석탈해는 호공의 집을 도로 돌려주고, 집을 빼앗은 것을 정중히 사과했다. 그리고 호공을 수상으로 임명했다.

그때까지 신라를 시림始林이라고 불렀는데 석탈해는 나라 이름을 계림鷄林으로 바꾸었다. 이 계림에서 김씨 성의 신라 임금이 탄생하게 된다.

석탈해는 임금이 될 때까지 아들이 없었다. 이미 나이가 60을 넘겨 중반으로 접어들었다. 임금 내외는 희망을 잃지 않고 날마다 슬하에 일점혈육을 점지해달라고 하나님께 기도드렸다.

석탈해가 임금이 된 지 9년이나 되었다. 계절은 바뀌어 춘삼월이었다.

새들이 산과 들에서 봄을 찬미하는 노래를 불렀다. 석탈해는 자식 걱정 나라 걱정으로 잠 못 이루는 밤이 많았다. 초저녁에 어디선가 닭 울음소리가 들렸다.

"꼬끼요오… 꼬끼요오…"

석탈해는 자기의 귀를 의심했다.

"꼬끼요오…"

틀림없이 닭 울음소리였다.

'이상한 일이로다. 초저녁에 닭이 울다니, 이 무슨 변고인고.'

석탈해는 내관을 불렀다.

"너도 닭 울음소리를 들었느냐?"

"예에 마마. 신도 듣고 깜짝 놀랬나이다."

"닭은 새벽에만 울지 않더냐?"

"그러하나이다."

"괴이한 일이로다. 닭이 어디에서 울었는지 알아오너라!"

"예에, 마마."

얼마 후 내관이 호공과 함께 들어왔다.

"수상께서 어인 일이오?"

"신이 닭 울음소리가 괴이하여 이미 알아보았나이다."

"어디에서 울었소?"

"금성金城 서쪽이옵니다."

"닭이 초저녁에 운 까닭을 알아오시오."

호공이 궁궐 호위 병사 열 명을 데리고 금성 서쪽으로 달려갔다. 서쪽에 다다르니 소나무가 우거진 숲속에 빛을 뿜는 물체가 있었다. 그 빛이 어찌나 강렬한지 눈을 뜰 수가 없었다. 그 물체가 닭 울음소리를 내고 있었다. 그 근처는 빛으로 하여 대낮처럼 밝았다.

호공이 빛을 뿜는 쪽으로 다가갔다. 크지도 작지도 않은 소나무 가지에 금빛이 찬란한 궤짝이 매달려 있었다. 그 옆에 백마 한 마리가 궤짝을 지키고 있었다. 백마 옆에서 금계金鷄 한 마리가 날개를 퍼덕이며 목소리를 뽑았다.

"꼬끼요오…"

호공은 괴이한 일이 벌어진 소나무 숲의 풍경을 보고 한참 동안 정신을 가다듬었다.

'이는 필시 하나님이 부리는 조화일 게야.'

호공은 궤짝 옆으로 다가가 나뭇가지에서 내려놓았다. 그리고 무사들에게 백마와 금계를 거두게 했다. 호공은 금빛 찬란한 궤짝을 열어보았다.

"오오, 신기하도다. 옥동자가 웃고 있구나."

호공은 옥동자를 번쩍 안았다. 옥동자가 벙글벙글 웃었다. 무사들이 아기를 보고 죄다 감탄했다.

"씩씩해 뵈고 잘생겼네."

"크면 훌륭한 사람이 되겠어."

호공은 아기를 안고 대궐로 돌아왔다. 그리고 아기를 발견한 일을 석탈해왕에게 자세히 아뢰었다. 탈해왕은 호공에게서 아기를 받아 안았다.

"잘도 생겼도다. 하늘이 내가 아들이 없음을 불쌍히 여겨 이 아들을 선사한 게야. 너는 이제부터 내 아들이니라."

탈해왕은 하늘에 진심으로 고마움을 느꼈다.

아기의 이름을 알지閼智라고 지었다. 그리고 성을 금궤짝에서 나왔다고 해서 김金으로 정했다. 또 나라 이름을 시림에서 계림으로 바꾸었다. 닭이 울던 숲이라는 뜻이다. 신라 김씨 성의 시조 알지가 탄생한 것이다. 또 이 김씨 성에서 신라의 왕이 나왔다.

석탈해는 이 김씨의 아들을 얻은 후에 아들을 보아 석씨들도 대를 잇고 임금이 되기도 했다. 석탈해왕 때 신라의 박 · 석 · 김 세 성씨의 임금이 시작된 것이다.

《삼국사기》에는 탈해왕에 대해 다음과 같이 기록되어 있다.

"탈해는 본래 다파라 나라 소생이요, 그 나라는 왜국의 동북 1,000리에 있다."

이런 기록 때문에 《일본사기》는 한 술 더 떠 이런 기록을 남겼다.

"왕녀가 아기를 낳으니 태생胎生이 아니라 난생卵生이어서 끔찍하게 여기고 궤짝 속에 넣어 바다에 띄워 보냈는데, 신라의 해변에 닿았다."

또 《삼국사기》에는 이렇게 기록되어 있다.

"처음에 그 나라 임금이 여인국 왕녀에게 장가를 들어 아내를 삼았더니, 아이를 잉태한 지 일곱 달 만에 큰 알을 낳았다. …왕이 말하기를 사람이 알을 낳는다는 것은 상서롭지 못하니 마땅히 버리라 했다. 그 여자는 차마 그럴 수 없어 짚으로 알을 싼 후 보물과 함께 궤짝 속에 넣고 바다에 띄워 마음대로 가게 했다. 처음에는 금관국金官國 해변에 닿았는데 금관국 사람이 괴상히 여겨 그냥 놓아두었다. 궤짝은 진한 아진포에 이르렀다. 이것이 혁거세왕 39년이다."

이러한 기록으로 보아 탈해왕이 바다에서 떠내려온 것과 왜국 근처에서 태어난 것은 사실일 수 있으나 꼭 짚어 왜국이라고 할 수는 없다. 이때는 왜국이 나라로서 성립되지 않은 시기이다. 이 기록은 잘못된 것이다. 석탈해왕이 왕위에 올랐다고 하여 왜국의 왕족으로 꾸민 것으로 보여진다. 석탈해가 일본인이었다는 것은 믿을 수 없는 기록이다.

### ❀ 소지왕의 슬기로운 애인

신라 소지왕炤智王 22년의 일이다. 여름도 기울어가고 어느새 아침 저녁으로 산들바람이 불었다.

늦잠을 자고 일어난 파로波路는 부엌으로 들어가는 아내에게 말했다.

"벽화碧花에게 세숫물을 내어오라 하오."

이 말이 끝나자마자 부엌에 있던 딸 벽화가 세숫물을 떠다가 마당가에 놓았다. 파로는 딸을 보면 가슴이 답답했다. 딸의 혼기가 꽉 찼는데 마땅한 신랑감을 찾지 못해서였다.
　'이 가을에는 언청이·봉사만 아니면 짝을 지어주어야지. 저걸 보면 앞이 캄캄하여 일손이 잡히지 않으니… 아이고 내 신세야.'
　파로는 부엌으로 들어가는 벽화의 탱탱한 엉덩짝을 보며 짙은 한숨을 내쉬었다.
　파로는 세수를 하고 방으로 들어와 오늘 군장郡長을 만날 일을 생각했다. 군장이 무슨 일로 만나자고 하는지 어림짐작할 수가 없었다. 세금 밀린 것도 없고, 군장에게 장가보낼 아들도 없고, 그렇다고 벼슬 한 자리 줄 일도 없고… 도무지 알 수가 없었다.
　아침상을 받고 파로가 아내와 딸에게 말했다.
　"오늘 읍에 잠깐 다녀올 테니 그리들 알아둬라."
　"읍에는 무슨 일로 가오?"
　아내가 물었다.
　"군장이 날 만나자고 한다는구만."
　"무슨 일로 만나자고 한답니까?"
　"낸들 알 수 없네."
　파로는 아침을 뜨는 둥 마는 둥 하고 일어났다. 궁금하여 입맛마저 싹 달아나버렸다.
　"일찍 돌아오소서."
　파로의 뒤꼭지에 대고 아내가 말했다.
　점심 때쯤에 파로는 군장을 만났다.
　"요사이 어찌 지내시오?"
　"농사꾼이야 늘 그 타작이지요. 달라질 일이 무에 있겠소이까."
　군장은 파로의 눈치를 살피다가 어렵게 말문을 열었다.
　"오늘 보자고 한 것은 다름이 아니라, 임금님 행차건으로 상의할 일이 있어서요."
　"임금님이 오시는데 우리 같은 농사꾼이 무슨 할 일이 있겠나이까."

"아시다시피 우리 고을에는 내놓을 것이 아무것도 없지를 않소?"
"그렇기는 하오만, 이 농사꾼이 그 일과 무슨 상관이오?"
군장은 말문이 막혔다. 꺼내놓기 어려운 말 같았다. 파로는 일순 공포감이 엄습했다. 예감이 틀리지 않았다. 군장은 뜸을 들이며 좀체 말을 하지 않았다. 파로는 답답했다.
"무슨 말씀인지 해보시지요."
"차마 입이 떨어지지 않으오. 이런 말을 하기가…"
군장은 말끝을 흐려버렸다. 군장이 그럴수록 파로의 공포심은 더해갔다. 파로는 군장의 말을 정리해보았다. 임금이 이 고을에 오고 고을에서는 임금에게 내어놓을 것이 없고, 그런데 나를 불러 상의하는데, 내가 내어놓을 것이 무엇이란 말인가? 알 수 없었다.
"말씀이 없으시면 이만 물러가겠소이다."
파로가 일어섰다. 군장이 황급히 붙잡았다.
"잠깐 기다리시오. 점심 준비를 시켰으니 금방 나올 것이오."
"폐 끼치기 싫소이다."
"아니오. 내 성의이니 뿌리치지 마오."
군장이 정중히 권했다. 파로는 군장의 호의가 영 개운치 않았다.
"하실 말씀을 하소서. 이대로는 궁금하여 점심을 먹을 것 같지 않소이다."
군장은 외면하고 있다가 말했다.
"따님의 나이가 어찌 되었소이까?"
"열여섯이오만…"
"시집갈 나이가 꽉 찼소이다 그려."
"그렇지 않아도 그애 때문에 걱정이오이다."
"마땅한 자리가 있소이까?"
"그런 자리가 있으면 걱정이 없겠소이다."
"마땅한 자리가 있긴 있소이다만…"

때마침 점심상이 들어왔다. 그야말로 상다리가 휘어질 정도로 진수성찬이었다. 파로는 아침이 부실했던 데다가 시장끼마저 들어 점심을 맛있게 먹었다. 오랜만에 먹어보는 진수성찬이었다.

점심을 마치고 두 사람은 방에서 마루로 나와 마주앉았다. 군장이 용기를 내어 말했다.

"파로 씨의 딸을 임금께 바치는 것이 어떻겠소?"

파로는 기가 막혀 잠시 할 말을 잃었다. 내 딸이 대왕에게 바치는 진상품이란 말인가? 우리 고을에 내놓을 만한 물건이 없으니 내 딸을 물건으로 취급하여 바치겠다는 군장의 발상은 어디에서 나온 것일까. 파로는 분하고 원통했으나 꾹 참을 수밖에 없었다.

"내 딸이 이 고을 진상품이란 말이옷?"

"진상품이 아니라 후궁으로 들이자는 말이외다."

"누구 맘대로 후궁으로 삼는단 말이옷?"

"이 고을에 벽화보다 나은 미색이 또 어디에 있단 말이요? 벽화는 어디다 내어놓아도 빠지는 미색이 아니외다. 대왕께서도 보시면 후궁으로 기꺼이 맞이하실 것이외다."

"내 딸을 그렇게 할 수 없소."

파로는 분노가 치밀어 그 자리에서 일어나버렸다. 그리고 한 마디 내뱉고 군장의 집을 나와버렸다.

"내 원참, 별소릴 다 듣겠구만."

"성을 낼 것이 아니라 깊이 생각해보시오. 그리 나쁜 일만은 아니오."

군장이 파로의 등뒤에 대고 말했다.

파로는 집으로 돌아와 말이 없었다. 아내는 남편의 안색을 살피며 말을 붙일 기회를 노렸다. 저녁식사 후 파로네 세 식구는 등잔불을 켠 채 방안에 앉아 있었다. 아내는 바느질을 하면서 남편의 눈치를 살피고 딸 벽화는 다소곳이 앉아 있었다. 파로는 벽에 등을 기댄 채 앉아 있다가 아랫목에 목침을 베고 길게 누워버렸다. 아내는 이 기회를 놓치지 않았다.

"군장이 뭐라고 했기에 당신 안색이 좋지 않으오?"

파로는 대답하지 않고 벽을 향해 모로 누워버렸다. 아내가 다시 물었으나 파로는 묵묵부답이었다. 간간이 가느다란 한숨소리만이 방안의 침묵을 깼다.

파로는 안방에 누워 있다가 건넌방으로 가버렸다. 아내는 더는 묻지 않았다. 시간이 한참 흐른 후에 파로가 아내를 불렀다.

"여보, 잠깐 나좀 봅시다."

아내가 건넌방으로 건너왔다. 아내를 보고도 파로는 한참 동안 말이 없었다.

"여보, 무슨 일이세요?"

아내가 물었다.

"군장이 벽화를 대왕에게 바치면 어떻겠느냐고 합디다."

"그래서요?"

"그럴 수 없다고 했소."

"그러고도 무사할 수 있을까요? 군장의 말을 거역했으니 화가 미치지 않을까요?"

"군장도 군장이지만 대왕을 거역한 것이오. 그것이 더 큰 문제요."

아내는 곰곰 생각해보았다. 만약 대왕이 후궁으로 데려가면 그리 나쁠 것도 없었다. 게다가 운이 좋아 벽화가 정비가 된다면 가문의 영광이었다.

"여보, 화를 낼 일만은 아닌 것 같나이다. 또 누가 알겠어요? 벽화가 정비라도 되는 날이면 우리집은 벼락출세를 하지 않겠어요. 벽화만한 인물이면 왕비가 되지 말라는 법도 없고요."

"그렇게만 되면 뭘 망설이겠소. 헌데 우리 고장에 특산물이 없다며 군장이 벽화를 상감께 바치겠다니 그것이 문제요."

"이제는 두 가지 방법밖에 없나이다. 하나는 벽화를 상감께 바치는 일이고 다른 하나는 고구려 땅으로 도망치는 것이나이다."

"나도 고구려 땅으로 도망칠 생각을 해보았으나 벽화를 고구려 놈에게 시집보낼 생각을 하니 선뜻 내키지 않았소."

"우리끼리만 얘기할 것이 아니라 당사자인 벽화의 의견을 들어보는 것도 좋을 것 같나이다."

"그애가 뭐라고 대답하겠소. 당신이 은근히 속을 떠보오."

"그리 하겠나이다."

아내가 딸의 마음을 떠보았다. 벽화는 어머니의 자세한 얘기를 듣고 깊은 한숨을 내쉬고 나서 공물貢物이 되어도 좋다고 말했다. 파로가 아내에게 전해듣고 벽화를 불렀다.

"어미한테 한 말이 진실이더냐?"

"아버님, 어쩔 수 없는 일이 아니겠나이까?"

"싫으면 싫다고 말해보거라."

"제 마음은 이미 결심이 섰나이다."

이튿날 파로는 군장을 만나 뜻을 전했다. 군장이 듣고 좋아했다.

"잘 생각하셨소. 세상 일이란 모르는 일이오. 운이 좋으면 따님이 왕비가 될 수도 있소이다."

"그리 바라지는 않소이다. 다만 딸 아이의 마음 씀씀이가 고마울 따름이오."

군장은 파로에게 옷감을 주고 위로했다.

"마음 편히 가지시오. 잘하면 국구國舅가 되지를 않겠소이까."

그러나 파로는 기쁘지 않았다.

벌써부터 온다고 소문이 파다하게 나 있던 대왕의 날이군捺已郡(지금의 경상북도 영주榮州) 순시는 9월에야 이루어졌다. 대왕을 맞아 날이군 백성들은 등골이 빠졌다. 날마다 잔치가 벌어지고 없는 진상품을 다른 곳에서 사들여 대왕께 바쳤다. 그것도 모자라 군장은 파로의 딸 벽화를 함函 속에 넣어 수레에 싣고 와서 바쳤다. 소지왕은 수행 신하들과 함께 함을 열었다. 어여쁜 처녀가 꽃단장을 하고 앉아 있다가 함이 열리자 빙긋 웃고 일어섰다.

"와아!"

함성이 터졌다. 선녀가 하강한 것 같았다.

"이 고을에 저런 미인이 있었더란 말인가?"

수행 신하들은 넋이 빠져버렸다. 소지왕도 반쯤 넋이 나가 있었으나 대왕의 위엄을 보여야 했다.

"듣거라! 성의는 고마우나 저 요망스러운 진상품은 받지 않을 것이니라!"

벽화를 물리쳐버렸다. 군장과 벽화는 화를 당하지 않을까 두려웠다.

소지왕은 순시를 마치고 도성으로 돌아가버렸다. 궁에 돌아온 소지왕은 벽화가 그리워 가슴이 조여드는 것 같았다. 궁 안에는 벽화만한 여자가 하나도 없었다. 소지왕은 임금의 체통을 지키려고 벽화를 잊으려고 애썼다. 그럴수록 벽화의 얼굴이 머리에서 떠나지 않았다.

달이 휘영청 밝은 날 밤 소지왕은 끝내 미복으로 갈아입고 내관 우공于公을 데리고 궁 밖으로 나왔다.

"대왕마마, 어디로 미행하시겠나이까?"

"네가 정녕 내 심정을 모르겠느냐?"

"모르옵니다."

우공은 알면서도 시침을 뚝 뗐다.

"날이군 파로의 집으로 가자!"

"대왕마마, 날이군은 도성에서 꽤 머옵니다. 걸어서는 아니 되옵니다."

"으음, 말이 있어야겠구나."

"그러하옵니다. 기다리오소서."

우공은 궁에 들어가 말 두 필을 끌고왔다. 두 사람은 말을 타고 밤길을 달렸다.

파로는 궁에서 영이 떨어지기를 기다렸다. 아무래도 무사할 것 같지 않았다. 임금이 화를 내고 벽화를 물리쳤으니 무사할 리 없었다. 고민고민하며 잠 못 이루고 전전반측하고 있는데 대문 두드리는 소리가 들렸다.

"문 열어라!"

파로가 방문을 열고 소리쳤다.

"이 밤에 누구요?"

"우선 문부터 여시오!"

파로가 대문으로 나가 문을 열었다. 대문 밖에 두 사람이 서 있었다.

"처음 보는 사람들인데 누구시오?"

"쉬잇!"

한 사람이 손가락을 입에 가져갔다. 파로는 불안했다. 두 사람을 자세히 살폈다. 그리고는 땅에 달꽈 엎드렸다. 틀림없이 한 사람은 소지왕이었다.

"대왕마마, 죽여주시오소서."

파로는 이제 올 것이 왔구나 싶었다.

"일어나 대왕을 모시기 바라오."

말이 부드러웠다. 파로는 자기 귀를 의심하며 땅에서 일어났다.

"마마를 잘 모셔야 하오."

파로는 우선 왕과 우공을 건넌방으로 모셨다. 그리고 안방을 깨끗이 치우고, 벽화는 몸단장을 서둘렀다. 안방에 주안상이 차려지고, 건넌방에서 왕이 안방으로 왔다. 벽화는 빙그레 웃으며 왕을 맞았다. 왕은 벽화의 아름다운 모습에 취해 휘청거렸다. 왕이 아랫목에 앉았다. 벽화가 큰절을 올렸다.

그 사이 우공은 도성으로 먼저 떠났다.

왕과 벽화는 첫날밤을 치렀다. 이후부터 왕은 밤에 몰래 미복으로 갈아입고 몇십 리 길을 말을 달려왔다. 사흘이 멀다 하고 임금은 벽화를 찾았다.

그뿐만이 아니었다. 어떤 때는 병을 핑계대고 벽화의 집에서 2,3일을 뒹구는 때도 있었다.

하루는 왕이 혼자서 미복으로 벽화의 집으로 오다가 고타군古陀郡(지금의 안동安東) 길거리 주막에 잠시 들렀다. 민정도 살필 겸 벽화와 자기와의 소문이 났는지 궁금하기도 하여 주막에 들른 것이다.

왕은 주막집 노파에게 방 하나를 비우라고 했다. 얼마 후 왕은 노파를 따라 뒷방으로 안내되었다. 곧 술상이 들어왔다. 노파가 술 시중을 들었다.

"요사이 장사는 어떠시오?"

"맨날 그 타작이지요. 그냥저냥 목구녕에 풀칠은 하오."

"금년에는 풍년이 들어 장사가 될 법도 한데 그 타작이란 말이오?"

"좀 낫기는 하나 시원치 않다는 말입지요."

"오, 그렇구만."

임금은 술로 목을 축였다. 노파는 왕을 유심히 살폈다. 꽤 지체가 있어 보이는데 한밤에 찾아온 뜻을 알 수 없었다.

"우리 임금을 백성들은 어떻게 보오?"

"다들 성인聖人이라 칭찬하는데 나는 의심나는 점이 많으오."

"무엇이 의심난다는 게요?"

"이런 말을 하면 안 되는데 이걸 어쩌나?"

"비밀인가?"

"그렇소이다."

"내게만 살짝 귀띔해주오."

"내 말을 듣고서 바로 흘려보내야 하오. 아시겠소?"

"약속하리다."

"세상 사람들은 아무것도 모르고 우리 임금을 성인이라 한다오. 그러나 내가 알기로는 임금께서 이웃 고을 파로의 딸 벽화에게 반해 밤마다 그곳에서 산다오. 이것은 마치 용이 물고기의 옷을 입고(미복을 입고 미행하는 것) 다니는 셈이 아니겠소? 그러다가 어부에게 붙잡히기라도 하면 그 꼴이 뭣이 되겠소? 이런 임금을 성인이라고 한다면 성인 아닌 임금이 없을 게요."

거침없이 내뱉는 노파의 말에 임금은 등에 식은땀이 흘렀다. 임금의 밤 미행을 백성들이 벌써 알고 있었다. 술잔을 든 임금의 손이 떨렸다. 이 모습을 보고 노파가 겁에 질려 물었다.

"혹시 관리시오?"

"나는 벼슬아치가 아니니 염려 마오."

왕은 부러 껄껄 웃으며 술잔을 비웠다. 노파는 바람을 쐬겠다며 방을 나갔다.

왕은 주막을 나와 말머리를 궁으로 돌렸다. 노파의 말에 깨달은 바가 있었다.

이튿날 임금은 우공을 불러 벽화의 딸을 후궁으로 맞을 절차를 밟으라는 영을 내렸다. 이런 연유로 벽화는 소지왕의 후궁이 되어 세상 밖으로 떳떳이 나와 왕자 하나를 낳고 왕의 총애를 한몸에 받았다. 소지왕은 트인 임금이었다.

## ◉ 두 스님의 이적

혜숙惠宿스님은 본시 호세好世라는 화랑의 낭도였다. 혜숙은 도성을 떠나 적선촌赤善村(지금의 경상북도 안강安康)에 은거한 지 20여 년이나 되었다.

그 무렵 구감랑이라는 화랑이 이따금 적선촌 들에 나와 사냥을 즐겼다. 혜숙은 그것을 보고 느낀 바가 있어 구감랑의 낭도가 되어 따라 다녔다. 하루는 낭도들이 둘러앉아 사냥한 것을 굽고 지지고 볶고 하여 맛있게 먹는 것을 보고 혜숙이 구감랑 앞으로 다가와 앉으며 말했다.

"이런 것들보다 더 맛있는 것이 있는데 한번 잡숴보시려오?"

"무슨 음식이 사냥감보다 맛있다는 게요? 어디 맛좀 봅시다."

혜숙은 여러 낭도들을 잠깐 물리쳤다. 그러고는 칼로 자신의 넓적다리

살을 한 조각 베어다가 구감랑에게 바쳤다. 선혈이 철철 흐르는 상태였다. 구감랑은 깜짝 놀랐다.

"이것이 무엇이오?"

혜숙이 목소리를 낮추어 말했다.

"나는 공을 어진 이로 여겨 따랐던 것이오. 허나 이제 보니 살생이나 하고 돌아다닐 뿐이며 남을 해쳐서라도 제 몸을 살찌우고자 하니 어찌 어진 이라 할 수 있겠소. 내가 따를 만한 인물이 못 되니, 나는 그만 떠나겠소이다."

혜숙은 결별 선언을 하고 그 자리를 떠나 어디론지 자취를 감춰버렸다. 구감랑은 몹시 부끄러웠다. 그러나 곰곰 생각해보니 혜숙도 낭도들과 어울려 사냥감을 먹으며 즐거워했다. 구감랑은 괘씸한 생각이 들어 혜숙이 앉았던 자리로 가서 그가 먹던 국그릇을 들여다보았다. 어찌 된 일인지 고기가 전혀 없어지지 않고 그대로 남아 있었다.

구감랑은 기이하게 여겨 이 사실을 진평왕에게 보고했다. 진평왕은 구감랑의 이야기를 듣고 뜻이 높고 행적이 이상스러운 스님으로 여겨 혜숙을 불러오라는 영을 내렸다. 그를 찾는 신하가 혜숙의 거처를 알고 찾아갔다. 때마침 혜숙은 계집을 끼고 침상에 드러누워 있었다. 그 광경을 본 신하가 화가 나서 욕했다.

"이 더러운 중놈! 어디 두고보자!"

신하는 혜숙을 깨우지 않고 그곳을 떠나 십 리쯤 갔을 때였다. 앞에서 마주오는 혜숙을 만났다. 신하는 고개를 갸우뚱거렸다. 이상한 일이었다. 계집과 잠을 자던 혜숙이 어느 틈에 깨어 일어나 마주오고 있지 않은가.

"대사, 어디에 갔다 오시오?"

혜숙이 빙그레 웃으며 대답했다.

"도성에 갔다오는 길이요. 어느 시주 댁에서 칠일재를 끝마치고 돌아가는 길이라오."

신하가 궁으로 돌아가 진평왕에게 본 대로 보고했다. 진평왕은 혜숙이 말했다는 시주 댁으로 사람을 보내어 확인해보았다. 혜숙의 말이 틀림없었다. 임금은 다시 한번 놀랐다.

얼마 후 혜숙이 입적했다. 적선촌 사람들이 혜숙의 상여를 메고 이현耳峴 산고개 동쪽 기슭으로 장사 지내러 갔다. 때마침 적선촌 사람으로 이현 서쪽에서 오는 이가 있었다. 그는 중도에서 혜숙을 만났다.

"대사님, 지금 어디로 가시는 길입니까?"

"한곳에서 너무 오래 살다보니까 싫증도 나고 해서 다른 곳으로 가볼까 하여 떠나는 길이오. 평안히 계시오."

두 사람은 작별인사를 나누었다. 그리고 한 오 리쯤 가다가보니 눈앞에 구름이 지나가고 그 구름 속에 혜숙대사가 타고 있는 것 같았다. 적선촌 사람은 고개를 갸우뚱거리며 혼자 중얼거렸다.

"참 이상한 일도 다 보겠다."

그는 이현 고개를 넘어 동쪽 기슭을 타고 내려오다가 뜻밖에도 혜숙의 장사 지내는 장면을 보게 되었다. 그는 마을 사람들에게 방금 작별하고 온 이야기며, 구름 속에 있는 혜숙의 모습을 얘기해주었다. 믿는 이도 있고, 믿지 않는 이도 있었다.

마을 사람들은 상의 끝에 무덤을 도로 파고 관뚜껑을 열어보았다. 관 속에 분명히 있어야 할 혜숙은 온데간데없고 짚신 한 켤레만이 덩그렇게 남아 있었다.

마을 사람들은 어이가 없어 서로를 멍하니 쳐다보다가 마을로 내려왔다. 옛날 안강 북쪽에 혜숙사라는 절이 있었다. 그 절이 도승 혜숙이 묵었던 곳이다.

혜공惠空은 본디 신라 귀족 천진공天眞公 댁의 심부름하는 계집종의 아들이었다. 어릴 때의 이름은 우조憂助였다. 천진공이 종기를 앓아 위독해지자 문병객들로 장사진을 이루었다.

우조의 7세 때 일로, 어머니에게 물었다.

"어머님, 웬 손님들이 이리도 많사옵니까?"
"주인께서 종기를 앓아 돌아가시게 되어 문병객들이란다."
"어머니, 내가 그 종기를 고쳐드리면 안 되겠나이까?"
"네가 무슨 재주로 종기를 고친단 말이더냐?"
"주인 어른께 여쭈어주시어요."

너무도 자신있게 말하는 우조의 태도에 어머니는 긴가민가하면서도 주인에게 이 사실을 알렸다. 주인이 말을 듣고 무슨 생각에서였는지 우조를 불러들였다.

우조는 천진공의 침상 아래에 앉아 아무 말도 없이 눈을 감고 있었다. 그런데 기적이 일어나고 있었다. 종기가 스스로 터지고 고름이 흘러내리더니 부기가 싹 꺼져버렸다. 천진공은 종기가 우연히 나은 것이라고 보았다. 우조의 힘이라고 생각지 않았다.

우조는 세월이 흘러 청년이 되었다. 그는 주인을 위해 매를 길들였다. 매사냥을 하기 위해서였다. 천진공은 우조가 매를 열심히 길들이는 것을 보고 기특하게 여겼다.

어느 날 천진공의 아우가 이웃 고을 태수로 와서 천진공의 집에 들렀다. 그는 우조가 길들이는 매를 보고 욕심을 내었다.

"형님, 우조가 길들이는 매를 제게 주실 수 없겠나이까?"

천진공은 내키지 않았으나 이웃 고을 태수로 온 동생을 축하하는 뜻에서 매를 주었다. 동생은 고맙다는 인사를 남기고 매를 갖고 떠났다. 천진공은 매를 동생에게 주고 나서 몹시 후회했다. 우조를 동생에게 보내어 매를 도로 찾아올 마음을 먹었다. 우조는 어느새 주인의 마음을 읽고 이웃 고을로 달려가 그 매를 도로 찾아왔다.

천진공은 이 사실을 알고 깜짝 놀랐다. 오래 전에는 자기의 종기를 말한마디 없이 낫게 해주더니, 이번에는 자기 마음을 읽고 매를 찾아와 우조의 신통력을 믿게 되었다. 천진공은 우조에게 큰절을 올리고 말했다.

"성인聖人께서 내 집에 기탁해 계신 것을 미처 몰랐소이다. 나의 무례를 너그러이 용서하소서. 이제부터 스승으로 모시겠사오니 나를 이끌어 주시오소서."

우조는 말없이 천진공의 집을 떠났다. 그는 조그마한 암자에 묵으며 법명法名을 혜공이라고 지어 불렀다. 그리고 그는 미친 사람처럼 노래를 부르고 삼태기를 메고 거리를 돌아다녔다. 세상 사람들은 그를 삼태기를 멘 중이라는 뜻으로 부궤화상負簣和尙이라고 불렀다. 그가 묵는 암자를 부개사夫蓋寺라고 불렀는데, 이것도 삼태기란 뜻이다.

혜공은 이따금 절 안에 있는 우물 속에 들어가 두어 달 동안 나오지 않았다. 우물 속에서 나오는 날에는 푸른 옷을 입은 신동神童이 먼저 나오고 그 뒤를 혜공이 따라 나왔다. 그런데 스님의 옷에 물 한 방울 떨어져 있지 않았다.

혜공이 나이 들어 항사사恒沙寺로 옮겨갔다. 이 항사사는 지금의 경북 영일군에 있는 오어사吾魚寺의 옛 이름이다. 그 절이 위치한 동네 이름이 항사동이다.

그 무렵, 원효元曉대사는 불경의 주석註釋을 쓰느라고 골몰하고 있었다. 어쩌다가 막히는 경우에는 책을 들고 항사사로 부궤화상, 즉 혜공을 찾아가 토론하고 해답을 얻었다.

혜공과 원효는 성격이 서로 닮았다. 짓궂은 농담을 거침없이 풀어놓았다. 하루는 두 스님이 절 앞을 흐르는 냇가에서 물고기를 잡아먹은 후에 바위 위에 앉아 똥을 누었다. 그런데 똥이 아니라 잡아먹은 물고기를 도로 내어놓았다. 혜공이 원효에게 말했다.

"그대는 내 고기를 누네 그려."

두 사람은 뱃살을 거머쥐고 웃었다. 그 뒤부터 항사사의 절 이름이 오어사로 바뀌었다. '내고깃절'이라는 뜻이다.

어느 날이었다. 화랑도 구감랑이 산과 들로 돌아다니다가 부궤화상이 산길에 죽어 넘어져 있는 것을 보았다. 시체는 탱탱 불어 있고 구더기와 쇠파리떼가 극성을 부렸다. 구감랑은 가엾어서 눈물을 흘렸다.

구감랑이 성 안으로 들어와 술에 잔뜩 취하여 노래를 부르는 부궤화상을 보았다. 소문이 빠르게 퍼졌다. 그 뒤부터 부궤화상을 신승神僧이라 칭했다.

선덕왕 때의 일이다. 명랑明朗법사가 중국에서 돌아와 신인종神印宗을 세우고 법을 전했다. 그는 금강사金剛寺를 창건하고 국내의 대덕大德들을 초청했다. 그런데 부궤화상 한 스님만 불참했다. 명랑법사는 향을 피우고 그가 오도록 빌었다.

얼마 후 부궤화상이 금강사에 모습을 드러냈다. 때마침 폭우가 쏟아져 밖에는 사람의 왕래가 끊겼는데 부궤화상은 옷이 젖지 않았을 뿐 아니라 신발에는 진흙 한 점 묻어 있지 않았다. 그는 명랑이 반갑게 맞아주자 퉁명스럽게 물었다.

"무엇 때문에 그리도 간곡히 부른 게요?"

명랑법사는 웃음으로 답했다. 금강사에 모인 고승들은 혜공의 이적異蹟을 보고 고개를 숙였다. 그는 뒤에 허공에 떠서 세상을 하직하고 그의 형적을 감추어버렸다.

### ❀ 혼자 걸어다니는 석장

양지良志라는 스님은 석장錫杖을 짚고 돌아다니며 시주를 받았다. 사람들은 석장 소리가 들리면 양지스님인 줄 알고 시주를 하려고 쌀 한 바가지를 들고 나왔다. 스님은 서화書畵에 능하고 조각에도 달인이었다. 경주 부근의 이름난 부처님은 거의 다 양지스님의 작품이었다.

어느 날이었다. 서라벌 북쪽 마을에서 석장 소리가 들렸다. 사람들은 소리를 듣고 양지스님이 왔다며 쌀을 들고 나왔다. 그런데 스님은 없고 석장만이 보였다. 석장 옆에는 커다란 포대 하나가 놓여 있었다. 사람들은 포대에 쌀을 채워주었다. 석장은 소리를 내며 다른 부락으로 옮겨갔다. 사람의 발자국 소리는 들리지 않고 석장 소리만이 들렸다. 사람들은 양지스님이 석장 뒤에 숨어서 다닌다고 수군거렸다.

그후부터 양지스님은 석장이 혼자 걸어다니며 시주를 받아오도록 했다. 사람들은 스님이 도술을 부려 시주를 하지 않으면 벌을 받을 것이라며 두려워했다.

그리하여 석장만 돌아다녀도 거기에 매달린 포대에 쌀이 가득찼다. 양지는 자기 뜻대로 되어가는 것을 만족스럽게 여겼다. 시주한 쌀로 큰 절을 세웠다. 그 절 이름이 석장사였다.

영묘사靈廟寺의 장육불丈六佛 삼존을 만들 때 진흙이 엄청나게 들었다. 사람들은 양지스님이 만든다며 영검을 얻을까 하고 구름같이 모여들었다. 양지스님이 사람들에게 말했다.

"여러 불자들이여! 부처님을 만들 진흙을 가져오면 장차 큰 복을 누릴 것이오!"

사람들은 너도나도 진흙을 날라왔다. 며칠 안 되어 진흙이 산처럼 쌓였다. 양지스님이 또 말했다.

"불자들의 공덕이 태산 같으오. 기왕에 진흙을 날라왔으니 이제는 진흙을 이겨주오."

남녀들이 모여 저고리와 바지를 걷어붙이고 진흙을 이기느라고 구슬땀을 흘렸다. 이 광경을 보고 양지스님이 또 말했다.

"누구든 슬픔이 있으면 말하시오. 진흙을 밟는 순간에 사라질 것이오!"

그러자 진흙 밟는 사람들이 노래를 부르며 일했다.

"온다 온다 온다. 서럽다 서럽다. 이내 몸 공덕 닦으러 온다네."

이 노래가 순식간에 퍼졌다.

양지스님은 힘들이지 않고 부처님을 만들고, 이어 천왕상과 전탑磚塔의 벽돌도 만들었다. 양지스님은 천왕사의 팔부신장과 법림사法林寺의 주불主佛을 만들고, 각지의 금강신을 만들었다. 나중에는 벽돌로 작은 부처님 삼존체를 만들었다.

당시의 스님들은 이적을 많이 나았고 또 백성들의 불심이 강해 신라의 불교문화를 찬란하게 꽃피워갔다.

## ❋ 두 악공 이야기

진평왕 31년 봄, 나라는 평화롭고 불교문화가 꽃을 피워 눈부시게 발전해갔다. 진평왕은 서라벌 남산에서 나는 옥玉을 갈고 닦아 옥피리를 만들어볼 생각으로 전국 각지에 방榜을 붙였다.

"악공樂工들이여! 그대들의 기량을 잠시 옥피리를 만드는 데 쏟아부을지어다. 제일 잘 만든 옥피리를 나라의 보배로 삼아 후세에 길이 남겨줄 것이며 따라서 그 피리를 만든 악공에게는 후한 상을 내리겠노라. 옥피리는 팔월 한가위 때 불어볼까 하노라. 많은 응모 바라노라!"

방을 본 백성들은 신라 제일의 악공 두 사람에게 관심이 쏠렸다. 왕산수王山樹와 부수夫秀가 그 주인공들이었다. 왕산수는 현학금玄鶴琴(거문고)의 명인으로 이미 이름이 알려진 왕산악王山岳의 친척으로 집안에 예술적 재능이 넘쳤다. 부수는 명필로 유명한 부도가 할아버지로 역시 예술가 집안이었다.

부수는 어려서부터 손재주가 탁월했다. 나무·돌·옥·은·동 무엇이든 그의 손을 거치면 아름다운 예술품이 되었다. 6, 7세 무렵부터 재능을 발휘하여 동네 사람들이 신공神工이라며 혀를 내둘렀다. 그러나 그의 가정 형편은 늘 궁색했다. 부수의 벌이가 신통치 않아서였다. 물건을 만들되 팔려고 하지도 않았고 마음에 들지 않으면 부숴버렸다. 그야말로 예술혼이 투철한 부수였다.

부수는 방을 보고 가슴이 뛰었다. 드디어 기회가 온 것이다. 나라의 보물을 만들 기회, 부수는 힘이 솟았다. 상금에 탐이 나서가 아니라, 이번 기회에 자기의 기량을 유감없이 발휘하여 부수 예술의 진수를 보여주고 싶었다.
 그는 왕산수를 의식했다. 왕산수 역시 부수와 같은 생각이었다. 나라의 보배를 만든다는데 어느 누가 예술혼을 불태우지 않겠는가? 사람들은 부수가 한 수 위라느니 왕산수의 솜씨가 화려하다느니, 입씨름을 벌이며 자기들끼리 왕산수 편, 부수 편으로 갈라졌다. 백성들의 특별한 관심 속에 전국의 악공들이 옥피리를 깎았다.
 부수는 공방工房에 틀어박혀 나오지 않았다. 아내가 밥을 주면 먹고, 주지 않으면 굶어도 배고픈 줄을 몰랐다. 오로지 옥을 주무르기에 전력투구하고 있었다.
 한여름이 되자 이런 소문이 퍼졌다.
 "왕산수가 초벌 깎기를 하여 소리를 시험해봤다더라."
 "부수가 이미 피리를 깎아 겉치장에 들어갔다더라."
 이런 세간의 소문과는 달리 부수의 집에서는 비극이 싹트고 있었다. 아내가 굶주림에 지쳐 죽어가고 있는 데도 부수는 까맣게 모르고 공방에 틀어박혀 있었다. 옥돌 덩이를 자르고 깎고 닦고 갈기를 반복하고 있었다.
 어느 날 이웃집 처녀가 부수네 안방문을 열어보고 그만 까무러칠 듯이 놀랬다.
 "아주머니, 정신 차리세요! 아주머니, 눈을 떠보세요!"
 절규에 가까운 소리를 부수는 듣지 못하고 오로지 옥을 다듬기에 여념이 없었다. 처녀가 공방으로 달려와 울부짖었다.
 "아저씨, 아주머니가, 아주머니가 죽었어요!"
 부수는 자기의 귀를 의심했다. 사람 목숨이 얼마나 모진데 아내가 병도 없이 죽다니, 말이 되지 않았다.
 "장난 치지 마라! 어여 나가!"
 "아주머니가 굶어죽었다구요!"
 부수는 그제야 일손을 멈추었다. 굶어죽을 수도 있겠다는 생각이 퍼뜩 들었다. 이웃집 처녀는 부수네 집에서 한 사흘쯤 전혀 연기가 나지 않아 지켜보다가 의심이 들어 찾아와 보고 끔찍한 광경을 목격한 것이다.

부수는 울음을 삼키면서 절망하지 않았다. 머릿속에는 온통 옥피리뿐이었다. 동네 사람들의 호의로 아내를 장사 지낸 다음 부수는 다시 공방에 자기의 몸을 가두었다. 이때부터 이웃집 처녀가 끼니를 챙겨주었다. 이웃집 처녀는 홀아비 딸이었다. 은근히 부수를 사모하고 있던 터여서 아내가 세상 떠난 후 알뜰살뜰 보살펴주었다.

부수는 처녀의 자기에 대한 감정을 알면서도 묵살해버렸다.

한가위를 사흘 앞두고 드디어 옥피리가 완성되었다. 부수의 공방에서 옥피리 소리가 울려퍼져 산천초목에게 부드러운 화음을 선사했다. 나뭇잎이 춤추듯 살랑거리고 뭇 짐승들이 귀를 쫑긋 세우고 코를 벌름거렸다. 피리 소리가 나무와 짐승에게까지 감흥을 주었다.

부수는 옥피리를 비단 보자기에 싸들고 진주에서 서라벌로 올라왔다. 그는 옥피리를 임금에게 바치기 전에 남산 서낭당에 올라 기도를 드렸다. 서낭신에게 자기가 만든 옥피리를 나라의 보배로 삼아달라고 부탁한 것이다.

그가 막 돌아서려는데 80이 다 된 노파가 땀에 젖어 숨을 할딱거리며 서낭당으로 올라와 부수 앞에 쓰러져버렸다.

"할머니, 괜찮으세요?"

부수가 할머니를 부축했다.

"누구신지 고맙소. 댁은 무슨 일로 서낭당에 오른 것이오?"

"기도드릴 일이 있어서 왔나이다."

"나도 내 아들 일로 기도드리러 왔다우. 이번에 나라에서 만들어 바치라는 옥피리를 만들었거든. 그것을 만들기 시작할 때부터 부수란 사람이 옥피리를 만들 것인데 아무래도 부수보다 잘 만들기 힘들 것이라며 걱정이 태산 같았다우. 하도 답답하여 내 아들의 옥피리가 부디 1등으로 뽑히기를 서낭당 신령님께 빌러왔다우. 오죽 답답하면 이 늙은이가 허위단심에까지 왔겠수."

"너무 염려 마세요. 이번에 자제분의 옥피리가 1등으로 꼭 뽑힐 겝니다."

"그걸 댁이 어찌 아우?"

"할머니의 지극 정성이 아마 하나님을 감동시킬 것이나이다."

"말이라도 고맙수."

부수는 할머니를 서낭당에 남겨놓고 내려와 주막집에서 두 통의 편지를 썼다.

"대왕께 아뢰옵니다. 신은 부수란 자로 옥피리를 만들어 바치나이다. 다행히도 제 옥피리가 나라의 보배가 된다면 큰 영광이겠나이다. 신과 솜씨로 보아 쌍벽을 이루는 왕산수의 옥피리가 다행히도 1등이 되면 상관 없겠사오나 만약 신의 것보다 부족하여 2등이 되면 신에게 내릴 상금을 왕산수에게 내려주시오소서. 그에게는 80 노모가 계시오나 신에게는 먹여 살릴 가족이 없나이다…"

또 한 통의 편지는 이웃집 처녀에게 남긴 유서였다.

"그동안의 호의 고마웠다. 네 마음을 모르는 내가 아니지만, 나는 너를 받아들일 수 없다는 것을 네가 더 잘 알 것이다. 나는 아내를 굶어죽게 한 무능하고 뻔뻔스러운 사내다. 너는 좋은 사내를 만나 좋은 가정을 꾸미고 행복하게 살아야 한다. 그래야만 지하에 계신 네 어머님의 영혼이 편안하실 게다. 그동안 고마웠음을 거듭 감사한다. 부디 행복하게 살아다오."

부수는 임금에게 바칠 편지와 옥피리를 주막집 심부름꾼에게 맡기고 술을 한잔 마신 다음 동해 바다로 나가 몸을 던졌다. 아내에 대한 죄책감이 옥피리를 만든 성취감보다 더 무거웠던 것이다.

후세 사람들은 부수가 만든 옥피리를 천적天笛, 왕산수가 만든 옥피리를 지적地笛이라고 불렀다. 부수의 솜씨가 왕산수보다 한 수 위였다.

## 만파식적

신문왕은 즉위하자마자 아버지 문무왕을 위해 동해가에 감은사感恩寺를 짓고 명복을 빌었다. 이듬해 5월 초하룻날 해관海官인 파진찬波珍湌 박숙청朴夙淸이 말했다.

"대왕마마, 동해에 작은 산이 있는데 감은사를 향해 떠오며 물결 따라 움직이고 있나이다."

신문왕이 이상하게 여겨 일관 김춘질金春質을 불러 점을 치게 했다. 춘질이 점괘를 뽑아 아뢰었다.

"마마, 다름이 아니오라 승하하신 문무대왕께오서 해룡海龍이 되시어 이 나라를 보호하시고 또한 김유신 공이 삼십삼천三十三天의 한 아들로서 그 아래 대신이 되어 나라 지키는 큰 보배로서 든든하옵니다. 만약 대왕마마께오서 해변으로 가실 기회가 있사오면 반드시 값비싼 보물을 얻을 것이옵니다."

임금은 점괘에 기뻐하며 오월 초이렛날 감은사의 이견대利見臺에 행차하여 바다에 떠 있는 그 산을 본 뒤에 사신을 보내어 알아오도록 했다. 사신이 산을 보고 돌아와 아뢰었다.

"산의 모양은 거북과 같사온데 산 위에 대나무 하나가 있어 낮이면 둘이 되고 밤이면 하나가 되더이다."

그날 밤이 지나고 이튿날 오시에 두 대나무가 하나로 합해지는데 천지가 진동하고 폭풍우가 7일 동안 이어지다가 그쳤다.

오월 열엿새 날, 바람이 자고 물결이 가라앉은 때를 틈타 임금은 그 산으로 행차했다. 거기에 한 마리 용이 있었는데 검은 옥띠를 임금에게 바쳤다. 임금이 용과 마주앉았다.

"듣자하니 이 산에 대나무 한 그루가 혹은 둘이 되고 혹은 하나가 된다는데 어인 일이오이까?"

용이 대답했다.

신라 79

"그 이치는 한 손으로 치면 소리가 나지 않지만 두 손을 마주 치면 소리가 나는 것과 같사옵니다. 대나무도 물건이 되려 하매 반드시 합한 다음에 소리가 날 것이옵니다. 대왕께오서는 마땅히 소리로서 천하를 다스리시오소서. 대나무를 베어 피리를 만들어 부시오면 천하가 평화로워지나이다. 이제 선왕께오서 바다의 큰 용이 되시옵고 김유신이 그 다음에 하늘신이 되어 두 거룩하신 이가 마음을 같이하여 값으로 칠 수 없는 큰 보배를 내시고 나를 시켜 대왕께 드리게 한 것이니 청컨대 이 나무를 받으소서."

임금은 기뻐하며 오색 비단과 금과 옥을 용에게 선물했다. 그리고 부하에게 대나무를 베어오게 하여 육지로 나왔다. 그 용은 어디론지 사라져 보이지 않았다.

그날 밤 대왕은 감은사에서 하룻밤 더 머물고 오월 열이렛날 환궁하는 길에 지림사祗林寺 서쪽 냇가에 이르러 수레를 멈추고 점심을 먹었다. 그때 태자 이공理恭이 대궐을 지키다가 이 소식을 듣고 말을 달려 나와 대왕께 하례한 후 옥띠를 자세히 살폈다.

"대왕마마, 이 옥띠 구멍마다 용이 보이나이다."

대왕이 놀라서 물었다.

"태자는 그것을 어찌 아는고?"

"옥띠를 물에 담가보면 알 것이나이다."

옥띠를 물에 담갔더니 구멍에서 용이 나와 하늘로 올라갔다. 대왕은 옥띠를 담근 그 연못을 용소龍沼라고 이름 붙였다.

대왕이 환궁하는 길로 대나무로 피리를 만들어 월성 천존묘天尊廟에 간직해두었다. 이 피리를 한번 불면 병화가 물러가고 병이 낫고, 가물 때 비를 내리고, 비 올 때 개이고, 바람이 멈추고 물결이 가라앉았다.

이 피리는 길이가 1자 8치, 입의 지름이 1치, 누런 바탕에 검은 점이 있다. 임금은 이 피리의 이름을 만파식적萬波息笛이라 지었다.

## 노힐부득과 달달박박

신라의 진산으로 알려진 백월산白月山(경남 창원 소재)이 있었다. 산봉우리가 기이하고 수려했으며, 산맥이 수백 리에 뻗은 거산으로 알려져 있었다.

이 산의 남동쪽에 선천촌仙川村이 있었다. 마을에 두 젊은이가 있었는데 한 사람은 노힐부득努肹夫得(득得을 등等이라고도 씀)이고 다른 한 사람은 달달박박怛怛朴朴이었다. 노힐부득의 아버지는 월장月藏, 어머니는 미승味勝이었다.

달달박박의 아버지는 수범修梵, 어머니는 범마梵摩였다. 두 사람 다 풍채와 골격이 비범하고 이상이 높아 속세를 초월해 어디론가 떠나고 싶어 했다. 그들은 약관의 나이에 마을 동북쪽의 재 넘어 법적방法積房에 들어가 머리를 깎고 중이 되었다.

그후 그들은 옛 절이 있는 치산촌稚山村 법종곡法宗谷 승도촌僧道村으로 옮겨 대불전大佛田과 소불전小佛田의 두 동네에 각각 살았다. 부득은 회진암懷眞庵(또는 양사壤寺라고도 함)에 들고 박박은 유리광사瑠璃光寺에 들었다. 두 사람 다 처자를 데리고 들어와 살림을 살고 서로 왕래하며 정신수양을 게을리 하지 않았다. 그들은 언젠가는 속세를 떠나 진짜 불제자가 되고 싶은 의욕에 불탔다.

아내와 자식들을 두고 의식이 풍부하여 부러울 것이 없었으나 늘 마음 한구석이 비어 있었다. 부처님을 배우면 마땅히 부처가 되어야 하고 도를 닦으면 마땅히 진리를 깨우쳐야 하거늘, 그들은 머리를 깎고 중이 되었으나 세속에 얽혀 정진할 수가 없었다. 그들은 인간세를 떠나 심산유곡으로 숨으리라 결심했다.

어느 날 밤, 그들은 똑같은 꿈을 꾸었다. 백호광白毫光이 서쪽에서 와서 빛 가운데 금색金色 팔이 내려와 이마를 짚었다. 이튿날 두 사람이 만나 꿈 얘기를 나누었다.

"떠날 때가 된 게야."

"맞아, 떠나라는 부처님의 암시야."

두 사람은 그날로 미련없이 집을 떠나 백월산 무등無等 계곡으로 들어갔다.

박박은 산 북쪽 마루 사자 바위를 차지하고 판옥板屋 8척 방을 지어 판방板房이라 이름짓고 살았다. 부득은 산 동쪽 마루 돌무더기 아래 물 있는 곳에 거처를 마련하여 뇌방磊房이라 이름짓고 살았다. 그들은 각자 갈구하는 것이 달랐다. 부득은 미륵을 바라고 박박은 미타彌陀를 마음에 두었다.

어느 날 해질 무렵이었다. 나이 스무 살쯤 되어 보이는 묘령의 아가씨가 난초향과 사향 냄새를 풍기며 북쪽 암자에 와서 하룻밤 묵어가기를 청하며 노래를 지어 불렀다.

    나그네 가는 길에 해가 지니 천산千山이 저물어
    길 멀고 성城 먼데 외롭기 짝이 없도다
    오늘 밤 암자 아래에서 묵고자 하니
    자비로운 화상和尙은 나무라지 마소서

아가씨가 박박에게 하룻밤 묵어가기를 청했다. 박박은 일언지하에 거절해버렸다.

"요망하도다. 사찰은 본래 청정淸淨을 일삼는 곳이거늘 네가 감히 가까이할 곳이 아니니라. 날이 어둡기 전에 다른 곳을 알아보라!"

박박은 문을 쾅 닫아버렸다.

아가씨는 뇌방의 부득을 찾아갔다.

"네가 이 밤에 어디에서 왔느냐?"

부득이 뿌리치지 않고 물었다.

"나는 현사의 덕행이 높다고 들었나이다. 장차 현사를 도와 보리菩提

를 이루어드리러 왔나이다."
　아가씨가 말하고 게송偈誦을 읊었다.

　　해는 천산길에 저물어 가도가도 외롭기 짝이 없어라
　　송죽松竹 그늘은 더욱 그윽한데
　　동구를 울리는 시냇물소리 오히려 새롭도다
　　하룻밤 자고 가기를 청하는 나그네
　　길을 잃음이 아니라 존사尊師를 지도코자 함이니
　　원컨대 내 청만 들어주시고 넌가는 묻지 마소서


　부득이 듣고 놀라서 말했다.
　"이 땅은 아녀자가 더럽힐 데가 아니다. 허나 중생에게 일체 순응하는 것이 또한 보살행일진데 이 첩첩산에 밤이 왔으니 어찌 소홀히 하겠는가."
　부득은 아가씨에게 읍하고 맞아들였다. 밤이 되어 부득은 마음을 맑게 하고 지조志操를 가다듬어 벽을 향하고 앉아 염불을 쉬지 않고 읊어댔다. 이윽고 한밤중에 아가씨가 부득을 불렀다.
　"내가 지금 산고産苦가 있나이다. 화상께서는 짚자리를 마련해주오."
　부득이 그대로 해주었다. 아가씨가 진통 없이 해산을 하고 목욕하기를 청했다. 부득은 부끄럽기도 하고 불쌍하기도 했다. 목욕물을 데워 아가씨를 통속에 앉히고 더운 물로 목욕시켰다. 그런데 통속의 물이 은은한 향기를 풍기며 금빛으로 변했다. 부득이 깜짝 놀라 어찌할 바를 몰랐다. 아가씨가 말했다.
　"화상께서도 이 물에 목욕하소서."
　부득이 시키는 대로 하지 않을 수 없었다. 부득이 통속으로 들어가자 정신이 맑아지고 온몸이 금빛으로 물들고, 통 옆에 어느 새 연대蓮臺가 만들어져 있었다.

"이 연대에 앉으시지요."

아가씨가 권했다. 부득이 그대로 따랐다. 아가씨가 말했다.

"나는 관음보살이니라. 여기에 와서 화상을 도와 대보리大菩提를 이루게 했도다."

말을 마친 아가씨는 어디로 갔는지 보이지 않았다.

한편, 박박은 아가씨가 부득에게 갔다는 말을 듣고 이런 생각을 했다.

'부득이 이 밤 틀림없이 계율을 어겼을 것이다. 가서 비웃어주리라.'

박박이 부득에게 와보고 그만 어안이 벙벙해지고 말았다. 부득이 연대에 앉아 미륵존상彌勒尊像이 되어 온몸이 금빛으로 빛나고 있지 않은가. 박박은 정신을 가다듬고 머리를 조아리고 물었다.

"어인 연고로 이리 되었는가?"

부득이 지난 밤에 일어난 일을 자세히 설명해주었다. 박박이 탄식하며 말했다.

"내가 마음에 꺼리는 것이 있어 대성大聖을 만났으나 대우를 소홀히 하여 그대가 나보다 먼저 대덕이 되었네 그려. 원컨대 옛정을 생각하여 나를 인도해주게."

"통에 아직 남은 물이 있을 것일세. 어서 목욕하게나."

박박이 남은 물로 목욕하여 부득과 같이 되었다. 2존불이 탄생한 것이다.

산 아래 마을 사람들이 소문을 듣고 몰려와 불공을 드리고 감탄했다.

"이런 일이 있다니, 드물고 드문 일이다."

성인이 된 부득과 박박이 마을 사람들에게 설법을 하고 나서 구름을 타고 하늘로 올라가버렸다.

경덕왕이 이 소식을 전해듣고 사자를 보내어 대가람을 창건하고 백월산 남사南寺라 이름지었다.

## ❀ 만명부인

만명萬明 처녀는 어렸을 적부터 글공부를 많이 하여 유식한 여자로 통했다. 그녀는 원래 시골에 살아 배울 것이 없었다. 아버지는 재주 많은 딸의 장래를 은근히 걱정했다.

만명은 아버지의 걱정과는 달리 마을에서 존경을 받는 인물로 성장했다. 글공부도 잘했거니와 효성이 지극하여 칭찬이 자자했다.

어느 날 밤 만명이 동구 밖 우물터에서 빨래를 하고 있었다. 우물은 서울을 왕래하는 큰길가에 있었다. 늘 오가는 행인들로 붐비는 편이었다. 때마침 경상도 울산 태수가 지나가다가 만명 처녀를 보고 마음에 들어 수작을 걸었다.

"나비가 봄 동산을 지나갈 때 꽃을 보고 어찌 그냥 가리오."

만명은 태수의 수작에 망설임 없이 화답했다.

"기러기야, 망망대해를 건널 때 조심하지 않으면 바다에 빠져죽기 알맞느니라."

기막힌 반격이었다. 수작 부리지 말라는 엄포였다. 태수는 소스라치게 놀랐다. 예사 처녀가 아니었다. 이런 촌구석에 재기발랄한 처녀가 있었다니 믿기지 않았다. 태수는 자기의 심정을 담아 또 수작을 부렸다. 진심이었다.

"남자의 마음은 옥과 같으니 상품의 옥이 짝을 찾아 구르더라."

만명은 지체없이 화답했다.

"여자의 태도는 담장 너머의 꽃과 같아서 봄바람에 웃음을 보내더라."

기막힌 응수에 태수는 정신이 황홀경에 빠졌다. 태수는 이 처녀를 아내로 맞을 결심을 굳혔다.

태수는 곧 만명의 아버지를 찾았다. 만명과 수작 부린 경위를 말하고 결혼을 허락해달라고 청했다. 아버지는 태수의 청혼을 받고 의심을 품었다.

'정실이 아니라 첩실로 삼으려는 수작이겠지.'
아버지가 정신을 가다듬고 물었다.
"내 딸년을 태수께서 첩실로 달라는 것이외까?"
"그 무슨 말씀이오이까? 나는 아직 미혼이랍니다."
"아니, 내 딸을 정실로 삼으시겠다고?"
"그렇습니다."
"신분이 다르지 않으오?"
"상관 없소이다. 나는 따님의 재주와 미모에 반해버렸답니다."

아버지는 태수의 진심을 알고 결혼을 허락했다. 결혼식이 일사천리로 이루어졌다. 실은 만명이 시골에 살아서 그렇지 신라 왕족의 후예였다. 어쩌다가 아버지가 낙향하여 진흙탕 속의 연꽃처럼 피어 있었던 것이다.

울산 태수는 다름 아닌 김유신의 아버지 김서현金舒玄으로, 가락국 수로왕의 11대 손이었다. 신라에 귀화한 후 벼슬을 얻은 뒤에 신라의 명장으로 활약했다.

만명은 결혼 후 부덕과 온후한 성정이 널리 알려져 부녀자들은 물론 남자들까지 존경하게 되었다.

어느 날 만명부인은 젖먹이 딸을 데리고 친정으로 근친길을 떠났다. 해는 기울고 갈 길은 아직 한창인데 길에 쓰러져 있는 행인을 만났다. 만명부인이 쓰러진 행인을 자세히 살펴보았다. 굶어서 쓰러진 남자였다. 만명부인은 자기의 젖을 물려 행인이 빨아먹도록 배려했다. 행인이 기운을 차리자 마을로 데리고 내려와 밥을 얻어 먹였다.

행인이 고마워 만명부인의 신분을 물었으나 끝내 밝히지 않았다. 먼 훗날 행인은 만명부인을 찾아 살려준 은혜를 보답하려 했으나 끝내 찾지 못했다. 그리하여 행인은 생각다 못해 절을 찾아가 불전에 공양을 드린 후 부처님께 빌었다.

"내 생명의 은인이신 그 부인이 어떤 분인지 모르오나 부모님께 효도하고 나라에 충신이 될 아들을 점지해주소서. 부디 제 소원을 들어주소서."

행인은 사흘이 멀다 하고 절에 찾아와 만명부인에게 훌륭한 아들을 점지해달라고 불공을 드렸다.

만명부인이 하루는 이상한 꿈을 꾸었다. 관세음보살이 하늘에서 내려와 만명부인에게 광채 나는 둥근 옥 하나를 주며 말했다.

"이 옥은 장차 네 집에 보배가 되고 이 나라에 큰 보배가 될 것이니 잘 간수하도록 하라!"

꿈에서 깨어난 만명부인은 꿈이 너무나도 선명하여 부르르 몸을 떨었다. 그후 만명부인은 잉태한 것을 알고 몸가짐을 조심했다.

열 달 후 만명부인은 옥동자를 낳았다. 이 아이가 후에 삼국통일에 한몫을 한 김유신이다. 아버지 서현이 일찍 세상을 떠나고 김유신은 어머니의 교육을 받으며 자랐다. 현모는 현자를 기른다는 말은 만고의 진리이다.

## ◉ 국사가 된 경수

어느 해 겨울 서라벌은 하얀 눈 무덤으로 덮일 만큼 눈이 엄청나게 내렸다. 온 세상이 눈으로 뒤덮이고 날씨마저 매서워 바깥 출입이 어려웠다.

서라벌의 천엄사天嚴寺 문밖에도 눈이 산처럼 쌓여 있었다. 오고가는 이도 없는 인적이 끊긴 절간 문밖에 거지 어머니가 갓난아기를 품에 안고 눈밭에 앉아 울고 있었다.

'더는 버틸 수 없구나. 아아… 너무 춥구나.'

어머니는 어찌할 바를 몰랐다. 갓난아기는 거의 죽음에 가까웠다. 잠시 후 어머니의 춥다는 소리도 들리지 않았다. 이따금 신음소리만이 간헐적으로 들리고 그 소리마저 덮어버리려는 듯이 눈이 내렸다. 신음소리마저 끊겨버렸다.

이때 사람의 발자국 소리가 들렸다.

'자박 자박 뽀드득…'

눈길을 힘겹게 걷고 있었다. 이윽고 가까워진 발자국 소리와 함께 '나무아미타불'을 읊는 소리가 들렸다. 그리고 석장 짚는 소리도 들렸다.

이 스님은 황룡사 대사大師 정수正秀였다. 정수대사는 바쁜 일이 있어 삼랑사三郞寺에 갔다가 돌아가는 길이었다. 정수대사는 천엄사 앞을 지나다가 거지가 쓰러져 있는 것을 목격했다. 아기를 꼭 껴안고 반쯤 눈 속에 파묻혀 있었다.

"이런 변이 있나."

정수대사는 안타까워 혀를 끌끌 찼다.

"이보시오, 정신 차리구려."

정수대사가 거지의 몸을 흔들었다.

"끄으응…"

신음소리가 들렸다. 아직 죽지 않았던 것이다. 정수대사는 아기를 살펴보았다. 꽁꽁 얼어죽은 것 같았다. 정수대사는 아기를 냉큼 자기의 가슴에 품었다. 한참을 품에 안고 있는데 아이가 살아서 꼼지락거렸다.

"부처님, 아이고 부처님. 이 은혜 어찌 갚으오리까."

정수대사는 염불 대신 부처님이 옆에 있기라도 한 듯 은혜 타령이었다. 꼼지락거리던 아기가 '으앙!' 하고 울음을 터뜨렸다.

"아이고 부처님, 고맙고 감사하나이다."

정수대사는 웃옷을 벗어 거지 어머니를 감싸고 아랫도리를 벗어 아기를 싸서 어미에게 안겨주었다. 한참 만에 거지가 정신을 차리고 옷을 벗고 떨고 있는 정수대사에게 감사하다는 인사를 올렸다.

"오, 우리 모자의 목숨을 살린 은혜 지중하나이다."

"속히 불이 있는 곳으로 가시오. 이곳 천엄사 부엌으로 가소서."

정수대사가 거지에게 이르고 발가숭이 몸이 얼어붙어 서둘러 황룡사로 돌아가 거적으로 몸을 덮고 자리에 누워버렸다. 그 사이 몸이 꽁꽁 얼어버렸던 것이다.

그날 밤이었다. 임금이 대궐 위 공중에서 나는 소리를 똑똑히 들었다.
"황룡사 정수대사를 국사로 삼으라!"

이 소리가 거듭 열 번이나 들렸다. 임금이 이상하게 여겨 황룡사에 무슨 일이 있는지 사신을 보내었다. 사신이 돌아와 그날 밤 있었던 일을 낱낱이 아뢰었다. 임금이 얘기를 듣고 감동을 받아 눈물을 흘렸다.

임금은 조정 대신들과 상의하여 정수대사를 국사로 삼아 정중한 예로 맞았다. 부처님이 정해준 국사였다.

## ◉ 원광의 어머니

원광圓光은 진평왕 시대의 중이다. 속성은 박朴씨, 이李씨라고도 한다. 여기서는 이씨 성의 원광 이야기를 담아보았다.

경상도 안동에 이덕삼李德三이라는 이가 살았다. 그는 늙은 아버지와 아내, 그리고 아들 경조敬曺 등 네 사람을 거느리고 농사를 지었다. 넉넉지는 않았으나 화목한 가정이었다.

외아들 경조는 생후 3개월이었고, 3대 독자였다.

씨 뿌리는 봄철이 돌아와 농촌 일손이 바빠졌다. 덕삼은 새벽같이 들로 나가고 아내는 서둘러 아침 준비를 했다.

아내는 아침 준비를 대강 끝내고 아들에게 젖을 물리려고 자고 있는 경조를 부엌으로 안고 왔다. 아내가 아무리 젖을 물려도 아기는 꿈쩍도 하지 않았다. 얼굴을 때려도 보고 허벅지를 꼬집어봐도 반응이 없었다. 아내가 아기의 코에 귀를 대보았다. 숨을 쉬지 않았다. 맥을 짚어보았다. 뛰지 않았다. 아기는 죽어 있었다.

시아버지는 70대로 아직 자고 있었다. 아내는 놀랍고 원통한 일이었으나 시아버지가 잠을 깰까 봐 숨을 죽이고 송장이 된 아기를 등에 업고 남편에게 줄 밥을 함지에 담아 들로 나갔다. 남편이 밥을 다 먹은 뒤에 아내는 죽은 경조를 등에서 내려놓고 자초지종을 말했다.

남편은 가슴이 미어터지는 슬픔을 억누르고 아들을 무릎에 올려놓고 하소연을 풀어놓았다.

"이 불효 막심한 놈아! 부모 가슴에 대못을 박아놓고 너만 훌쩍 떠나면 어찌하느냐? 더구나 70이 넘은 네 할애비 앞에서 가다니, 너를 용서할 수 없구나. 내게 벌을 받아라."

남편이 벌로 죽은 경조의 뺨을 서너 번 때렸다. 그러자 이상한 일이 벌어졌다. 죽은 경조의 몸에 따스한 온기가 돌더니 차차 깨어나는 것이 아닌가.

두 내외는 얼싸안고 감격의 눈물을 흘렸다. 아기가 잠에서 깨어난 듯 벙실벙실 웃는 것이었다.

아내는 효부이자 현부였다. 보통 여자 같으면 아이가 죽어 경황이 없었을 것이다. 그녀는 시아버지를 위해 죽은 아이를 등에 업고 남편한테 갔고 또 남편이 밥을 다 먹을 때까지 기다렸다.

하늘이 아내의 효심에 감동하여 아들을 부모의 품에 되돌려준 것이다. 이러한 어머니 밑에서 자란 아들은 12세 되던 해에 학문을 익히고 분황사芬皇寺에서 수도하여 30세에 국사가 되었다. 그가 바로 원광법사이다.

### ❀ 수레공자

수레공자, 즉 거득공자車得公子는 문무왕의 서동생(庶弟)이었다. 신분으로 보아 얼마든지 안락한 생활을 누릴 수 있었다. 그러나 공자는 별궁別宮에 거처하지 않고 별궁을 빠져나와 들로 산으로 돌아다니며 자연을 벗삼아 즐겼다. 시냇물에 목욕하고 풀섶에서 잠자고 짐승들과 더불어 교감하고 자연의 일부분이 되어 지내었다. 말하자면 역마끼가 많은 공자였다.

공자 복색을 벗어던지고 농군 차림으로 나와 농부들이 일하는 들에서 들밥을 얻어먹고, 정자나무 그늘에서 노인들과 세상 돌아가는 얘기를 즐기기도 했다.

 농부들은 수레공자를 잘 알고 있었다. 그래서 그가 아무렇게나 차려입고 나와도 공자 대접을 해주었다. 이런 공자도 어떤 때는 공자 복색을 하고 나와 망신을 당하는 때도 있었다.

 어느 여름날, 공자는 공자 복색을 하고 나와 방죽에서 멱을 감는 소년들 틈에 끼어 한참을 물장구치고 나와 보니 거지가 지나가다가 공자의 옷을 바꾸어 입고 가버렸다. 공자는 당황해하는 기색도 없이 태연히 누더기옷을 걸치고 별궁으로 어슬렁어슬렁 걸어갔다.

 공자의 별궁은 대궐 안에 있었다. 궁을 지키는 호위 병사가 거지 차림의 공자를 궁 안으로 들여보내 주지 않았다. 그의 얼굴을 알아보지 못하는 병사가 궁문을 지키고 있었던 것이다. 공자는 자기의 신분을 밝히지도 않고 뒤돌아서 저잣거리로 나가 다리 밑에서 잠을 잤다.

 그 사이 대궐 별궁에서는 풍파가 일었다. 수레공자가 며칠 동안 들어오지 않더니 마을 농부의 집에 쓰러져 있다는 기별이 왔던 것이다. 그러나 농부의 집에 쓰러져 있는 사람은 수레공자가 아니라 옷을 바꿔 입고 간 거지였다.

 별궁에서는 시종과 궁녀들이 농부의 집으로 달려갔다. 때마침 수레공자는 다리 밑에서 잠을 자고 어제의 그 방죽으로 가는 길이었다. 수레공자는 시종·궁녀들과 마주쳤다.

 "어머나, 공자님 아니셔요?"

 한 궁녀가 외쳤다. 공자는 시침을 뚝 떼고 빙글빙글 웃으며 말했다.

 "나는 거지요. 공자는 무슨 놈의 공자란 말이오."

 "무슨 말씀이셔요. 거지옷을 입었다고 해서 공자님이 거지가 되나요. 어서 가셔요."

 "공자가 아니라구요."

 시종들이 얼굴을 확인하고 별궁으로 데리고 돌아왔다.

수레공자가 괴팍하고 별스럽다는 소문이 문무대왕의 귀에 들어갔다. 별궁에서는 불호령이 떨어질 것 같아 마음을 졸였다. 그런데 문무왕은 껄껄 웃으면서 수레공자를 도리어 칭찬하는 것이었다.

"장차 그놈이 나랏일을 맡아야 할 것 같구나."

원래 문무왕은 임금이란 자리가 썩 내키지 않았다. 부귀와 영화를 하찮게 여기고 소박한 삶을 좋아하는 성격이었다. 오죽해야 이런 유언을 남겼겠는가.

"내가 죽거든 국장을 지내지 말고 능침도 만들지 말라. 이 모든 일이 백성을 괴롭히는 일이다. 내 시체를 관棺에 넣어 바다 가운데 바위 틈에 그냥 넣어두어라."

실제로 대왕이 죽자 바다 속 바위 틈에 장사 지내었다.

문무왕은 화랑에 대해 이런 말도 했다.

"화랑이 씩씩해진 이유를 아는가? 애당초 그들은 귀족 출신으로 안락한 그늘에서 자라 연약한 마음과 힘없는 체질이었으나 화랑이 된 후 도성 밖으로 나가 들로 산으로 다니며 심신을 단련한 덕분에 씩씩한 청년이 된 것이다. 사람은 모름지기 자연을 벗삼고 살아야 건강하고 깨끗한 삶을 누릴 수 있는 것이다."

문무왕은 수레공자가 밖으로 나도는 것을 오히려 좋게 보았다. 화랑의 수련으로 본 것이다. 문무왕은 수레공자의 행동을 밉다 여기지 않았다.

수레공자의 나이 30이 되었다. 어느 날 문무왕이 불렀다.

"공자야, 너는 누구보다도 백성들의 사정을 잘 알겠구나. 그동안 백성들과 어울려 지낸 세월이 많지 않느냐? 쌀이 어떤 경로로 사람의 밥이 되는 줄도 알 테고…"

"예에, 마마. 조금은 알고 있나이다."

"그래서 하는 말인데 장차 이 나라를 네가 맡아야 하지 않겠느냐. 이제 밖으로만 나돌지 말고 이 형을 도와 백성을 잘 다스려보자꾸나. 너를 수상으로 임명하겠다."

"마마, 신은 그럴 만한 인물이 못 되나이다. 영을 거두어주소서."

공자는 거듭 사양했다.

"공자야, 조정 벼슬아치들이 통일 이후 기강이 해이해지고 안락한 생활에 젖어 백성들의 마음을 이해하려 하지 않는 것 같구나. 백성들을 편안케 하는 것이 정치이거늘 벼슬아치들이 백성들을 모르니 정치가 백성을 위한 정치이겠느냐? 네가 백성을 제일 잘 알고 있으니 수상을 맡아 한번 잘해보아라."

"마마, 신이 이제껏 해온 일이 부끄러울 따름이나이다. 성 밖으로 나돌았다고는 하오나 겨우 성 주변 백성들을 알 뿐 견문이 넓지 못하나이다. 신이 어찌 백성을 알겠나이까."

"그만하면 되었느니라. 수상을 맡아라."

문무왕의 영은 준엄했다. 공자는 매우 난처했다.

"마마, 하오면 신에게 소원이 있나이다."

"말해보라."

"신에게 1년 동안의 휴가를 주시오소서. 그동안 신이 이 나라 곳곳을 돌아다니며 민심을 파악한 연후에 수상을 맡겠나이다."

"으음… 그것도 좋은 방법이겠다. 그렇게 하도록 하라!"

공자는 기왕에 수상을 맡을 바에야 전국의 민심과 현실정치의 맹점과 관리들의 동향 등을 자세히 파악한 후에 이것을 종합하여 정치를 하면 좋은 결과가 나올 수 있을 것 같았다.

공자는 전국 순유길에 올랐다. 섣달 모진 추위에 산천이 죄다 얼어붙은 어느 날 저녁 무렵이었다. 무진주(지금의 전남 광주) 성 밖 마을의 안길 安吉이라는 이의 대문 앞에서 남루한 의복에 눈을 담뿍 뒤집어쓴 나그네가 신발을 털며 투덜거렸다.

"날씨가 지독하고나."

다시 신발을 탈탈 털고 나서 결심이 섰는지 대문을 두드렸다.

"이리 오너라!"

안에 대고 위엄을 갖춰 불렀다. 서너 차례 부르자 대문 안에서 투덜거리는 소리가 들렸다.

"이 추운 날씨에 누가 왔남?"

안에서 대문이 열렸다. 주인 안길이 보니 일면식도 없는 나그네였다.

"뉘신데 이 추운 날씨에 나를 찾는 게요?"

"돌아다니는 과객이올시다. 눈이 너무 많이 내리는지라 하룻밤 신세를 질까 하고…"

안길이 나그네를 위아래로 훑어내렸다. 옷은 남루했으나 어딘지 기품이 있어 보이고 위엄이 서려 있었다.

"들어오시구려."

나그네가 손을 호호 불며 대문 안으로 들어섰다. 안길은 나그네를 사랑으로 안내했다. 방에 들어온 나그네는 굶주림에 지쳐 있는 듯 보이고 게다가 노독마저 겹쳐 초췌한 모습이었다. 다만 눈빛이 살아 있어 빛이 났다.

안길은 하인을 불러 사랑방에 장작을 더 때라고 일렀다. 그리고 화롯불을 내오고 안방에 식사준비를 서둘라고 독촉했다.

"저는 이 집 주인 안길이라 하오. 객은 존함이…?"

"예에, 감사하오. 나는 수레라 하오."

"어찌하여 이 추운 겨울에 출행을 했나이까?"

"그럴 만한 사정이 있어서 가족과 이별하고 과객 노릇을 하고 있소이다."

안길은 측은한 생각이 들었다. 더 묻는 것도 실례일 것 같아 입을 다문 채 저녁상을 기다렸다. 재촉한 보람이 있어 저녁상이 생각보다 빨리 들어왔다. 잡곡밥에 된장찌개·김치·나물 두어 가지가 전부였다. 그러나 정성을 들인 밥상이었다. 안길은 나그네와 겸상으로 저녁을 먹었다.

나그네는 밥 숟가락을 떼기가 무섭게 깊은 잠에 빠져버렸다. 오랜만에 맛보는 편안한 잠자리였다.

이튿날도 날씨는 매서운 칼바람에 눈발마저 날려 밖으로 나가기가 무서웠다. 나그네의 심정을 헤아리고 안길이 안심하고 날씨가 누그러질 때까지 눌러 있으라고 했다. 안길은 덕을 베풀 줄 아는 사람이었다.
　안길은 나그네에게 신경을 써주었다. 낮에는 말동무를 해주고 밤이면 군불을 넉넉히 지펴 방을 펄펄 끓게 덥혀주었다.
　나그네는 자연히 안길의 가족과도 친해지게 되었다. 가족들도 나그네의 품위에 매료되어 예사 인물이 아니라는 것을 눈치채고 있었다.
　어느 날 저녁, 나그네가 사랑방 문을 열고 마당의 설경을 구경했다. 한 여인이 장작을 안고 사랑방 부엌으로 오고 있었다. 그 여인과 나그네의 눈이 마주쳤다. 못 보던 여인이었다.
　'이상하다. 주인의 아내는 아닌 것 같고, 딸과 며느리도 아닌 것 같은데… 대체 누구일까?'
　나그네는 민망한 생각이 들어 문을 닫았다. 나그네의 가슴이 뛰었다. 언뜻 스친 눈빛이었으나 서글서글한 눈과 오똑한 코, 야무진 이마가 눈앞에 어른거렸다. 그러나 어찌하랴. 뛰는 가슴을 지그시 눌러 가라앉혔다.
　밤이 되었다. 아무리 지우려 해도 그 여인이 눈앞에 어른거렸다.
　'내가 이 무슨 파렴치한 생각을 하고 있는 것인가. 주인의 호의를 까먹은 채 주인의 아내나 딸일지도 모를 여인에게 흑심을 품다니, 참으로 나라는 인간은 구제불능이야.'
　이런 생각으로 괴로워하고 있는데 부엌으로 난 방문이 열리고 그 여인이 성큼 들어섰다.
　"추우셨겠네요. 화롯불이 늦었나이다."
　나그네는 순간 귀신에게 홀린 듯 어리벙벙해졌다. 화롯불을 받아놓고 건성으로 물었다.
　"주인은 안 오시고… 이렇게 손수 화롯불을…"
　"예에, 바깥 양반이 몸살이 났는지, 저더러 사랑방에 나가보라고 해서…"

나그네는 그제야 이 여인이 안길의 부인이라는 것을 알았다. 생각보다 안길은 젊은 아내와 살고 있었다.

"뭐라고 말씀드려야 할지 모르겠소이다. 염치 없이 폐를 끼치고 있어 송구스럽나이다."

"그 무슨 섭섭한 말씀을 하시나이까. 저희가 오히려 소홀하지 않았는지 걱정이 되옵니다."

"소홀하다니요, 과분하나이다."

여인이 일어나 이부자리를 펴주었다. 나그네는 황망하여 어찌할 바를 몰랐다.

"고단하실 텐데 주무시지요."

여인이 나갈 생각을 하지 않고 방구석에 쪼그리고 앉았다. 나그네는 호기심과 두려움이 겹쳐 어찌할 바를 모르다가 정중히 권했다.

"안으로 들어가 주무시지요, 부인."

부인은 못 들은 채 그대로 앉아 있었다. 나그네는 부인의 표정을 살폈다. 무슨 말인가 할 듯하다가 그만두었다.

"혹여 내게 하실 말씀이 있으시나이까? 주인께서 부인을 사랑으로 내보내실 때는 필시 사정이 있는 듯하오만."

여인은 그제서야 입을 열었다.

"저는 주인의 셋째 부인이나이다. 제가 셋째로 들어온 까닭은 따로 있나이다. 하온데 주인께서는 젊은 제가 셋째 노릇을 하는 것을 퍽 미안하게 여기고 있나이다. 그런데 2,3일 전부터 주인이 마누라 셋을 앞에 앉히고 농담처럼 말하는 것이었나이다. '당신들 셋 가운데 누구든 사랑방에 있는 나그네와 자줄 사람 없소?' 하는 것이었나이다. 마누라들은 기가 막혀 입이 벌어졌나이다. 주인은 더욱 신중한 태도로 말했나이다. '지금 농담하는 게 아니오. 세상에 나 같은 사람은 무슨 복으로 마누라를 셋이나 두고 등 따숩고 배부르게 지내는데 사랑방에 있는 수레라는 나그네는 처자·형제도 없이 유리걸식하고 돌아다니니 얼마나 가엾고 딱하오? 보아하니 인품이 고결하고 심성이 고운 사람 같아 보이는데…' 하는 것이었나이다."

여인은 잠시 말을 멈추고 나그네의 표정을 살폈다. 나그네는 할 말을 잃었다. 안길의 심성이 비단결이었다.

"주인이 말했답니다. '당신들 가운데 어느 하나는 나그네에게 시집을 가도 좋소. 나의 진심이니 받아들이시오.' 이러는 것이었나이다. 마누라들은 묵묵부답이었나이다. 누가 나서겠나이까. 그러자 주인이 저를 겨냥하여 말하는 것이었나이다. '당신은 나이도 어리고 내게 와서 고생하는 꼴을 차마 못 보겠소. 오늘 하룻밤 만이라도 좋으니 사랑방에 나가 손님을 위로해드리시오' 하는 것이었나이다."

말을 마치고 여인은 고개를 숙였다. 나그네는 여인의 고충을 짐작할 수 있었다. 주인의 말을 거역하지 못하고 사랑방으로 나오기까지 그 얼마나 자신의 딱한 처지를 원망하고 저주했겠는가.

"주인의 호의는 고마우나 사람으로서 할 짓이 아니오. 부인은 염려 말고 안방으로 들어가시오."

"아니옵니다. 주인이 아시면 섭섭해하실 것이나이다. 이 몸도 결심이 섰으니 주인의 말에 따르겠나이다."

"정 그러시다면 방 한쪽에서 주무시구려. 그리고 내일 아침 동침한 듯이 행동하시면 될 것 아니겠소이까?"

"고맙나이다. 이토록 배려가 크시니 몸 둘 바를 모르겠나이다."

나그네는 마음의 평온을 되찾아 단잠을 잤다. 여인은 밤새 뜬눈으로 지새고 아침 일찍 사랑방을 나갔다. 주인은 셋째 부인이 나그네를 모신 줄 알고 오히려 기특하게 여겼다.

이튿날 날씨가 포근해지고 눈발이 그쳐 나그네는 안길의 집을 떠났다. 나그네가 떠나면서 안길에게 말했다.

"그동안 신세 많이 졌소이다. 혹여 서울에 올라오거든 절간(兩寺) 사이에 끼어 있는 집을 찾아 내 이름 수레를 대시오. 꼭 한번 찾아오시오."

신라 97

수레공자는 서울로 올라와 문무왕과 약속한 대로 수상이 되어 선정을 폈다.

이듬해 안길이 벼슬을 얻어 서울에 올라왔다. 수레공자가 알려준 대로 절간 사이에 끼어 있는 집을 찾았으나 그런 집을 아는 사람은 아무도 없었다.

안길은 거의 포기상태였다. 기운이 빠져 거리를 돌아다니다가 한 노인을 만나 마지막으로 생각하고 한번 더 물어보았다.

"노인장, 두 절간 사이에 있는 집을 아시나이까?"

"두 절간 사이라… 오라, 대궐을 말하는구만."

"대궐이오?"

"그래 대궐, 대체 대궐의 누구를 찾소?"

"수레라는 사람이오?"

"수레공자를 찾는구만."

"수레공자요?"

"그렇소. 문무왕의 서제로 이 나라 수상이라오."

안길은 정신이 아찔했다. 자기집에 머문 나그네가 대왕의 동생에다가 이 나라 수상이라니, 도무지 믿어지지 않았다. 수레를 찾아서 직접 확인해보고 싶은 오기가 생겼다.

대궐에 가서 궁지기에게 수레공자를 찾아왔다고 말했다. 궁지기가 안에다 기별을 넣었다. 잠시 후 높은 벼슬아치가 나와 안길을 궁으로 안내했다. 한 건물에 이르자 수레공자가 밖에 나와 기다리고 있었다. 안길이 땅바닥에 엎드렸다.

"소인의 지난 날 허물을 용서하소서."

"그 무슨 말씀이오. 어서 일어나시오."

수레공자가 안길을 부축하여 일으켜 건물 안으로 들어갔다.

"힘들지 않고 찾으셨소이까?"

"그냥 대궐이라고 말씀하시지, 찾느라고 애먹었나이다."

"대궐이라고 말했으면 찾아왔겠소이까? 그래서 절간 사이라고 말한 것이오. 양절은 대궐을 일컫기도 한다오."

수레공자는 은혜를 갚고 싶었다. 특히 안길의 셋째 부인에게 큰 선물을 주고 싶었다. 안길의 식구 모두에게 패물을 선물로 주고 셋째 부인에게는 비단 두 필을 더 얹어주었다. 그리고 안길에게 한 고을을 덮을 만한 산림山林과 전답田畓을 주었다. 썩 좋은 인연이었다.

## ● 수로부인

성덕왕聖德王 때 왕족인 순정공純貞公이 강릉 태수로 부임하게 되어 아내 수로부인水路夫人과 하인들을 거느리고 동햇가에서 잠시 쉬고 있었다. 그곳은 백사장이 10여 리나 펼쳐져 있었고, 백사장은 병풍처럼 바위벽이 둘러쳐져 있었다. 바위벽 위에 진달래가 만발하여 장관이었다.
"진달래가 화려하구나. 바위벽 위에서도 꽃은 피는구나."
순정공이 중얼거렸다.
"참 곱지요? 한 다발 꺾어 갖고 싶어요."
수로부인이 춘정에 겨워 나른한 목소리로 말했다. 순정공이 모른 체할 리 없었다. 아내가 원하는 일이라면 뭐든 다 들어주고 싶었다.
"여봐라! 너희들 중에 저기 진달래를 꺾어올 자가 있느냐?"
하인들은 서로 눈치를 살폈다. 절벽 위를 오르는 일은 아무나 할 수 없었다. 잘못 되면 목숨을 잃거나 병신이 될 판이었다.
"그래, 바위를 오를 놈이 한 놈도 없다는 게냐?"
순정공이 짜증 섞인 목소리로 말했다.
"태수 나으리, 너무 높습니다요. 백 길은 넘어 보입니다요."
"이놈아, 높아서 너희들을 시키지, 낮으면 내가 오르겠다."
하인들은 입을 다문 채 서로 눈치를 살폈다. 순정공이 지적하여 진달래를 꺾어오라면 어쩌나 은근히 걱정되었다.

　때마침 암소를 끌고 지나가던 노인이 가던 걸음을 멈추었다. 순정공과 하인들의 수작을 알아차리고 웃으면서 말했다.

　"부인을 위해 진달래꽃을 꺾어다가 줄 하인이 하나도 없구려."
　"그러하오, 노인장."
　"어디 내가 한번 올라가볼까?"
　"젊은이도 어려울 텐데, 노인장께서 어찌 오르겠다는 말이오?"
　"두고 보시오. 오르나 못 오르나."

　노인이 소 고삐를 놓고 바위벽을 오르기 시작했다. 순정공 내외와 하인들이 손에 땀을 쥐고 구경했다. 노인은 힘들이지 않고 바위를 탔다. 마치 평지에서 걷듯 성큼성큼 바위를 기어올랐다. 다 오른 노인이 진달래꽃을 한아름 꺾어 한 손으로 쥐고 다른 한 손으로 바위의 결을 잡으며 가볍게 내려왔다.

　"부인, 이 꽃을 받으시오."
　"고마워라, 어디 사시오이까?"

　수로부인이 고마워 나중에 사례하려고 물었다. 노인은 웃으며 하늘을 가리켰다. 그러고는 저만치 달아난 암소를 잡아 고삐를 쥐고 노래를 부르며 멀어져갔다.

　　꽃이 만발한 붉은 바윗가에
　　손에 잡은 암소의 고삐를 놓을까 보오
　　천한 농부라고 나를 아니 부끄러워하시니
　　저 꽃을 꺾어와 드리오리다

　위 노래가 신라 향가로 남아 있다. 늙은 농부는 아마 성인이었으리라.
　순정공 일행은 길을 재촉했다. 꽃을 든 수로부인은 하늘에서 내려온 선녀처럼 아름다웠다.

점심 때가 되었다. 임해정臨海亭 정자에 닿아 일행은 점심을 먹었다. 수로부인은 점심을 먹으면서도 꽃을 놓지 않고 안고 있었다. 산들바람이 불어 꽃 향기가 주위에 퍼졌다. 하인들이 향기를 맡고 취해갔다.

그때였다. 바닷물이 소용돌이를 치더니 큰 거북이 바다에서 나와 수로부인을 업고 바닷속으로 들어가버렸다. 눈 깜짝할 사이에 일어난 사건이었다. 순정공이 발을 동동 구르며 외쳤다.

"뭣들을 하고 있느냐! 부인을 구해야 한다!"

하인들은 쩔쩔맬 뿐 대책이 없었다. 바닷속으로 들어간 부인을 무슨 수로 찾아온단 말인가. 속수무책이었다.

그때 꽃을 꺾어다 준 노인이 다시 나타나 말했다.

"너무 실망하지 마오. 옛말에 여러 사람의 입은 금도 녹인다 했소. 사람들을 불러모아 용에게 부인을 내놓으라고 외치면 혹시 돌려줄지도 모르오."

노인이 순식간에 사라져버렸다. 순정공은 마을에 내려가 마을 사람들을 죄다 끌고왔다. 남녀노소 수백 명이 지팡이로 바닷가에 있는 돌을 치면서 외쳤다.

"거북아 거북아, 수로부인을 내어놓아라! 남의 부인을 잡아갔으니 그 죄가 크도다. 네가 만일 수로부인을 내놓지 않으면 그물로 너를 잡아 구워먹겠다!"

처음에는 여러 사람의 목소리가 맞지 않았으나 차차 박자가 맞아 합창이 되었다. 시간이 지날수록 바닷가에 모이는 사람이 늘어갔다. 금세 수천 명이 되었다. 합창 소리가 바닷속에서 울려퍼졌다.

얼마 후였다. 거북이 수로부인을 업고 바다에서 나와 백사장에 내려놓고 도로 바닷속으로 들어가버렸다.

순정공은 부인을 와락 껴안았다. 부인의 몸에서 꽃 향기가 진동하고 얼굴이 한층 고와지고 맑아져 있었다.

"부인, 많이 놀랬지요? 고생이 많았겠소이다."

"처음에는 꼼짝없이 죽었구나 싶었나이다. 한참 눈을 감고 있다가 떠보니 용궁이었나이다. 그곳에도 사람이 있어 또 한번 놀랬나이다."

"그래서요?"

"한 선녀가 나를 용왕님께 안내했나이다. 칠보로 단장한 궁궐은 이 세상에서 보지 못하던 것이었나이다."

"용왕은 어떻게 생겼소이까?"

"호화롭게 단장하고 있었나이다. 용왕이 나를 침전으로 안내하더니, 시녀에게 주안상을 차려오라고 했나이다. 음식은 향기 나고 감미로웠으며 그 맛이 이 세상에서는 맛보지 못한 것들이었나이다."

"음식을 먹은 후에 뭘 했소?"

"용왕이 옷을 갈아입으라며 속살이 훤히 비치는 옷을 내놓았나이다. 그걸 입었더니 내 몸을 내가 보아도 눈부실 정도로 아름다웠나이다. 용왕이 나를 안아 침상에 뉘었나이다."

"그러고는 어찌했소?"

"태수께서는 걱정 마소서. 용궁은 꿈 같은 세상이었나이다. 잠시 누워 있는데 밖에서 사람들의 소리가 나서 재빨리 옷을 갈아입고 용왕의 침상을 나왔나이다. 급히 나오는 바람에 꽃을 침상에 놓고 왔나이다."

수로부인이 의미심장한 웃음을 지었다. 부인의 옷에서는 짙은 향기가 풍겼다.

순정공은 아름다운 부인으로 하여 가끔 난처한 일을 당했다. 수로부인은 용왕이 탐낼 정도로 절세가인이었고, 많은 사람들의 선망의 적이었다.

● 지켜진 혼약

진흥왕 때의 일이다. 두 고관이 한동네에서 함께 살았다. 한 고관은 사내아이를 낳아 백운白雲이라 이름짓고, 다른 고관은 딸을 낳아 제후際厚

라 불렀다. 백운과 제후가 열 살이 되었다. 두 아이 모두 총명하여 장래가 촉망되었다. 양가에서는 멀리에서 짝을 찾을 것 없이 두 아이를 맺어주자고 부모끼리 약속하고 약혼까지 했다.

두 아이도 어린 마음이지만 흐뭇했다. 어려서부터 남매처럼 다정하게 지내며 정이 들었던 것이다. 이들은 세월이 얼른 흘러 성례成禮할 나이가 되기만을 학수고대했다.

그러나 세상만사는 한 치 앞을 알 수 없었다. 백운이 열네 살 되던 해에 화랑으로 뽑혀 가문에 영광을 안겨주었다. 이듬해 백운은 눈병이 나서 처음에는 가볍게 여겼다. 그 안질이 백운을 여러 달 고생시키더니 급기야는 두 눈을 앗아가버렸다. 그만 맹인이 되어버린 것이다.

백운은 절망과 비통 속에서 집에 틀어박혀 자신의 운명을 원망하고 있었다. 백운이 맹인이 되었다는 소문을 듣고 제후의 아버지는 약혼 파기를 선언해버렸다. 파기하자는 편지를 보내고 왕래를 끊어버렸다. 백운의 아버지는 세상 인심을 한탄할 뿐 어쩔 수 없는 일이었다. 눈먼 사위를 맞고 싶지 않다는데 무슨 말이 필요할 것인가.

제후네 집에서는 혼사를 서둘렀다. 여기저기 매파를 보내어 무진 태수茂榛太守 이준평李俊平을 신랑으로 정했다. 이준평은 아직 장가 전이었다. 딸을 가진 고관댁이라면 누구나 욕심낼 만한 신랑감이었다. 두 사람의 혼인준비가 일사천리로 진행되었다.

제후는 이 사실을 까맣게 모르고 있었다. 혼인날이 다가오자 아버지가 불렀다.

"백운의 소식을 너도 들어 알고 있으렷다?"

"예에, 아버님."

"불행한 인연이려니 생각하거라."

"아버님, 그럴 수는 없나이다."

"네 신랑은 백운이 아니라 무진 태수 이준평이란 사내이니라."

"싫사옵니다."

신라 103

"네가 부모의 말을 거역하겠다는 게냐?"

"소녀에게는 이미 오래 전에 정해둔 정인이 있나이다."

"어긋난 인연이 아니더냐?"

"비록 눈은 보이지 않을지 모르오나 소녀를 향한 마음의 눈은 열려 있을 것이나이다."

"더 이상 말썽 피우지 말거라. 네 혼사는 이미 기정사실이니라."

제후는 입을 다물어버렸다. 부모의 입장에서 생각해보면 당연한 일일지도 모를 일이었다. 어느 부모가 딸을 맹인에게 시집보내려고 하겠는가. 게다가 새로 정한 신랑은 당당한 태수가 아닌가. 제후는 아버지와 다투어봐야 승산이 없다는 것을 알고 다른 계획을 세웠다.

처음에는 자결을 생각했다. 그러나 이 방법은 부모님이나 백운에게 해서는 안 될 것 같았다. 제후가 자살했다는 소식을 들으면 부모님은 애간장이 녹을 것이고 백운도 뒤따라올 것 같았다. 자살은 일단 보류했다.

제후는 부모님이 하라는 대로 순종한 후에 다른 방법을 택하기로 했다. 제후의 집에서는 제후가 고분고분 말을 잘 따라주어 안심이 되었다.

어느 날 밤, 제후는 몰래 백운을 만났다. 백운이 불행해지고 나서 처음이었다.

"도련님, 소녀 제후이옵니다."

백운은 자기의 귀를 의심했다. 제후일 리가 없었다. 제후의 혼인날이 내일 모레 아닌가.

"소녀의 목소리마저 잊으셨나요?"

"낭자, 진정 제후 낭자요?"

"예에, 도련님!"

제후가 백운의 품에 안겼다. 백운이 냉정하게 뿌리쳤다. 절대로 받아들일 수 없고, 받아들여서는 안 되었다.

"제후 낭자, 내 말 잘 들으시오. 내가 이리 된 것은 낭자와 인연이 아니기 때문이오. 나를 잊고 새출발을 해야 하오."

"그럴 수는 없나이다. 소녀의 가슴에는 오로지 도련님 한 분뿐이나이다. 소녀를 믿어주시어요."

"낭자, 오늘 이런 만남이 내게 얼마나 고통스럽다는 것을 아오?"

"소녀, 도련님이 아니면 이 세상 머리 두를 곳이 아무 데도 없나이다."

"낭자, 나를 잊으시오. 잊는 고통은 잠시일 수 있으나 행복은 긴 시간일 것이오."

"도련님, 소녀에게 계획이 있나이다. 그때 뿌리치지 마소서."

제후는 이 말을 남기고 집으로 돌아왔다. 백운은 제후와의 만남이 꿈만 같았다. 그녀가 남기고 간 체취가 코끝에 절절하여 핑 눈물이 돌았다.

'제후는 행복해야 돼. 나 때문에 불행해지면 나는 한번 더 제후에게 죄를 짓는 게다. 어차피 그녀와 나는 엇갈린 인연이 되어버렸어.'

이런 생각을 하며 백운은 슬피 울었다.

제후의 혼인날이었다. 무진 태수 이준평은 제후가 어떤 아가씨라는 것을 알고 있었다. 재기발랄하고 인물 뛰어나고 게다가 요조숙녀여서 하늘에라도 날아갈 듯한 기분이었다.

혼인날 아침 일찍부터 하인과 인마를 독촉하여 제후네 집에 당도했다. 오시에 혼례식을 마치고, 신부를 수레에 태우고 집으로 돌아왔다. 하루해가 지루하지 않았다. 밤이 되어 후원 깊숙한 방에 신방이 차려졌.

희미한 관솔불이 켜지고 윗목에 주안상이 준비되어 있었다. 주안상 옆에 제후가 다소곳이 앉아 있었다. 마음은 온통 백운에게 가 있었다.

'도련님, 이 밤을 도련님과 함께 지켜내고자 하나이다. 소녀 믿어주시와요.'

이윽고 신랑이 들어왔다. 불콰하게 취한 얼굴에 색욕이 넘쳤다. 신랑이 주안상을 끌어당겨 잔에 술을 따랐다.

"이 밤을 오래 기다렸소. 낭자는 이 밤이 지나면 명실공히 일심동체의 내 아내가 되는 것이오. 자, 그런 의미에서 술잔에 입이라도 갖다대시구려."

제후는 신랑이 하라는 대로 했다. 신랑은 신부가 드는 시늉만 한 술잔을 냉큼 비웠다. 그런 후 주안상을 밀쳤다. 신부는 잔뜩 긴장되었다.

"자아, 이리 가까이 오오."

신부가 가까이 다가가는 시늉을 했다. 신랑이 다가와 겹겹으로 껴 입은 신부의 옷을 벗겼다. 마지막에 하나 남은 얇은 비단 속옷은 건드리지 않았다. 신랑이 비단요에 신부를 반듯하게 눕히고 나서 관솔불을 훅 불어 껐다. 그리고 옷을 벗었다. 그야말로 위기가 닥쳐왔다.

"저어, 말씀드릴 게 있나이다."

제후가 선수를 쳤다.

"말씀해보오."

"낭군님, 오늘밤은 참으셔요."

"그 무슨 말씀이오? 남녀 합궁이야말로 부부됨의 신성한 행사가 아니겠소."

"모르는 바 아니오나 혼인 날짜를 잘못 잡았나이다."

"그건 또 무슨 소리요?"

"다름이 아니오라 개짐이 흠뻑 젖었나이다."

"아니 그럼 경도(월경)가 한창이란 말씀이오?"

"죄송하나이다."

"무슨 상관 있을라구."

신랑이 인정사정 두지 않고 쳐들어올 기세였다.

"낭군님, 상관이 있나이다. 소녀도 몸이 깨끗한 날 낭군님을 일심을 다하여 받아들이고 싶은 소망이나이다. 참아주소서."

"나는 상관이 없는데…"

"소녀는 분명 상관이 있나이다."

"할 수 없지. 참는 수밖에…"

신랑은 돌아누워 이내 체념하고 잠들어버렸다. 무심하기 짝이 없는 사내였다. 제후는 준평과의 앞날이 행복은커녕 질곡의 여정일 것이라는 예감이 들었다. 여자를 사랑할 줄도 배려할 줄도 모르는 짐승 같은 사내였다.

제후는 첫날밤을 무사히 넘겼다. 옷을 벗은 것만으로도 백운에게 죄책감을 느꼈다.

이튿날 제후는 데리고 온 몸종을 시켜 백운을 신랑집에서 가까운 주막집까지 데려오도록 했다. 몸종이 달려가 백운의 하인에게 이 말을 전했다. 하인이 백운에게 말했다.

"도련님, 제후 아가씨께서 마지막으로 꼭 한번만 뵙자고 하십니다."

"낭자는 어제 혼인을 했느니라. 나와 만날 일이 없으니 그리 알라."

"도련님, 그게… 만약 만나주지 않으시면 자결하시겠다는 전갈이옵니다."

"뭐라? 자결을…"

"그렇사옵니다. 꼭 만나야 한다 하옵니다."

백운은 제후가 만나주지 않으면 자살을 하겠다는 바람에 하인을 앞세워 신랑집에서 가까운 주막으로 갔다. 그날 밤 삼경, 제후가 몸종을 데리고 주막에 나타났다.

"도련님, 거두절미하고 말씀드리겠나이다. 아무 말씀 마시고 소녀를 따르소서."

"무슨 일이요?"

"묻지 마소서."

제후가 앞장섰다. 그 뒤를 몸종이 따르고, 그 뒤를 백운과 하인이 따랐다. 이들은 무진 경계를 벗어나 산속에 숨었다.

"지금 무엇을 하는 게요?"

"도련님과 달아나는 것이나이다."

"낭자는 여러 집에 몹쓸 짓을 하는 게요."

백운은 포기상태였다. 한편으로는 제후의 뜨거운 사랑에 감동하고 있었다.

"소녀는 도련님이 아니면 살 수 없나이다."

"나와 행복할 수 있겠소?"

"앞이 안 보이는 만큼 도련님은 제 마음을 깊이 알고 사랑을 할 터, 소녀는 도련님의 눈이 되어 그 사랑을 꽃피우겠나이다. 행복은 가꾸기 나름 아니겠어요? 우리는 지금부터 행복 시작이나이다."

그들은 행복을 가꾸려고 산속으로 깊이 들어갔다. 하루는 도적을 만났다. 꼼짝없이 당하게 되어 있었다. 제후가 싸온 패물을 죄다 내주고 해치지만 말라고 빌었다. 도적은 패물을 챙기고 제후를 등에 업고 달아나기 시작했다.

다행히도 백운의 하인이 백운을 위해 무술을 익혀왔다.

"게, 섰거라!"

도적이 주춤하고 장검을 빼어 들었다. 하인의 손에는 부러진 나뭇가지가 들려 있었다. 하인은 장검을 보고 섬찟했다. 그러나 피할 수 없는 한판 승부였다. 하인이 나뭇가지로 일격을 가했다. 도적의 칼 솜씨는 보잘 것없었다. 놈은 칼을 다룰 줄 모르면서 엄포용으로 갖고 다녔다. 하인의 공격에 도적은 칼을 땅에 떨어뜨렸다. 하인이 재빨리 가로채어 도적의 목에 댔다.

"네놈의 목을 따주랴?"

"아이구 나리. 죽을 죄를 졌나이다. 목숨만은 살려주소서."

"이놈아, 우리 아씨께서 패물을 주시면 고맙게 가져갈 일이지 아씨마저 욕심을 냈더란 말이냐? 이 쳐죽일 놈 같으니라구."

"이놈이 아씨가 너무 이뻐 잠깐 동안 돌아버렸나이다. 그저 목숨만 살려주소서."

"차후에도 도적질을 할 테냐?"

"아니올시다. 산속에 들어가 약초나 캐며 살겠나이다."

하인은 백운의 만류로 도적을 놓아주었다. 이들은 깊은 산속에서 몇 년 동안 세상과 인연을 끊고 살다가 백운의 집으로 돌아왔다. 두 사람 사이에 태어난 아들이 하나 있었다. 백운네 집에서는 죽은 자식인 줄 알고 있다가 제후와 아이까지 데리고 나타나자 마을 잔치를 열었다.
 이 사연이 진흥왕의 귀에 들어갔다. 진흥왕은 두 사람의 참다운 사랑을 높이 사서 백운에게 벼슬을 내리고 제후에게 선물을 하사했다.

## ◎ 온군해의 충절

 김춘추가 당나라에 사신으로 가는 길이었다. 그의 수행원으로 춘추의 아들 법민(후에 문무왕)·설수진薛秀眞·온군해溫君解 등을 포함한 10여 명이 따랐다. 특히 온군해는 춘추의 오랜 심복으로 나이도 비슷했다. 사신 일행은 아직 더위가 다 가시지 않은 초가을 바다에 배를 띄웠다. 김유신 이하 신라의 백관들이 포구에 나와 전별했다.
 "잘 다녀오시오, 장군!"
 "조정을 부탁하오, 처남!"
 김유신과 김춘추가 굳게 손을 잡았다. 김춘추는 김유신과 처남 매부 사이였다. 김유신의 여동생 문희가 김춘추의 아내였다.
 사신 일행은 신라에서 배를 띄운 후 이레 만에 당나라 포구에 닿았다. 거기서부터 육로로 당나라 수도까지 말을 몰았다. 당나라에서는 임금 다음으로 영향력이 있는 대각간 김춘추가 사신으로 온다는 기별을 받고 꽤나 신경을 썼다.
 그동안 당나라는 고구려를 상대로 싸움을 벌여 번번이 패했다. 당나라 혼자 힘만으로는 역부족이어서 야심만만한 신라에 추파를 던졌다.
 당나라 태종은 광록경光祿卿 유형교柳亨郊를 교외에까지 내보내어 김춘추 일행을 맞아 귀빈이 머무는 영빈관으로 안내했다.
 광록경은 김춘추의 허우대를 보고 그 위엄 앞에 저절로 머리가 숙여졌다.

"원로에 피곤하실 터, 편히 쉬소서."

당 태종은 김춘추를 특별히 대우했다. 장차 신라를 앞세워 고구려를 칠 야망에 차 있었다.

'연개소문, 이놈, 어디 두고 보자. 그동안 당한 굴욕을 한꺼번에 씻어 버리리라.'

당 태종은 이를 갈았다.

김춘추가 머무는 영빈관에 당나라 시녀들이 휘황찬란하게 꾸미고 와서 김춘추 일행의 시중을 들었다. 사신 일행은 주지육림에 빠져 그야말로 칙사 대접을 받았다.

이튿날 김춘추는 위엄을 갖추고 당 태종이 주관하는 조회에 참석했다. 당나라 만조백관들의 찬란한 복색이 황홀했다. 그러나 그들에 비해 김춘추의 풍채는 단연 돋보였다. 당나라 벼슬아치들이 감탄을 금치 못했다.

'과연 듣던 대로 잘난 사내로구나.'

"신라 사신 김춘추, 황제께 문후 여쭙나이다."

김춘추는 당 태종 앞에 나아가 정중히 인사를 올렸다. 인사가 끝나자마자 풍악이 울려퍼졌다. 당 태종의 특별 배려였다. 한바탕 고운 선율이 흐른 다음 당 태종의 목소리가 울렸다.

"신라 사신은 고개를 들라!"

김춘추가 꿇어앉아 고개를 들었다.

"먼 길에 수고가 많았도다!"

"염려하신 덕택으로 무사히 당도했나이다."

김춘추의 우렁우렁한 목소리가 대전에 울려퍼졌다.

"오늘은 짐과 더불어 국학에 가서 석전제釋奠祭와 강론講論이나 함께 보기 바라오."

"폐하, 성은이 하해와 같사옵니다."

당 태종은 대전을 나와 섬돌로 내려섰다. 수행 신하들이 뒤따랐다. 김춘추 일행도 따라 나섰다.

때마침 공자묘에 제사드리는 날이어서 볼거리가 많았다. 공자를 제사 지내는 대성전大成殿은 크기가 신라의 그것에 비할 바가 아니었다. 웅장하고 넓었다.

당 태종에게 경학經學을 강의하는 방현령方玄齡은 훌륭한 학자였다. 박식하고 논리 정연한 강의에 김춘추는 쑥 빠져버렸다. 석전제의 행사는 늦게 끝났다.

당 태종은 강의가 끝나자 십전대보탕을 자기도 마시고 김춘추에게도 하사했다. 김춘추는 몸이 한결 가벼워지는 느낌이었다. 당 태종은 자기가 지은 두 군데의 진사晉祠의 비문 두 장을 김춘추에게 선물로 주었다. 그 비문은 당 태종이 뽐낼 만한 명문이었다.

초저녁에 김춘추를 위한 환영회가 열렸다. 당 태종은 잔을 들고 위엄을 갖춰 말했다.

"신라의 대각간 김공을 위해 잔을 드노라!"

"춘추공을 위하여!"

신하들이 외치고 잔을 비웠다. 화기애애한 잔치가 열렸다.

당나라 신료들의 시선이 당 태종과 김춘추에게서 떠나지 않았다. 두 인물은 닮은 데가 많았다. 신료들은 김춘추에게 위엄을 느끼고 존경의 염이 들었다.

술잔이 몇 순배 돈 후에 당 태종이 김춘추에게 말했다.

"공이 먼 길을 온 것을 짐이 대강은 짐작하나 할 말이 있으면 해보오."

김춘추는 기회를 노리고 있던 참이었다.

"폐하, 신라는 바다의 동쪽에 있사와 평화로이 백성들이나 돌보고 삼국의 교화를 받들까 하옵나이다. 하오나 백제가 강성해지면서 자주 집적거려 신라의 10여 성을 잃었나이다. 당나라에서 20여 만 명만 지원해주신다면 백제의 압박에서 벗어날 수 있을 것이옵니다."

"20여 만 명이면 백제를 이길 수 있겠는가?"

"그러하옵니다."

"하면 신라에서는 군사를 얼마나 동원할 수 있는고?"

당 태종은 신라의 역량을 알고 싶어 슬쩍 짚어보았다. 김춘추는 잠시 말문이 막혔다. 신라에서도 20만 명쯤은 동원할 수 있으나 과시하면 당나라에서 군사 지원을 줄일 것 같아 되도록이면 낮춰 말해야 했다.

"다 모아봐야 한 7,8만 명쯤 동원할 수 있나이다."

"그건 너무 적은 숫자구만."

당 태종은 혼잣말처럼 중얼거렸다. 신라의 실력이 너무 초라했다. 신라가 고구려와 백제의 압력을 받는 까닭을 알 만했다.

당 태종은 김춘추가 오기 전에 미리 계획을 세워놓았다. 당나라 군사를 20여 만 명 신라에 파견하여 당나라 장군으로 하여금 지휘권을 확보하게 하고 마음대로 고구려와 백제를 공략하려는 것이었다. 김춘추는 이 사실을 까맣게 모르고 있었다.

당 태종은 한 가지 궁금한 인물이 있었다. 김유신이었다. 그가 어떤 인물인지 매우 궁금했다.

"신라에 김유신이란 장군이 있다고 들었소. 어떤 인물이오?"

"충효로 다듬어진 인물이나이다."

"오, 그러하오? 그러기에 이곳 당나라까지 이름이 알려진 게로구만. 훌륭한 장수라 여겨지오."

"그러하나이다, 폐하."

당 태종은 그날로 나·당 연합군을 결성하자는 합의를 보고 소정방에게 20만 대군을 주어 신라를 지원한다는 조서를 만들도록 했다. 그리고 소정방에게 백제 공략의 지시도 내렸다.

김춘추가 당나라에 갈 적에는 배 한 척이었으나 돌아올 때는 두 척이었다. 당나라에서 배 한 척을 내주고 그 배에 많은 물자가 선적되어 있었다. 김춘추의 이번 당나라 방문은 큰 성과를 거두었다. 김춘추가 탄 배는 그야말로 순풍에 돛을 단 듯이 신라를 향해 쾌속으로 달렸다.

이 무렵, 고구려에서는 김춘추가 당나라에 가서 연합하고 군사를 얻은 후 돌아온다는 세작의 보고를 받고 즉각 대응에 나섰다. 연개소문은 순라병들을 증원하여 해상 봉쇄 명령을 내렸다.

'내 이놈을 가만두지 않겠다. 쥐새끼 같은 놈, 내 손으로 잡아 목을 비틀어버리겠다.'

연개소문의 김춘추에 대한 원한이 하늘을 찔렀다. 그리하여 김춘추의 배를 발견하거든 불문곡직 살해하라는 명령을 수군 장수에게 내렸다.

김춘추는 이 사실을 까맣게 모르고 썩 기분이 좋아 짙푸른 바다를 감상하며 술잔을 들었다. 그때 신라 수병이 외쳤다.

"정체불명의 군선이 보인다!"

김춘추는 긴장되었다. 멀리 한 척의 배가 다가오고 그 뒤를 바싹 따르는 배가 보였다. 자세히 관찰해보니 고구려의 배였다.

"아뿔사! 미처 그 생각을 못 했구나. 고구려의 연개소문을 미처 생각하지 못하다니…"

김춘추는 장탄식을 터뜨렸다. 대비책을 마련해야 했다. 측근 장수들을 모았다. 온군해·설수진·법민 등이 머리를 맞대었다.

"연개소문이 우리의 계획을 알고 공격해오고 있는 것이외다. 일이 급하게 되었소이다. 대각간께오서는 저와 옷을 바꾸어 입으시고 서둘러 탈출하시오소서. 제가 고구려 군사와 싸우며 지연작전을 펴겠나이다."

온군해였다. 고구려 배는 차차 가까이 다가오고, 군사는 태부족이었다. 삼십육계 줄행랑밖에 쓸 전법이 없었다. 그러자면 적의 눈을 속여 김춘추를 도망시키는 수밖에 없었다. 누군가는 희생되어야 할 급박한 상황이었다.

"서두르소서. 곧 공격거리로 다가오나이다."

온군해가 재촉했다. 김춘추는 온군해의 충성에 눈시울이 붉어졌다. 자기를 위해 대신 죽으려고 나선 온군해, 김춘추는 손을 덥석 잡았다.

"온 장군! 그대의 이번 결심은 통일의 초석이 될 것이오. 우리 저승에서 만나 못다한 정을 나눕시다."

김춘추와 온군해는 옷을 갈아입고, 김춘추는 물자가 실린 당나라 배에 옮겨탔다. 온군해는 김춘추가 되어 고구려 배를 당나라 배에서 멀리 떨어지게끔 유도했다. 고구려 배 두 척이 김춘추의 복색을 발견하고 전력 질주해왔다. 온군해는 고구려 배를 유인하여 김춘추의 배와 멀리 거리를 떼어놓았다.

김춘추의 배는 신라를 향해 혼신의 힘으로 도망치고 온군해는 김춘추의 배와 반대방향으로 달아났다. 고구려 배가 가까이 다가왔다. 온군해는 칼을 뽑아들고 갑판에 의자를 갖다놓고 태연히 앉아 있었다. 드디어 고구려 배가 온군해의 배에 바싹 붙고 고구려의 수병들이 창을 들고 온군해를 향해 포위해버렸다. 신라 수병들은 몇 명 되지 않았다. 법민·설수진 등은 김춘추의 배를 타고 도망치는 중이었다.

몇 명의 신라 수병들은 창·칼 한번 써볼 기회도 없이 무참히 살해되었다. 고구려 수병들이 온군해를 공격했다. 온군해는 백전 노장이었다. 칼솜씨가 비상했다. '얏' 하는 기합 소리에 고구려 수병의 목이 잘렸다. 고구려 수병들이 멈칫거렸다.

고구려의 배에서 장수가 이 광경을 보고 희생을 줄이려고 화살을 쏘았다. 그러나 명중되지 않았다. 고구려 장수가 또다시 온군해의 얼굴을 조준하여 화살을 날렸다. 또 빗나갔다. 고구려 장수는 무작위로 화살을 날렸다. 화살 하나가 온군해의 가슴을 뚫었다. 온군해가 비틀거리는 틈을 노려 고구려 수병들이 창으로 온군해의 몸에 벌집을 만들어버렸다.

"소장 먼저 가오! 부디 통일을 이룩하소서!"

이 한마디를 남기고 온군해는 숨을 거두었다.

고구려 장수가 온군해를 보고 소리쳤다.

"이 자는 김춘추가 아니다. 우리가 속았다! 김춘추를 추격하라!"

그러나 때는 이미 늦어 있었다. 김춘추를 태운 배는 보이지 않았다. 김춘추는 이미 고구려의 영해를 넘어 백제 땅으로 들어서 있었다.

고구려 장수는 탄식을 터뜨리고 뱃머리를 돌렸다.

김춘추는 온군해 생각에 가슴이 미어졌다. 평생을 자기 옆에서 그림자처럼 따르던 충직한 장수였다.

"온군해여! 그대의 죽음이 삼국통일의 초석이 될 것이야. 다만 명복을 빌 뿐 더는 할 말이 없네."

김춘추는 바다에 눈물을 뿌렸다.

## ◉ 원효와 의상

삼국통일을 기점으로 신라에는 두 정신적 지주가 있었다. 의상義湘과 원효元曉였다. 원효는 파계하여 설총을 낳은 것으로도 알려져 있지만 불교의 교의를 깊이 연구하여 해동종海東宗의 시조가 되었다. 해동종은 법성종法性宗이라고도 하는데, '일체 만유는 깨달음을 가졌고 모두 성불할 수 있다'는 것을 종지宗旨로 삼은 한 종파로 본사는 경주 분황사였고, 신라 5교의 하나였다.

의상은 당나라에 건너가 지엄 밑에서 화엄華嚴을 공부하고 돌아와 문무왕의 뜻에 따라 영주(경상북도)에 부석사를 창건하고 화엄을 강술하여 해동 화엄종의 시조가 되었다. 의상과 원효는 신라 통일을 전후하여 불교 중흥에 앞장섰고, 백성들의 정신적 지주로서 오늘날까지 큰 스님으로 추앙받는다.

원효와 의상은 백제 멸망 후 중국 유학을 시도했다. 그들은 배편을 이용하려고 지금의 충청남도 직진에서 하룻밤을 묵게 되었다. 원효는 한밤중에 타는 듯한 목마름을 견디지 못해 근처의 물을 시원스럽게 들이마셨다. 물맛이 꿀맛이었다.

그는 아침에 자기가 한밤중에 마신 물이 해골에 괸 물이었음을 알고는 역겨움을 느끼고 토하고 말았다. 그는 토하는 순간 한 줄기 빛을 깨달았다. 모든 의문이 구름 걷히듯 말끔히 걷혔다. 원효가 그토록 추구하던 진리를 깨달은 것이다. 물은 같은 물이거늘 생각하기에 따라 감로수처럼 달콤하기도 하고 토할 만큼 역겹기도 한 것이다.

'모든 것은 마음먹기에 달렸도다.'

원효가 의상에게 말했다.

"나 경주로 돌아가려네."

"그 무슨 말인가?"

"당나라에 갈 필요가 없네."

"왜? 도라도 깨우쳤나?"

"깨달음을 얻었네."

"자만이 아닐까?"

"아닐세, 각성일세."

원효는 경주로 돌아오고, 의상은 유학길에 올랐다. 의상이 깨달음을 얻지 못해 유학을 떠난 것일까? 깨달음을 얻어 당나라에 가서 확인하고 싶었을까? 의상은 다른 구도求道의 길을 택한 것이다.

원효는 6두품의 신분으로 태어났다. 그의 아버지는 8품 제도하에서 중하위직의 관리였다. 원효는 일찍감치 출가하여 중이 되었다.

원효와는 달리 의상은 진골 가문에서 태어났다. 그의 아버지는 조정의 요직에 있었다. 의상의 세속적 출세는 신분상 충분히 보장되어 있었다. 하지만 그는 20대에 출가했다. 이들은 나이와 신분의 차이를 뛰어넘어 곧 의기투합이 되었다. 나이는 원효가 의상보다 여덟 살 위였다.

때마침 당나라에서는 삼장법사 현장玄奘이 인도 유학을 마치고 막 돌아와 당나라 수도 장안을 중심으로 법회가 한창이었다. 이 소식을 들은 원효와 의상은 당나라 유학을 결심했으나 원효는 되돌아오고 의상은 초지를 굽히지 않고 유학길에 올랐던 것이다.

두 사람의 첫 번째 유학 시도는 육로를 택하여 요동에서 고구려 군에게 붙잡혀 무산되고 말았다. 그후 10년 가까이 두 사람은 전국을 돌아다녔다. 구도행이었다. 두 번째 유학을 시도하여 의상만이 배편으로 당나라에 들어갔다.

원효는 유학을 그만두고 포교활동에 나섰다. 신라는 통일전쟁이 일어나 백성들의 불안이 가중되었다. 이때 원효는 대중교화에 나선 것이다. 그 무렵 신라 교단은 지장과 같은 진골 출신 스님이 당나라 유학을 마치고 돌아와 국가 의식 고취와 왕실 권위의 강화에 주력하고 있었다. 그들은 때로는 정치 일선에 깊숙이 발을 디밀기도 했다. 하지만 교단 내에서는 계율을 엄히 고수했다. 이때 축조된 황룡사나 황룡사 9층탑은 신라의 자랑거리이면서 동시에 지배층의 전유물이기도 했다. 따라서 일반 백성들은 오랫동안 불교에서 소외되어 있었고, 게다가 통일전쟁으로 지쳐 있었다. 이러한 때에 지배층 중심의 불교는 반성의 계기를 맞아 백성들에게 관심을 돌렸다. 이는 시대적 요청이기도 했다. 혜공惠空·대안大安 스님 같은 원효의 선배들은 경주 외곽지대를 무대로 불교 대중화 운동을 펼치고 있었다. 원효는 이들과 함께 활동을 시작했다.

그런데 한 가지 중요한 문제가 제기되었다. 일반 백성들과 함께 지내며 부대끼면서 그들을 교화하려면 때로는 계율을 어기는 파격적인 행동을 할 때가 있었다.

원효는 계율을 어겨서라도 백성들을 깨우쳐야 한다고 결심했다. 그리하여 파격적인 행동을 서슴지 않았다. 원효와 요석공주의 이야기는 사랑의 승화로 아름답게 미화되어 있다. 그러나 이 사랑 이야기는 두 사람만의 애틋한 기록으로 그칠 일은 아니다.

신라사회는 새로운 시대를 맞았다. 진덕여왕의 성골에 의한 왕위 계승이 막을 내리고 진골 출신의 김춘추가 김유신의 지원을 받아 왕위에 올랐다. 김춘추는 통일위업을 본격적으로 추진하면서 내부적으로 위민정책爲民政策을 폈다. 왕실 교체에 따라 불교계도 대폭적인 개혁이 요구되었다. 김춘추는 유교정치 이념을 토대로 불교 교단을 세속적인 권력과 제도에 더욱 예속시키고 통제를 강화했다. 따라서 사찰과 조정을 넘나드는 승려는 설 땅이 점점 좁아지게 되었다.

원효는 자기의 신념대로 불교 대중화 운동에 종사했다. 그러나 파격적인 행동은 엄격한 계율을 지키려는 교단측으로부터는 비난의 대상이었다. 원효가 황룡사에서 열리는 백고좌회百高座會에 추천되었으나 교단측의 반발로 저지당했다. 그도 혜공이나 대안처럼 교단으로부터 소외되어 있었다.

원효에게는 불교사상을 뛰어넘어 독자적인 사상체계를 수립하고 이를 다시금 대중들에게 환원시키겠다는 원대한 목표와 실현시킬 만한 천재성이 있었다. 그걸 실현하기 위해서는 경제적 뒷받침이 필요했다. 원효는 자기의 꿈을 실현하기 위해 스스로 일을 만들었다. 그는 노래 한 수를 지어 경주 시내의 아이들에게 부르도록 했다.

"누가 자루 빠진 도끼를 빌려준다면 내 하늘을 떠받들 기둥을 베어오겠네."

알쏭달쏭 애매모호한 노래였다. 아무도 그의 속마음을 알아차리지 못했다. 그런데 태종 무열왕(김춘추)은 이 노래를 듣고 단번에 원효의 속마음을 꿰뚫어보았다.

어느 날, 원효가 경주 남산에서 시내로 들어오려고 다리를 건널 때였다. 요석궁의 문지기가 다리에서 기다리고 있다가 원효를 다리 밑으로 떨어뜨렸다. 그리고는 옷을 말려주겠다는 핑계를 대어 원효를 요석궁으로 데리고 갔다. 원효는 요석궁에서 사흘을 머문 다음 궁을 떠났다.

그후 요석공주는 설총薛聰(이두문吏讀文을 집대성함)을 낳았다. 설총은 강수·최치원 등과 더불어 신라 3대 문장의 한 사람으로 치는 석학이다. 원효가 지은 노래 내용 중 자루 빠진 도끼는 여자의 음부를 상징하고, 그 대상은 바로 과부 요석공주였다. 그리고 하늘을 떠받들 기둥은 현인賢人을 뜻한 것으로 바로 설총이었다. 원효는 중으로서 중죄를 범했으므로 스스로 환속하여 소성거사小性居士로 자처했다.

그후 원효는 90여 부, 200여 권의 책을 남겼다. 그의 책에는 불교사상이 거의 망라되어 있다. 이 정도의 저술을 남기려면 교단에서 소외되어

길거리에서 생활하는 중으로서는 불가능하다. 경제적 후원자가 있어 중국 불교계의 동향을 알려주고 그들의 저술을 공급해주어야 한다. 아마 원효와 요석공주 사이에는 후원의 내막이 숨겨져 있었을 것이다.

원효의 불교연구의 핵심은 일심一心이다. 그는 저술 도처에서 한마음의 구조와 작용을 해명했다. 이를 바탕으로 수많은 불교의 논쟁들을 화합시킬 수 있었다. 한마음은 우리 인간들이 모두 지니고 있으며 우리 모두가 그곳으로 돌아갈 것을 외치고 있다. 그는 자신이 솔선하여 실행에 옮겼다.

일반 백성들에게 원효는 교리보다는 믿음을 통한 접근이 쉬운 방법이라고 여겨 정토신앙을 대대적으로 설파했다. 그 결과 사원 노비나 화전민 같은 배우지도 못하고 가난한 무리들이 원효를 따랐다. 고려 시대의 일연一然 스님이 말했다.

"누구나 다 나무아미타불 관세음보살을 염불할 수 있게 된 것은 원효대사의 덕분이다."

원효는 왕실의 막강한 후원자를 만나 자기의 뜻을 펼쳤으나 그보다 더 강력한 후원자는 바로 그를 따르고 불교를 숭상한 일반 백성들이었다.

한편, 의상은 중국으로 유학을 떠나 처음 머문 신도의 집에서 선묘善妙라는 아름다운 아가씨를 만난다. 선묘는 의상의 풍모와 인품에 반해 사모하게 되었다. 의상은 세속적인 사랑 따위를 가볍게 여기고 장안으로 떠나버렸다. 의상이 10년 동안 유학생활을 하는 동안 선묘는 오로지 의상을 기다리며 그의 옷을 새로 짓고 있었다.

의상은 유학을 마치고 귀국길에 선묘에게 한마디 기별도 없이 배를 타고 떠나버렸다. 이 사실을 나중에 안 선묘는 포구로 달려갔으나 이미 배가 멀리 떠난 뒤였다. 선묘는 의상을 보호하는 용이 되겠다고 맹세하고 바다에 몸을 던졌다.

의상은 귀국하여 영주에 절을 세우고자 했으나 이를 방해하는 자들이 있어 곤욕을 치렀다. 그때 용이 나타나 커다란 바위를 공중에 붕붕 띄워 내려칠 듯이 위협하자 이를 본 방해꾼들이 놀라서 도망쳐버렸다.

의상은 방해꾼 없이 절을 세웠다. 그리고 절 이름을 '뜬 돌(浮石)'이라고 했다. 이 절이 오늘날 영주의 부석사이며 그 유래이다. 그 용은 다름 아닌 선묘였고, 뜬 돌은 지금도 무량수전 뒤편 왼쪽에 남아 있다.

선묘와 의상의 만남은 우리 쪽의 설화에서는 내용이 다르다. 우리 쪽 설화가 더 애절하고 아름답다. 선묘는 의상이 출가하기 전 한동네에서 아는 처녀였다. 그런데 중국에서 처녀 공출이 있어 선묘는 잡혀가는 신세가 되었다. 의상은 중국 유학길에서 선묘를 만났다.

우리 쪽 설화는 이렇게 꾸며져 있다. 이것은 세속적 사랑을 종교적으로 승화시킨 한 편의 아름다운 이야기로서 원효와 요석공주의 사랑에 대비된다.

의상은 당나라에 가서 현장에게 배우려 했으나 중간에 생각을 바꾸었다. 중국 화엄의 지엄에게 화엄학을 배웠다. 그는 10년의 각고 끝에 지엄스님의 인정을 받았다. 그때 지엄스님에게 지어 바친 저술이 '화엄일승법계도華嚴一乘法界圖'이다. 이는 방대한 《화엄경》의 사상을 7언 30구 210자의 시로 요약한 명작이다. 의상이 배운 화엄사상의 핵심은 평등사상으로 볼 수 있다.

이 세계를 구성하는 모든 요소들이 불교 앞에서는 평등하다는 이야기이다. 하지만 그것은 깨달은 자의 이상이지 현실은 그렇지 못하다. 의상은 그의 이상을 이 땅에 실현시키고자 했다.

그가 10년의 유학을 마치고 귀국한 것은 서기 671년으로 문무왕 11년이었다. 당시 한반도의 정세는 삼국통일이 거의 마무리 단계였다. 따라서 지배계급과 피지배계급 할 것 없이 새로운 통일사회 건설에 동참할 때였다. 의상은 일반 백성들에게 평등사회의 건설을 역설했다.

부석사가 창건되고 나서 문무왕은 의상에게 토지와 노비를 제공하겠다고 말했다. 의상은 《열반경涅槃經》에서 말하는 깨끗하지 못한 재물일 뿐 아니라 자신의 교단은 평등을 지향하기 때문에 임금의 제의를 받아들일 수 없다고 사절했다.

의상의 대단한 신념이자 신앙이었다. 문무왕의 제의를 거부한 것도 그렇지만, 거부의 이유로 든 평등사상이 당시의 골품제에 배치된다는 점에서 볼 때 그의 발언은 획기적인 것이었다. 더욱이 노비 출신인 지통智通, 빈민 출신인 진정眞定이 의상 문하에서 출가하여 의상의 10대 제자로 성장할 수 있었다는 것은 그의 교단 내에서부터 평등사상의 실천을 보였던 것이다.

의상은 걸식乞食으로 교단을 유지하려고 했다. 걸식이란 일반 백성들과의 일상적인 접촉을 의미했다. 그리하여 의상의 교단은 백성들과 매우 친숙했다. 의상의 백성 사랑의 사례를 들어보자.

서기 681년 문무왕이 백성들을 대대적으로 동원하여 새 궁궐을 세우고자 했다. 의상은 문무왕에게 편지를 띄웠다.

"왕의 정교政敎가 밝으면 풀이나 흙더미로 경계를 삼더라도 백성이 감히 넘으려 하지 않아 재앙을 면하여 복이 되지만, 정교가 밝지 못하면 여러 사람만 수고롭게 할 뿐 아무리 큰 성을 쌓더라도 재앙이 그치지 않을 것이오."

문무왕은 이 편지를 보고 공사를 중단했다.

의상의 교단은 지배층 중심의 불교계와는 사뭇 달랐다. 계급적 편향을 극복하고 있었다. 의상은 주로 경주에서 활약했지만 교화의 중심지는 영주 부석사와 양양 낙산사였다. 국가권력이나 왕실의 간섭을 덜 받을 수 있는 곳이었다. 부석사의 주존불이 아미타부처라는 점, 낙산사 창건 동기가 의상이 관음보살을 친견親見한데 있다는 점 등으로 미루어보건대 의상은 이들 지역에 불교적 이상사회, 즉 정토淨土를 건설하려 했던 것이다.

의상은 서기 702년 78세로 입적했다. 그는 평생 승려 본연의 자세에 충실하면서 불교적 평등사회를 구현하고자 노력했다. 이를 위해 의상은 지방에서 일반 백성을 대상으로 그의 이상을 설파했다. 그들에게 정토신앙 및 관음신앙을 널리 전파했다.

원효는 서기 686년 70세로 입적했다. 그는 분황사·고선사 등지에서 왕성한 연구 및 저술 활동을 통하여 인간의 마음을 가장 넓고 깊게 파고 들었으며 깨우침을 실천해갔다. 한마음을 제대로 인식하고 구현하는 것이 올바른 삶이었고, 그러면 부처가 된다고 믿었다.

원효와 의상은 태어난 환경도 수도의 과정도 서로 달랐고, 가는 길도 전혀 달랐으나 그들의 우정은 남달랐다. 그리고 종파가 서로 다른 듯하나 백성들을 상대로 일심과 평등을 설파한 교리는 궁극적으로는 인간이 지향하는 이상향이라는 입장에서는 맞닿아 있다.

그들은 통일신라의 불교적 이상사회를 피지배계층의 평화에서 찾았던 것이다. 일심과 평등은 계층사회에서 위안받을 수 있는 현실이자 이상이기 때문이다. 원효와 의상은 신라 불교의 두 대들보임에 틀림없다.

### ❀ 지귀의 짝사랑

선덕여왕 시절, 궁벽한 산골 활리역活里驛 부근 마을에 어머니와 단둘이 사는 청년 지귀志鬼가 있었다. 살림살이가 넉넉한 편은 아니었으나 지귀가 워낙 부지런하여 늙은 어머니를 모시고 끼니 걱정은 하지 않았다. 지귀의 효성은 인근 마을에까지 알려져 있었다.

일찍 아버지를 여의고 오로지 자식 하나만을 의지하고 살아온 어머니에게 지귀는 효도를 다했다.

지귀의 나이 스무 살, 장가들 나이가 지나 있었다. 지귀는 어머니의 안살림을 덜어들이기 위해 장가를 서둘러야 했다. 그리하여 개울 건너 윗마을 처녀를 아내로 맞이하려고 했다. 윗마을 처녀는 어려서부터 물장구치며 놀던 사이였다. 집안끼리 서로 잘 아는 터라 혼인에 별 문제가 없었다.

두 집안에서는 농사일이 끝나고 곡식이 익어갈 무렵 혼례를 치르자고 약속했다.

어느 날 문득, 지귀는 서울 구경이 하고 싶었다. 사내로 태어나 서울 구경 한번 못해보고 장가든다는 것이 못내 섭섭했던 것이다.

"어머니, 저 서울 구경이 하고 싶나이다. 구경하고 와도 괜찮겠지요?"

"암암, 괜찮고말고. 장가들 나이가 되니 이제야 철이 드나 보다. 사내가 서울 구경 한번 못 하고서야 사내라 할 수 없지. 다녀오너라."

"당장 떠나겠나이다."

"기왕이면 윗마을 며느리감이랑 함께 가면 어떻겠느냐?"

"한번 물어보겠나이다."

지귀는 보름 예정으로 서울 구경을 다녀오기로 하고 준비를 서둘렀다. 갈아입을 옷 몇 벌을 보따리에 쌌다. 그리고 윗마을로 건너가 처녀에게 의사를 물었다.

"어머님의 허락이 떨어졌소. 낭자도 함께 갑시다."

"저랑요? 아니 될 말씀. 시집을 가기도 전에 어찌 따라간단 말씀이오?"

"하긴 남세스럽겠지요?"

"당연하지요. 도련님이나 잘 다녀오셔요."

"미안하오. 뒷날을 기약하십시다."

"뒷날 실컷 호강시켜 주셔요."

"알겠소. 약속하오."

지귀는 약혼녀마저 떼어버려 홀가분한 마음으로 경주로 떠났다. 지귀의 걸음은 다른 사람보다 배는 빨랐다. 날마다 산골을 누비고 다녀 웬만한 평지의 길은 발걸음이 가볍고 빨랐다. 300여 리 길을 이틀 만에 와버렸다. 지귀는 말로만 듣던 경주의 모습에 그만 눈이 휘둥그레졌다. 임금이 산다는 궁궐은 높은 담벼락에 싸여 지붕만 보이고 번화한 거리는 사람들의 왕래가 끊이지 않았다.

지귀는 우선 숙소부터 정하기로 했다. 예부禮部 근처의 민박집에 숙소를 정했다. 이튿날부터 지귀는 동서남북을 훑고 다녔다. 명승 고적을 두루 돌아다니고 와서 밤이면 주인집 영감과 마주앉아 얘기를 나누었다.
"오늘은 어디를 구경했남?"
"남산엘 올라갔었나이다."
"무엇을 보았남?"
"바위에 새겨진 온갖 부처님을 만났나이다."
"제대로 구경했구만."
"그 부처들을 누가 새겼나이까?"
"아무도 모른다네. 하지만 장관 아니던가?"
"장관이었나이다."
"두루두루 잘 살펴보게나. 경주에는 볼거리가 많다네."
"저, 여왕님은 볼 수 없나이까?"
"일반 백성들이 궁에 들어가 여왕을 뵙기는 어렵다네."
"언제 볼 수 있나이까?"
"여왕께서 행사가 있어 대궐을 나오시면 볼 수 있다네."
"언제 행사가 있나이까?"
"가만가만, 시조릉始祖陵에 참배하러 거둥하신다는 소문이던데…"
주인집 영감이 밖으로 나가 여왕이 거둥하는 날을 알아가지고 왔다.
"자네, 운이 터졌네. 바로 내일 시조릉으로 거둥하신다네."
"네에? 제가 행운을 잡았나이다."
"내일 나랑 같이 구경 나가세."
이튿날 지귀는 주인집 영감을 따라 거리로 나섰다. 시조릉으로 가는 길거리에 백성들이 나와 여왕의 거둥을 기다리고 있었다. 지귀는 가슴이 뛰었다. 남자가 하기도 쉽지 않은 임금을 여자가 하는 것도 신기하고 그 여왕이라는 여자는 필시 사람이 아니고 전설적인 선녀일 것이라는 생각이 들었다. 지귀는 그 선녀를 가까이서 볼 수 있다는 것이 꿈만 같았다.
주인집 영감은 목이 좋은 곳에 자리를 잡았다. 거리로 나온 백성들이

목이 좋은 곳을 고르려고 우왕좌왕이었다. 늦게 나온 백성들은 뒷자리로 밀렸다.
　정오가 다가올 무렵, 풍악 소리가 가까이 다가오고 울긋불긋한 깃발이 보였다.
　"이보게, 여왕님의 행차일세."
　"어디에 여왕님이 계시나이까?"
　"곧 나타나실 게야."
　깃발이 앞서고 그 뒤를 말 탄 장수들이 뒤따랐다. 그 뒤를 시녀 몇이 따르고 곧 꽃수레가 보였다.
　"꽃수레에 여왕님이 타셨네. 눈을 크게 뜨게나."
　지귀는 꽃수레 위에 황금 왕관을 쓴 여자를 보았다. 생각했던 선녀보다 한결 돋보였다. 지귀는 신음소리를 토했다.
　"으음… 현기증이 나네요."
　"이 사람아, 정신 똑바로 차리게. 한번 지나가면 그만일세."
　"저기 늙은이들은 누구이옵니까?"
　"높은 벼슬아치들일세. 저기 제일 늙어보이는 벼슬아치가 대각간으로 임금 다음 가는 사람일세."
　"저 노인네는 복이 터졌네요. 저토록 아름다운 여왕을 날마다 보고 사니 말입니다."
　"글쎄, 복이 터졌는지 어쩐지는 알 수 없으나 여왕님은 지혜가 많은 분이라네."
　주인집 영감은 선덕여왕의 지혜를 예를 들어 얘기해주었다.
　당나라에서 신라에 여왕이 들어섰다는 말을 듣고 그 지혜를 시험해보려고 신라 사신에게 붉고 희며 자줏빛의 모란씨와 모란이 그려져 있는 그림을 보내었다. 여왕이 그 그림을 물끄러미 바라보더니 대신들에게 말했다.
　"이 꽃은 매우 탐스럽고 아름다우나 향취가 없는 꽃이구려."

"그걸 어찌 아시나이까?"

"대개 여자로서 국색國色이면 남자들이 많이 따르는 법, 꽃이 향기가 무르녹으면 벌이 따르는 법 아니겠소? 헌데 이 그림에는 꽃만 있고 벌이 없으니 향취 없음이 분명하지 않소?"

"과연, 지당하신 말씀이나이다."

대신들은 여왕의 지혜에 혀를 내둘렀다.

지귀가 영감의 이야기를 듣는 동안 꽃수레가 바로 눈앞으로 다가왔다. 지귀는 아찔한 현기증을 느꼈다. 아름답고 어질고 인자하고 슬기로운 여왕, 지귀는 앞으로 뛰어나가려다가 사람의 물결에 밀려 주저앉고 말았다. 여왕의 손을 한번만 만져보고 죽었으면 여한이 없을 것 같았다.

지귀가 몽롱해져 있는 사이에 꽃수레는 저만큼 굽이진 큰길을 돌고 있었다. 지귀는 이제 여왕을 볼 수 없다는 생각이 들자 별안간 소리치고 말았다.

"모란꽃 향기나는 선덕여왕이시여!"

영감이 깜짝 놀랐다.

"이 사람, 무슨 소린가?"

"나는 여왕마마의 향기를 맡았소이다!"

"이 사람, 정신이 어떻게 된 게 아냐?"

"아니, 영감님께서는 향기를 맡지 못하셨다는 말씀이오?"

"이 사람아, 이제 여왕은 보이지 않네. 집으로 가세나."

"나는 여기 좀더 머물겠소. 먼저 가시오!"

지귀는 군중을 헤치고 큰길로 나와 여왕의 행차를 따라갔다. 영감은 어이가 없어 미처 말리지도 못했다.

"사랑하는 여왕님, 향기를 다시 한번 맡고 싶나이다."

지귀는 헛소리까지 했다. 영감은 지귀를 미친 것으로 여기고 난감해했다. 영감은 지귀를 그냥 놓아둘 수 없었다. 그를 달래어 집으로 데려왔다. 그냥 놓아두었다가는 감옥에 끌려갈 판이었다.

민박집으로 돌아온 지귀는 식음을 전폐하고 줄곧 여왕을 부르며 애타게 호소했다.

"사랑하는 여왕마마, 손을 내밀어주소서."

"아, 나의 사랑 여왕이여! 향기를 맡고 싶소."

지귀는 자리에 누워 피골이 상접해 곧 죽을 날이 가까워오고 있었다. 주인집 영감으로서는 속수무책이었다. 상사병이 들었으니 무슨 수로 손을 쓸 수 있겠는가.

그후 어느 날이었다. 선덕여왕이 황룡사에 거둥하여 예불을 하게 되었다. 이 소식을 들은 지귀는 자리에서 벌떡 일어나 황룡사로 달려갔다. 그는 언제 병이 들었나 싶게 기운이 펄펄 했다.

그날도 황룡사로 가는 길에 백성들이 구름같이 몰려 있었다. 지귀는 여왕의 꽃수레를 보고는 군중을 헤쳐나가 수레를 향해 돌진했다. 군중 속에서 노여운 목소리가 들렸다.

"저놈이 미친 지귀다! 무엄한 놈을 잡아라!"

"저런 인간은 죽여야 한다!"

선덕여왕이 이 광경을 목격했다. 지귀는 병사에게 잡혀 있었다. 여왕이 호위 장수에게 물었다.

"백성들이 웬 소란이오?"

"아무것도 아니나이다."

"그런 것 같지 않소. 바른 대로 말하시오!"

호위 장수는 난처했으나 바른 대로 아뢰지 않을 수 없었다.

"다름이 아니오라 미친 사내가 마마를 뵙겠다고 하여 잠시 소란이 있었나이다."

"나를 보겠다고? 그 사연을 알아오오."

"마마, 아뢰옵기 민망하나이다."

"무슨 일이오? 바로 고하시오!"

"마마, 미친 사내는 활리역 근처에 사는 무지렁이로 서울 구경을 왔다가 마마의 전번 거둥을 보고 그 뒤부터 마마를 사모하게 되어 그만 병이 들고 끝내 미치기까지 했다 하옵니다. 이름은 지귀라 하옵는데 괘념치 마시오소서."

"오오, 그런 일이었구만."

"그자를 형부로 넘기겠나이다."

"아니오. 그 사내를 만나야겠소."

"마마, 미친 사내이옵니다. 어찌시려구요?"

호위 장수는 민망하여 몸 둘 바를 몰랐다. 여왕이 미소를 띠며 부드러운 목소리로 말했다.

"그 사내가 무슨 행패를 부리겠소? 어서 이리 데려오오."

"마마, 아니 되옵니다."

"염려 마오. 데려오오."

호위 장수는 명령을 거역할 수 없어 지귀를 여왕 앞으로 데려오도록 했다. 지귀의 모습은 숨쉬는 해골이었다. 여왕은 측은지정이 앞섰다.

"네 이름이 무엇이더냐?"

"지귀이옵니다."

"몇 살이더냐?"

"스무 살이옵니다."

"집에는 누가 있느냐?"

"어머님이 한 분 계시나이다."

"네 소원을 바른 대로 말해보라."

"저어, 마마…"

지귀는 말문이 막혔다. 막상 여왕을 대하고 보니 사랑한다는 말이 나오지 않았다.

"무슨 말이든 죄를 묻지 않을 터이니 말해보라!"

"저어… 마마… 죽을 죄를 졌나이다."

"네가 나를 사모하였다는 말이 참말이더냐?"

"마마, 황공하여이다."

"네 모습이 그전에도 이리 수척했더냐?"

"아니옵니다."

여왕은 사랑을 고백하지 못하고 애만 태우는 지귀의 모습이 측은하고 서글퍼 몹시 애처로웠다. 지귀에게 속시원히 사랑한다는 말을 시키고 싶었다.

"네 속마음을 내게 털어놓아라. 내가 무슨 말이든 죄를 묻지 않겠다고 하지 않았느냐?"

"마마, 오늘 대왕마마의 용안을 우러러뵈오니 모든 근심과 괴로움, 슬픔이 봄눈 녹듯이 사라지고 온몸이 가뿐해지옵니다. 그동안 마마를 지극히 연모했나이다. 그리하와 다시 뵈옵지 못할까 봐 슬픈 마음으로 이 지경이 되었나이다."

"사람이 사람을 사랑하는 마음을 누가 허물하겠는가? 지귀는 듣거라! 사랑은 주는 것이지 결코 받는 조건이 아니니라. 이런 이치를 알아야 하느니라."

"마마를 사모하옵는 일편단심 언제든지 제 마음 구석에 간직하고 있을 따름이옵니다."

"알겠느니라."

선덕여왕은 지귀를 어가 뒤에 따르게 하고 황룡사에 이르러 부처님 앞에 분향하고 기도를 올렸다. 지귀는 절 안으로 들어가지 못하고 절 밖 돌탑 밑에 쭈그리고 앉아서 여왕이 다시 나올 때만을 기다리고 있었다. 이제나 저제나 여왕이 나오기를 기다리다가 그만 깊이 잠이 들고 말았다. 선덕여왕이 기도를 마치고 절 밖으로 나왔다. 지귀는 그때까지 곤히 잠들어 있었다.

"저꼴로 어찌 소생하기를 바라리오."

여왕은 지귀 앞에 수레를 멈추고 황금 팔찌를 풀어 지귀의 가슴 위에 놓아주었다.

지귀가 깊은 잠에서 깨어난 것은 해거름 무렵이었다. 황금 팔찌가 자기의 가슴 위에서 반짝거렸다.

"여왕마마께서는 환궁하셨구나. 내가 원한 것은 황금 팔찌가 아니었는데…"

지귀는 이런 말을 중얼거리며 슬피 울었다. 애절한 울음소리는 하늘까지 뻗쳤다. 울다가 까무러치고 이러기를 수십 차례, 지귀의 가슴속에서 뜨거운 심화心火가 솟구쳤다.

그의 심화는 지귀 자신을 고스란히 태워버렸다. 끝내 이루지 못할 사랑을 지귀는 끝내 다스리지 못하고 그의 약혼녀 옆으로 가지 못했다. 선덕여왕은 불귀신이 된 지귀의 영혼을 주문을 지어 위로했다.

● 대야성 전투

백제 의자왕은 신라를 공격하여 무려 40여 성을 얻고 의기양양하여 신라의 중요 군사 요충지인 대야성大耶城(지금의 경남 합천)을 공격하라고 장군 윤충允忠에게 군사를 주었다.

신라는 대야성이 중요한 군사 요충지여서 김춘추의 맏사위 김품석金品釋 장군을 성주로 삼았다. 김품석은 패기만만한 젊은 장수로서 그를 따르는 낭도들이 많았다. 품석은 대야성에서 군사훈련을 게을리 하지 않았다. 백제·고구려군이 호시탐탐 노리고 있어 한시도 긴장을 풀 수 없었다. 그는 야심만만한 젊은 장수로서 선덕여왕의 명령만 떨어지면 백제든 고구려든 어디든 공격할 자신이 있었다. 그리하여 여러 차례 선덕여왕에게 글을 올려 백제를 공격하겠다는 의사를 밝혔다. 여왕은 성이나 잘 지키라는 회답뿐이었다. 장인에게도 출전하겠다는 뜻을 밝혔다.

"병사들은 오랫동안 싸우지 않으면 썩은 물처럼 되옵니다. 전쟁터에 나가야만 썩지 않는 것이 병사들의 생리이나이다. 이대로 놓아두면 나태

해지고 정신이 해이해져 나중에는 전쟁이 나도 무기력해질 수밖에 없나이다. 제게 공격명령을 내리도록 장인께오서 대왕마마께 건의해 주소서."

장인 김춘추의 답은 '건방 떨지 말고 성이나 보수하며 기다리라'는 것이었다.

품석은 날이 갈수록 심심하고 할 일이 없어 낭도들을 거느리고 사냥을 다녔다. 하루는 사냥을 나가 노루·사슴·멧돼지를 겨냥하여 화살을 날렸으나 매번 실패하고 말았다. 품석은 체면이 깎이고 오기가 생겨 노루를 쫓아 산속 깊숙이 들어가버렸다. 자기를 따르던 낭도들도 보이지 않았다.

해는 서산으로 넘어가고 산속에 어스름이 깔렸다. 품석은 그만 길을 잃어버렸다.

'아뿔싸! 오늘은 집중이 되지 않아 매번 실패하고 오기를 부렸구나. 이를 어쩐담?'

품석은 뒤늦은 후회를 하며 어두워지는 산길을 더듬어 내려오고 있었다. 이때 멀리서 말발굽 소리가 들리고 큰소리로 품석을 찾는 고함 소리가 들렸다.

"장군! 어디 계시나이까?"

"여기일세. 나 지금 내려가는 중일세."

"거기 가만히 계십시오. 길을 잃기 쉽나이다."

말발굽 소리가 가까워오고 낭도 한 사람이 말에 채찍을 가하는 소리가 들렸다.

"그대는 누구인가?"

"금일黔日이옵니다."

"오, 금일, 때맞춰 잘 와주었네. 그대가 아니 왔다면 고생할 뻔했네."

"이젠 안심하소서. 제가 길을 아나이다."

"고맙네."

"서두르소서. 산 아래에서 낭도들이 걱정하고 있나이다."

품석은 금일의 뒤를 따랐다. 오늘 따라 품석은 기운이 없고 힘이 들었다. 금일이 눈치를 채고 물었다.

"장군, 어디 편찮으시나이까?"

"아픈 데는 없는데 기운이 없구만."

"잠시 쉬셔야겠나이다. 요 아래 산 밑에 소인의 집이 있나이다."

"그런가? 잠시 쉬었다 가기로 함세."

"낭도들에게는 하인을 시켜 먼저 돌아가라고 이르겠나이다."

"음… 그래야겠지."

"저기 불빛이 비치는 곳이 소인의 집이나이다."

"이제 다 내려왔구만. 천만 다행이야."

두 사람은 금일의 집에 닿자 말에서 내렸다. 금일은 하인을 불러 낭도들에게 염려 말고 먼저 귀가하라고 이르고 품석을 사랑으로 안내했다. 잠시 후 주안상을 하녀에게 들리고 금일의 아내가 나타났다. 품석은 금일의 아내를 보고 그만 눈이 휘둥그레졌다. 나무랄 데 없는 절세가인이었다. 게다가 금일의 아내는 품석과도 혼담이 있었던 여인이었다. 품석은 여인을 잘 모르지만 여인은 품석을 잘 알고 흠모하던 터였다.

"장군을 이렇게 뵙게 되어 영광이나이다."

금일의 아내 이랑伊娘이 낭랑한 목소리로 인사를 텄다.

"미인을 뵙게 되어 이 몸도 영광이오이다."

품석은 이랑에게 첫눈에 반해버렸다. 주안상을 앞에 놓고 품석과 금일이 이랑이 따라주는 술잔을 비웠다. 때맞춰 저녁상도 나왔다. 이랑은 남편보다 품석을 섬기기에 지극 정성이었다. 품석은 얼굴도 마음씨도 나무랄 데 없는 여인이라며 속으로 찬사를 보내었다.

저녁상을 물리고 품석이 떠나려고 했다.

"이제 그만 돌아가봐야겠네. 오늘 폐가 많았네."

"장군, 이 밤에 어디를 가시겠다는 말씀이오이까. 누추하지만 소인의 집에서 하룻밤 묵고 오늘 성과가 없었던 사냥을 내일 다시 하여 보시면 어떻겠나이까?"

내일 사냥을 핑계로 금일이 품석을 잡았다. 품석은 떠나고 싶지 않던 터라 못 이기는 체 주저앉았다.

"내일은 사냥이 잘될까?"

"아마 그럴 것이나이다."

"신세 지는 김에 하룻밤 더 신세 지겠네."

"소인으로서는 장군님을 모신 것만으로도 영광이나이다. 신세라고 말씀하지 마시오소서."

"그러하나이다, 장군님."

이랑이 남편의 말에 맞장구를 쳤다. 이랑은 품석과 한 지붕 밑에서 밤을 새우게 되어 기쁘고 흥분되었다. 품석의 집안은 성골·진골이 아니었다. 외가쪽이 진골이었다. 그리하여 이랑의 집안과 품석의 집안 사이에 혼담이 오고 갔다. 그뒤 불행하게도 이랑의 아버지가 병으로 세상을 떠나고, 품석은 전쟁터에 나가 공을 세워 김춘추의 사위가 된 것이다. 품석은 이 사실을 까맣게 잊고 있었으나 이랑은 품석이 첫사랑이었다.

품석은 온종일 피곤한 사냥을 하여 곧 잠자리에 들었다. 한숨 곤히 자고 나서 소변이 마려워 일어났다. 그런데 변소를 알아두지 않아 큰 낭패였다. 급한 김에 밖으로 나왔다. 그믐달이 그제야 하늘에 희미하게 걸려 있었다. 품석은 변소를 찾다가 급하여 뒤란 살구나무 옆에 서서 그만 실례를 하고 말았다. 괴춤을 추스르고 막 돌아서려는데 시커먼 그림자가 나타나 품석의 품에 뛰어들었다. 그림자는 품석의 입부터 막았다.

"아무 말씀 마셔요. 저 이랑이나이다."

이랑은 북받치는 설움을 터뜨렸다. 어깨가 들먹이고 귀곡성 같은 울음소리가 가느다랗게 들렸다.

"이 무슨 사연이오?"

"장군님은 벌써 잊으셨나요? 그 옛날 혼담이 오가던 그 규수를…"

"오오, 그렇다면 그대가?"

"그러하옵니다."

품석은 이랑을 꽉 조이도록 품에 안고 등을 토닥거렸다.

한편 금일은 자다가 일어나 아내가 옆에 없는 것을 보고 살며시 안방 문을 열었다. 그런데 뜻밖에도 뒤란 살구나무 곁에서 아내의 흐느낌 소리가 들리고 이어 말소리가 났다. 그러더니 아내가 품석의 품에 안겨 사랑방으로 함께 들어갔다. 금일은 피가 거꾸로 솟는 듯했다. 온몸이 부들부들 떨렸다. 방안에서 나와 사랑방 문앞에 섰다.

"그래, 나를 여태껏 잊지 않았단 말이요?"

"장군님을 잊다니요? 언젠가는 만나리라는 확신을 갖고 기다렸나이다."

"얄궂은 인연이로다!"

금일은 이를 부드득 갈며 안방으로 들어와 칼을 찾아 들었다.

'년놈들을 죽이고 백제나 고구려로 도망치자.'

이런 생각을 하다가 도리질을 했다.

'계집 하나 때문에 살인을 하고 나라를 배반할 수는 없다.'

금일은 힘없이 칼을 놓았다. 어둠 속에 서서 울분을 가라앉혔다. 자기를 사랑하지도 않는 계집을 아끼고 사랑한 것이 억울하고 분했다. 계집과 그 간부姦夫가 있는 이 집에 잠시도 머물고 싶지 않았다. 어떻게든 연놈들에게 복수를 하리라. 만약 내가 복수하지 않으면 품석이 나를 죽일 것이다. 생각이 여기에 미치자 금일은 애국심이고 배반이고 동포애고 하는 것들이 생각 밖으로 밀려났다.

금일은 보따리를 싸들고 집을 나섰다. 도망칠 바에야 이 밤 안으로 대야성을 빠져나가야 했다. 칼을 다시 들고 밖으로 나와 사랑방에 귀를 기울였다. 조용했다. 고른 숨소리가 평화로웠다.

'불을 싸질러버릴까?'

생각뿐이었다. 대문을 조심스럽게 따고 집밖으로 나왔다. 숨통이 트이는 것 같았다. 금일은 정신없이 걸었다. 한 고개에 이르렀다. 또다시 연놈을 죽이지 못한 한이 가슴을 후벼팠다. 그러나 다시 돌아가기에는 너무 늦었다. 희뿌옇게 먼동이 터오고 농부들이 벌써 싸리문을 밀고 나오고 있었다. 금일은 달리듯 걸어 대야성을 벗어났다.

품석과 이랑은 회포를 풀고 늘어지게 늦잠을 자고 그래도 아쉬워 아침에 또다시 엉겨 환락의 늪에 빠졌다. 그러나 벌써 아침이 되어 두 사람의 정사는 자연히 알려지게 되었다. 이랑은 사랑을 빠져나와 안방으로 갔다. 방안이 썰렁했다. 그제야 금일이 눈치채고 밤보따리를 쌌다는 것을 알고 이랑이 뽀르르 사랑으로 달려들어왔다.

"장군, 금일이 사라졌나이다."

"아니 뭐라고?"

품석은 제정신이 돌아와 후회가 되었다. 부하인 낭도의 아내를 범하다니, 장수로서 체면이 서지 않았다. 이 소문이 퍼지면 자기를 따르던 낭도들의 실망이 얼마나 클 것인가.

"장군, 기왕에 이렇게 된 일, 첩이라도 좋으니 데리고 가서요."

"신중해야 하오. 군사들의 사기와 관계된 일이니 내가 연락을 취할 때까지 이 집에서 기다리시오."

"알겠나이다."

품석은 이랑을 떼어놓고 성 안으로 들어와 명령을 내렸다.

"금일을 잡아오너라! 그자가 우리를 배반했다!"

병사들이 대야성 안을 샅샅이 살폈다. 어두워질 때까지 수색작전을 편 병사들이 돌아와 보고했다.

"금일은 대야성에 없고 어디론가 도망쳤나이다."

"알았다!"

품석은 오히려 잘되었다며 밤마다 몰래 이랑을 만나러 갔다. 그들은 단꿈을 꾸었다.

이 세상에 영원한 비밀은 없다. 품석과 이랑의 정사 소식은 빠르게 그 소문이 퍼져나갔다. 낭도들은 품석에게 그만 절망하고 말았다. 어느 날 품석의 오른팔격인 낭도 죽죽竹竹이 단호히 말했다.

"장군님, 이랑이란 여자를 버리시오소서."

그러나 환락에 눈이 먼 품석은 시큰둥했다.

"무엇이 문제인가?"

"여론이 장군님을 매도하고 있나이다."

"쓸데없는 걱정 말게나."

"낭도들이 장군님을 떠나면 어찌하시렵니까?"

"말 삼가게."

"그리 되기 십상이나이다."

그제야 품석은 제정신이 드는지 힘없이 대답했다.

"정리하도록 해보겠네."

한 이틀 이랑을 찾지 않은 품석은 제 버릇 개 못 주고 다시 밤고양이처럼 이랑을 찾았다. 이랑은 그만큼 매력이 있었으나, 남자를 후리는 데도 재주가 뛰어났다. 급기야 품석의 부인이 이 사실을 알게 되었다. 부인이 위엄을 갖춰 말했다.

"장군, 지금이 어느 때이옵니까? 일촉즉발의 위기상황이 아니옵니까? 국가의 막중한 일을 맡으신 장군께오서 스스로 군율을 흐트러뜨리고 있으니, 전쟁이 터지면 부하들이 따르겠나이까? 부디 자중하소서."

품석은 할 말이 없었다. 정중히 사과하는 선에서 그쳤다.

"미안하오. 내가 여우에게 잠시 홀린 듯하오. 그 계집을 멀리하리다."

금방 깨끗이 정리할 것 같았으나 품석은 실천보다 말을 앞세우는 성격이었다. 부인에게 약속하고도 이랑과의 밀회는 계속되었다.

한편, 대야성을 빠져나간 금일은 낮에는 산속에 숨고 밤에 걸어서 백제 윤충 장군의 군진으로 갔다. 금일은 윤충에게 자기가 대야성을 탈출한 연유를 말하고 품석이 계집에게 눈이 멀어 정신이 없으니 기회를 놓치지 말고 공격하도록 권유했다.

윤충은 대야성에 잠입시킨 세작을 불러들였다. 금일이 말한 사실을 확인하려는 것이었다. 금일이 신라 세작이라면 낭패를 당할 수 있었다.

백제 세작이 윤충에게 달려왔다.

"대야성의 분위기를 보고하라!"

"장군, 지금 대야성은 금일이라는 아내와 품석 사이의 관계를 놓고 소문이 자자하나이다. 품석이 금일의 아내에게 푹 빠져 그를 따르는 낭도들의 실망이 매우 크옵니다. 대야성 공격의 때가 온 듯하나이다."

"품석이 바람이 났다 그 말이렷다?"

"바람 정도가 아니라 계집의 치마폭에 푹 빠져버렸다 하옵니다."

"음, 제 무덤을 파고 있구나. 공격을 서둘러야겠다."

세작을 보내고 금일을 불렀다.

"내가 네 원수를 갚아주겠다. 이제부터 너는 백제 장수이니라. 내 명에 따르겠느냐?"

"여부가 있겠나이까? 품석은 제 아내를 빼앗은 파렴치한에다가 원수이나이다. 명령만 내리시오소서."

"백제군 30여 명을 줄 터이니 대야성에 잠입하여 보급창고에 불을 지르거라! 할 수 있겠느냐?"

"장군, 대야성을 들어가기가 쉽지 않사옵니다."

"너는 신라 사람이 아니더냐? 도망친 것을 후회하고 자수하러 왔다며 떳떳이 들어가고 백제군은 네가 들어간 후에 한밤에 낮은 성을 통해 밧줄을 늘여 들어가면 되지 않겠느냐."

"해보겠나이다."

윤충은 신라군이 대야성에서 오래 버틸 수 없도록 보급창고부터 불태운 후에 총공격을 펼 작전계획을 수립했다.

금일은 백제군과 사흘 뒤 자정 북쪽 성벽을 약속 장소로 정하고 대야성으로 갔다. 문지기가 금일이 자수하러 왔다는 말을 듣고 밧줄로 묶어 품석 장군 앞에 무릎 꿇렸다. 품석이 금일을 보고 무엇 뀐 놈이 성을 내는 격으로 성을 내었다.

"나라를 배반하고 도망칠 때는 언제고 기어들어오기는 왜 들어온 것이냐?"

"장군, 잠시 주위를 물려주소서."

"무엇이라고? 네가 나와 무슨 협상이라도 하겠다는 말이더냐?"

"극비이옵니다, 장군!"

품석은 금일의 태도가 진지해 보여 주위를 물렸다.

"말해보라!"

"장군, 소인은 지금 윤충의 군중에서 오는 길이나이다."

"세작으로 왔다는 말이냐?"

"그런 셈이나이다. 실은 신라를 버리고 대야성을 탈출했다고 거짓으로 꾸몄나이다."

"너는 탈출했지 않느냐?"

"장군, 소인이 꾸민 일이나이다. 윤충 군중에 들어가 염탐하려고 꾸민 일이옵니다."

"네 말을 어찌 믿느냐?"

"생각해보소서. 소인이 신라를 배반했다면 무엇하러 대야성에 다시 돌아왔겠나이까?"

듣고 보니 그랬다. 허나 믿을 수는 없었다. 품석은 금일을 떠보았다.

"윤충의 군진을 말해보라!"

"확실히는 모르옵고, 백제 세작들이 장군님과 소인의 처 사이를 알고, 진중에 소문을 퍼뜨려 사기가 충천해 있나이다."

"언제 공격해 올 것 같더냐?"

"보름 후에 공격해올 것 같나이다."

"너에게 맡겨진 임무가 뭐더냐?"

"보급창고를 불태우는 임무이나이다."

"으음..."

품석은 그제서야 금일을 믿는 눈치였다. 밧줄을 풀어주고 말했다.
"네 처와의 한때 불장난을 미안하게 생각한다. 이해하기 바란다."
"장군, 소인은 개인의 사사로운 일보다 나라를 먼저 생각하나이다. 계집 따위는 아무래도 상관없나이다."
"네 진심을 알아 기쁘구나."
품석은 금일을 그전처럼 낭도로 대했다. 금일은 품석을 속이고 일을 진행시켰다. 품석이 작전회의에도 참석시켜 신라 장수들의 작전계획도 자연히 알게 되었다.
벽제군과 약속한 날 밤 자정, 금일은 굵은 밧줄을 던져 북쪽 성벽에 늘어놓았다. 잠시 후 백제군이 성벽을 기어올라 성 안으로 들어왔다. 모두 30명이었다. 이들은 복면을 하고 창·칼을 손에 쥐고 있었다.
"보급창고는 서쪽에 있소."
금일이 짧게 말했다.
"금일 세작께서는 미리 밧줄을 타고 성 밖으로 나가 밖에 말이 대기하고 있으니 백제 군진으로 가시오. 윤충 장군의 명령이오."
"알겠소."
백제군은 어둠 속으로 사라졌다. 금일은 성벽을 기어내려와 말을 타고 윤충 진영으로 갔다. 윤충은 벌써 출격명령을 내려 군사를 대야성 오 리 밖에까지 끌고와서 기다리고 있었다.
금일이 윤충을 맞았다.
"백제군이 성 안으로 무사히 잠입했느냐?"
"일이 잘되었나이다. 곧 대야성에 화염이 치솟을 것이나이다. 품석에게는 보름 후에나 공격해올 것이라고 거짓말을 했나이다."
"잘했도다! 백제군의 완벽한 승리가 될 게야. 네 공이 크구나."
이때였다. 대야성에서 화염이 치솟았다. 윤충은 공격명령을 내렸다.
"백제군이여! 때가 왔도다. 총공세를 펴 아침밥은 대야성에 들어가 먹자!"

신라 139

"와아!"

백제군의 사기는 드높았다. 그동안 승승장구해온 백제군이었다. 대야성을 함락시키면 신라의 수도 경주는 지척이었다. 백제군이 함성을 지르며 대야성으로 달려가 문을 부수고 밀물처럼 쳐들어갔다. 대야성의 신라군은 불을 끄랴 백제군을 맞아 싸우랴 갈팡질팡 우왕좌왕하다가 백제군에게 목이 떨어졌다.

품석과 그의 아내는 비참한 최후를 맞았다. 신라군은 싸움다운 싸움 한번 해보지 못하고 비참하게 참패당하고 말았다. 대야성을 백제군이 장악해버렸다. 이 소식이 신라 조정에 들어가자 초상집 분위기였다. 김춘추는 딸과 사위를 잃고 넋이 빠져버렸다. 품석의 비행을 까맣게 모르고 있었다.

김유신은 대야성이 함락당했다는 소식을 듣고 그럴 줄 알았다는 표정이었다. 조정에 그토록 선제공격을 건의했으나 준비가 부족하다는 핑계를 대고 미적거렸던 것이다. 김유신은 만사를 포기한 사람처럼 청루靑樓에서 기녀를 끼고 날마다 술타령이었다.

대야성 함락 소식을 들은 그날도 김유신은 청루에 있었다. 뜻있는 낭도들은 김유신의 고충을 알고 있었다. 그리하여 김유신에게 힘을 실어주어야겠다며 의견을 모았다. 낭도 대표 두 명이 청루로 김유신을 찾아갔다.

"보아하니 낯익은 얼굴들이구만. 술 생각이 나서 왔나?"
"장군, 긴히 여쭐 말씀이 있어 예까지 찾아왔나이다."
"내게 긴히 할 말이라… 술 작작 먹고 나라 걱정을 하라 그 말이렷다?"
"그렇사옵니다."
"알았으니 가보게. 가기 싫으면 나하고 술이나 마시든지…"

낭도 대표들은 수척해진 김유신의 얼굴에서 고뇌를 읽을 수 있었다. 김유신이 조정에 건의한 일들을 알고 있었다.

"장군, 저희들은 낭도들을 대표하여 찾아뵌 것이나이다."

"낭도들이 왜?"

"장군께 힘을 실어드리기로 뜻을 모았나이다."

"나에게 힘을? 어떻게?"

"우리 낭도들은 장군님을 따르기로 했나이다. 용기를 내시어 백제 공격을 건의하시오소서. 그리하여 대야성에서 무참히 돌아가신 품석 장군의 원수부터 갚으소서."

김유신은 술이 확 깼다. 천 길 낭떠러지에서 기어올라온 느낌이었다. 김유신은 두 낭도 대표를 뚫어져라 쳐다보았다. 눈에서 불꽃이 튀었다. 정열과 의지가 불타오르고 있었다.

'이런 낭도들을 내가 왜 외면했을까? 이들과 힘을 모아 통일의 길을 열자.'

유신은 결심을 굳히고 말문을 열었다.

"자네들이 있기에 신라는 희망이 넘치네. 이제부터 자네들은 백제를 쳐야 한다는 여론을 일으키고 또 치러 갈 청년들을 모으게나. 나는 조정 대신들과 대왕마마를 설득하겠네."

"장군! 고맙소이다. 우리는 통일 신라의 초석이 되기로 이미 마음을 모았나이다."

김유신은 통일을 하려면 국론통일부터 이뤄야 한다고 생각했다. 그리하여 낭도들과 더불어 국론을 통일 쪽으로 모았다.

김유신은 김춘추를 만났다.

"이제 백제를 칠 시기가 온 것 같소이다."

"백제를 치다니 무슨 말씀이오?"

김춘추는 아직도 시기상조라고 생각했다.

"품석 장군 내외의 유골을 찾아와야 하지 않겠소?"

"나도 그점에 대해서는 안타깝게 여기고 있소. 허나 신라가 아직은 백제를 칠 만한 준비를 갖추지 못했소."

"싸움을 군사들이 많아야만 하나이까? 지금 신라 화랑도들의 사기가 충천해 있고 백성들 사이에 통일 열기가 일고 있소이다."

"그렇기는 하오만…"

"더는 망설일 것 없소이다."

"알았소이다. 대왕께 건의하기로 합시다."

두 장수가 의견일치를 보고 진덕여왕에게 통일전쟁을 일으킬 것을 건의했다. 진덕여왕은 신라의 두 대들보의 말을 전적으로 신뢰했다.

"두 장군께서 알아서 하시오."

전국에서 통일전쟁에 참여했다. 낭도를 비롯하여 5만 병사가 모였다. 신라의 처음 목표는 대야성 탈환이었다. 대야성을 탈환하면 신라군이 자신감을 얻어 여타 성을 공략하는 데 그리 힘이 들지 않을 것 같았다.

백제에서는 당나라가 고구려를 공략하고 있어 신라가 이토록 빨리 전쟁을 일으킬 줄을 몰랐다. 뜻밖이었다. 백제에서는 의직을 대장군으로, 흑치상지를 부장으로 삼아 신라군에 맞섰다.

신라군과 백제군이 옥문관에서 조우했다. 김유신은 옥문곡에 군사를 매복시켜 놓고 백제군을 유인하여 크게 승리했다. 의직과 흑치상지가 김유신의 꾐에 빠져 군사를 사지로 몰아넣은 것이다. 의직은 김유신과 직접 겨뤄 100여 합을 싸웠다. 김유신이 말머리를 돌려 달아나자 앞뒤 생각지 않고 옥문곡 깊숙이 들어가 군사들을 많이 잃고 의직은 겨우 목숨을 부지했다.

이 싸움에서 백제의 여덟 장수가 포로로 잡히고 말았다. 백제군의 완패였다. 첫 싸움에서 신라군은 사기가 오르고 백제군은 사기가 꺾였다.

의직은 대야성으로 들어갔다. 신라 5만 병사가 뒤따라왔다. 의직은 첫 싸움에 패한 후 의기소침해 있었다. 성 밖에 5만 신라병이 포위하고 있다는 보고를 받고 먼저 도망칠 궁리부터 했다.

"작전상 후퇴요!"

의직의 말에 흑치상지 등이 불만을 터뜨렸다.

"장군! 대야성은 신라군이 나오는 길목이나이다. 이 길목을 잘 지키면 신라군이 나올 수 없거늘 어이하여 쉽게 버리시려 하나이까?"

"중과부적이오. 우리는 2만, 신라군은 5만이오."

"아무리 수가 많더라도 그쪽은 공격이요 우리는 수비이나이다. 충분히 해볼 만한 싸움이나이다."

"일단 대야성을 버립시다. 뒷날을 기약하는 것이 현명할 것 같소."

백제 장수들은 의직이 못마땅했으나 어쩔 수 없었다. 울분을 참고 야밤을 틈타 성을 비우고 줄행랑을 놓았다. 김유신은 무혈 입성했다.

김유신은 우선 품석 내외의 유골부터 찾아내었다. 백제 의자왕이 전리품으로 품석 내외의 유골을 간직하고 있었다.

김유신은 포로로 잡힌 백제의 여덟 장수들을 불렀다. 오라에 묶인 그들의 팔을 풀어주었다.

"그대들을 풀어주겠소."

"예에?"

"그 대신 조건이 있소."

"무엇이오!"

"품석 장군 내외의 유골을 돌려받도록 힘써주시오."

"그것은 우리 소관이 아니오."

"잘 알고 있소. 그대들이 힘쓰면 되지 않겠소. 서로 인도적인 차원에서 그대들의 목숨과 품석 내외의 유골을 맞교환하자는 게요."

"힘써보겠소."

김유신은 의직에게 보내는 편지를 써서 포로들에게 주고 그들을 풀어주었다. 포로들이 백제 진중으로 돌아가 김유신의 편지를 의직에게 주었다.

"백제 장수 여덟 명을 돌려보내오. 굳이 억류해둘 필요가 없거니와 더구나 포로를 죽일 수는 없소. 그 대신 품석 장군 내외의 유골을 돌려주시오. 영혼이나마 고향 땅에 묻혀야 되지 않겠소? 선처를 바라오."

의직은 김유신의 인격에 머리가 숙여졌다. 유골을 돌려받지 못할 수도 있는데 포로부터 풀어주는 대범함과 인간애에 절로 존경의 염이 일었다.
 의직은 의자왕에게 간곡히 청했다. 그러나 의자왕의 답은 비인간적이었다.
 "백제의 포로가 돌아왔으면 그만이오. 유골은 돌려줄 것 없소. 김유신이란 자는 바보 아니면 천치요. 서로 맞교환하자고 했어야, 적에게 선심을 베풀다니 가소롭구려."
 의직이 직접 달려가 호소했다.
 "마마, 김유신이 아무리 적장이라고는 하나 우리를 신의로써 대했나이다. 신의를 저버릴 수는 없나이다."
 "그러하나이다. 김유신은 산 사람 여덟 명을 돌려보냈나이다. 유골 보관은 의리에도 맞지 않는 처사이나이다. 유골을 돌려주소서."
 좌평佐平 성충成忠이 거들었다.
 "전쟁에서 의리가 다 뭐요. 맞지 않는 말이오!"
 "그렇지 않나이다. 김유신은 우리를 시험해보고 있는 것이나이다. 나라와 나라 사이의 체면을 지킬 줄 아는지 김유신은 그것을 시험하고 있나이다."
 성충의 말에 의자왕은 고집을 꺾었다. 나라에는 체면이 있다는 말, 백 번 옳았다. 의자왕은 말을 돌렸다.
 "유골을 더 좋은 조건으로 교환하려고 했소. 경들의 뜻이 그러니 유골을 돌려보내리다."
 품석 내외의 유골이 대야성으로 돌아왔다. 김유신은 백제가 체면과 신의를 지켜 일단 진격을 멈추고 대야성에 2만 병사를 남겨두고 경주로 돌아갔다. 언제든지 나갈 수 있는 길목을 장악했으므로 그것만으로도 큰 성과였다. 품석 내외는 김유신의 노력으로 고향땅에 묻히게 되었다. 이후 대야성은 통일이 될 때까지 신라의 길목 노릇을 튼튼히 해냈다.

## ◉ 북술가의 환생

김유신이 통일전쟁에 여념이 없을 때였다. 어느 날 유신의 낭도측에 들어 지내는 백석白石이 찾아왔다. 백석은 뛰어난 재능은 없었으나 얼굴이 말쑥하고 기품이 있고 영리한 편이었다.

"공께서 무슨 생각이 그리 깊어 안색이 좋지 않으시오이까?"

백석이 유신 곁에 다가앉으며 물었다.

"생각이 깊기는, 그저 그렇지…"

유신이 빙긋 웃었다.

"공이 무슨 생각을 하시는지 제가 알아맞춰 볼까요?"

"어디 알아맞춰 보게나."

"공께서는 지금 고구려와의 통합을 깊이 생각하고 계시나이다."

"흐하 흐하 흐하…"

유신이 호쾌하게 웃었다. 그 무렵 이야깃거리는 늘 통일이었다. 백석이 백제 통합이나 고구려 통합을 생각하고 있다고 말하면 반은 맞고 반은 틀리도록 되어 있었다. 김유신은 백석에게 들켜버린 기분이어서 호쾌한 웃음으로 심중을 얼버무렸다.

백석이 정색을 하고 말했다.

"공께서는 몸소 고구려를 한번 염탐해볼 의향이 없으시나이까?"

"그 일이 어디 그리 쉬운 일이던가?"

유신은 백석의 말에 끌렸으나 워낙 큰일이어서 말끝을 흐렸다.

"고구려 통합의 위업은 장차 공의 손으로 이루어지리라 믿나이다. 하오나 전략적 차원에서 적국의 지리에 밝아야 하지 않겠나이까? 공께서 한번 고구려를 답사하시어 공략의 기틀을 마련해야 할 줄로 아나이다."

"낸들 좋은 생각인 줄 어찌 모르리. 허나 무작정 길을 떠나기는 그렇고 하여 지금 생각중일세."

"크게 염려하지 마소서. 전에 제가 고구려에 가본 일이 있사옵니다. 공께서 결심만 하신다면 기꺼이 길 안내를 맡겠나이다."
 유신은 백석이 이렇게 나오기를 기다렸다. 갑자기 얼굴이 환해지면서 미소를 띠었다.
 "그리만 해준다면 만사 접어두고 떠나겠네."
 "언제쯤 떠나시겠나이까?"
 "뜸들일 게 무에 있나. 당장 길을 떠나세나."
 "예에? 당장이옵니까?"
 "당장일세, 당장!"
 유신은 서둘렀다. 백석은 자기 집에 사람을 보내어 며칠 동안 집을 비우겠다고 전하고 김유신과 함께 길을 떠났다. 김유신은 이 사실을 극비에 부쳤다.
 날이 저물어 골화천骨火川이란 마을에서 하룻밤 묵게 되었다. 그날밤 유신은 이상한 꿈을 꾸었다. 꿈에 아리따운 아가씨 셋이 나타나 말했다.
 "우리는 신령님의 사자使者들이옵니다. 공께서 지금 위험한 곳으로 끌려가는 것이옵니다. 짐작이 가옵니까?"
 의문을 던지고 세 아가씨가 사라져버렸다. 유신은 너무도 기이하여 잠이 깼다. 분명히 고구려에 가지 말라는 암시였고, 백석이 고구려 첩자라는 의심을 갖게 만들었다.
 백석의 전력을 곰곰 따져봤다. 그러고 보니 백석의 근본이 확실치 않았다. 화랑이 되려면 명문가의 자제여야 하는데 백석은 그런 것 같지 않았다. 화랑끼리는 서로 얽히고설켜 한 다리 건너 일가·친척·사돈 관계였다. 아무개 하면 그 집안 내력이 투명하게 드러났다.
 그런데 백석은 어느 가문의 후손인지 아는 사람이 없었다. 그가 어느 때부터인지 낭도들 사이에 끼어 차차 낯익은 사람이 되어버린 것이다.
 유신은 그제야 백석이 의심스러웠다. 이튿날 유신은 전날처럼 백석을 천연덕스럽게 대했다. 아침상을 물린 후 유신은 난처한 표정을 짓더니 큰일났다는 듯이 말했다.

"내 정신 보게. 급히 서둘러 떠나는 바람에 중요한 것을 빼놓고 왔네그려."

백석은 어리둥절한 표정이었다.

"그리도 중요한 것이나이까?"

"그렇다네. 우리 되돌아갔다가 다시 오세나. 바쁜 일도 아니질 않는가."

"그렇게 하시지요."

백석은 유신의 의견에 따를 수밖에 없었다. 그들은 되돌아갔다.

유신은 집으로 돌아오자마자 백석을 오라로 묶고 심문을 했다. 백석은 완강히 버티었으나 유신의 끈질긴 추궁에 자신이 고구려 첩자라는 것을 털어놓았다. 백석이 이런 말을 했다.

고구려에서는 어느 때부터인가 국경을 흐르는 강물이 거꾸로 흐르고 있었다. 그 말이 퍼지자 나라에 금방 재앙이 생길 것 같아 민심이 동요되었다. 이러한 사실을 안 임금은 걱정이 태산 같았다. 무슨 까닭으로 국경지대의 강물이 거꾸로 흐르는지 점을 잘 치는 복술가를 불러 물어보려고 했다.

그 당시 고구려에는 족집게 점쟁이로 알려진 추남楸南이라는 사람이 있었다. 천 번의 점을 쳐서 천 번을 다 맞췄다는 점쟁이였다. 추남이 왕 앞에 엎드렸다.

"국경의 강물이 거꾸로 흐른다는 것을 너도 소문으로 알고 있으렷다? 왜 그러는지 점을 쳐보아라!"

추남은 눈을 지그시 감고 한참 동안 죽은 듯이 있다가 입을 열었다.

"이 나라에 음양陰陽이 뒤바뀌어 그런 현상이 일어난 것이나이다. 다시 말씀드려 왕후께오서 대왕마마의 위에 서시려는 기미가 있는 것이옵나이다."

왕후도 옆에 있었다. 추남의 점 치는 솜씨가 귀신 같다는 소문에 호기심이 일어 나왔던 것이다. 왕후의 얼굴이 파랗게 질렸다.

"네 이노옴! 감히 국모를 능멸하다니, 그러고도 살아남을 수 있다고 보느냐!"

왕후가 펄쩍 뛰었다.

"왕후마마, 신의 점에는 거짓이 없나이다. 통촉해주소서."

"대왕마마, 저자를 죽이시오소서. 감히 왕후를 능멸하고 있나이다."

임금은 신중했다. 무조건 왕후의 편을 들어줄 수 없었다. 나라의 너무나 큰 중대사여서 함부로 결정할 수 없었다.

"점을 다시 쳐보라!"

그러고는 임금이 상자 하나를 추남 앞에 놓고 물었다.

"그 상자 속에 무엇이 들어 있는지 알아맞춰 보라!"

모두 긴장하여 숨소리조차 들리지 않았다. 추남이 거침없이 말했다.

"쥐가 들어 있나이다."

임금은 깜짝 놀랐다. 그러나 위엄을 잃지 않고 물었다.

"쥐가 들어 있는 것만은 틀림없다. 몇 마리나 들어 있느냐?"

추남이 또 거침없이 대답했다.

"여덟 마리이옵니다."

임금의 얼굴에 노기가 서렸다.

"틀렸도다. 쥐는 한 마리이니라!"

그러나 추남은 자기의 주장을 굽히지 않았다.

"틀림없이 여덟 마리이옵니다."

임금은 한 마리를 여덟 마리로 인정해줄 수는 없었다.

"저 자를 목베어라!"

"쥐는 틀림없이 여덟 마리이옵니다."

"듣기 싫다! 너는 왕후를 능멸한 죄로 죽느니라. 그리 알라!"

추남은 형장에서 죽기 전에 궁궐을 향해 저주를 퍼부었다.

"어디 두고 보자. 나를 억울하게 죽이다니. 이러고도 고구려가 무사할 성싶으냐! 내가 죽으면 신라의 장수로 태어날 것이다. 그 장수가 고구려를 칠 것이다."

이 저주에 형리들은 두려움에 떨었다. 추남은 형장에서 목이 떨어졌다.

임금은 추남을 죽인 후에 의심이 들었다. 미처 생각지 못한 점이 있었다.

'아차, 내가 왜 그 생각을 못했을까? 여덟 마리일 수도 있지 않은가?'

임금은 상자를 열고 쥐의 배를 갈라보라고 했다. 쥐의 배를 가르자 새끼 일곱 마리가 뱃 속에 있었다.

"내가 큰 실수를 한 게야. 추남은 귀신도 속이지 못할 점쟁이였도다!"

임금은 장탄식을 터뜨렸다.

그날 밤 임금은 꿈을 꾸었다. 추남이 신라에 가서 유신 어머니의 품에 안기는 것이었다. 임금은 식은땀을 흘리며 깨어났다. 그뒤 열 달이 지나 첩자를 통해 알아보니 김유신의 아버지 서현공의 집에 옥동자가 태어났던 것이다.

백석이 유신에게 말했다.

"고구려에서는 유신공을 추남으로 알고 있나이다. 유신공을 제가 고구려로 유인하려고 한 뜻을 알겠나이까? 유신공을 죽이려고 한 것이나이다. 허나 하나님은 유신공의 편이었나이다."

유신은 백석이 첩자로 보이지 않았다. 그러나 그는 분명히 고구려의 첩자였다. 그것도 유신을 고구려로 유인하여 죽이려고 한 첩자였다. 백석은 형장의 이슬로 사라졌다.

## ❀ 금와 보살

양산 통도사 산내 암자인 자장암 법당 뒤 깎아지른 듯한 바위에 금와 석굴이 있다. 말이 석굴이지 지름이 1.5~2cm, 깊이 10cm 되는 바위에 뚫린 구멍이다. 그 속에는 이끼가 파랗게 끼어 있다. 그런데 그곳에 모양이 개구리 같기도 하고 벌 같기고 한 것이 살고 있다. 이 바위 구멍에는 자장율사慈藏律師와 얽힌 전설이 전한다.

자장율사는 선덕여왕 때 제자 10여 명을 데리고 당나라에 들어가 불경을 연구하고 8년 후에 장경藏經 1부와 불법에 필요한 것을 가지고 귀국, 신라에 불교 부흥을 일으킨 인물이다.

자장이 자장암에 있을 때였다. 어느 날 저녁 자장이 공양을 지으려고 쌀을 씻으러 암벽 아래 석간수가 흐르는 옹달샘으로 나갔다. 막 물을 뜨려던 스님은 잠시 멈칫거렸다. 샘에서 놀고 있는 개구리 한 쌍을 보았던 것이다. 스님은 그 개구리 한 쌍을 샘에서 건져 근처 숲 속으로 옮겨놓았다.

"이 옹달샘은 부처님께 올리는 공양을 짓는 쌀을 씻는 곳이니라. 다시는 오지 마라."

이튿날 스님은 옹달샘에서 또 개구리 한 쌍을 보았다. 어제 그놈들이었다. 스님은 이번에는 옹달샘에서 멀리 떨어진 곳에 버리고 돌아왔다. 그런데 그 다음날에도 개구리는 옹달샘에서 놀고 있었다.

"예사로운 일이 아니구나."

스님은 중얼거리며 그 개구리들을 자세히 살펴보았다. 다른 개구리와는 달리 입과 눈가에 금띠가 선명했다. 뿐만 아니라 등에는 거북처럼 무늬가 있었다.

"필시 부처님과 인연이 있는 개구리 같구나."

자장은 개구리들이 옹달샘에서 살도록 그냥 두었다. 겨울이 가까워오고 있었다. 겨울잠을 자러 가야 할 개구리 한 쌍이 옹달샘을 떠나지 않았다. 어느덧 눈이 오고 얼음이 얼었다.

자장은 개구리들이 살 곳을 마련해주었다. 암자 뒤 절벽에 큰 손가락이 들어갈 만한 구멍을 뚫고 그 안에 개구리 한 쌍을 넣어두었다.

"죽지 말고 영원히 살면서 이 자장암을 지켜라."

자장은 개구리에게 이렇듯 수기授記를 내리고 개구리를 '금와金蛙'라고 이름지었다. 그뒤 통도사 스님들은 이 개구리를 '금와보살', 바위 구멍을 '금와석굴' 이라고 불렀다.

자장의 수기를 받아 오늘까지 살아온다는 이 금와보살은 통도사에서 길조가 있을 때만 나타난다고 한다.

근세의 경봉스님이 12세 때였다. 당시 80세이던 용익스님이 해인사 팔만대장경을 종이에 탁본하여 모실 수 있기를 발원했다. 용익스님은 통도사 법당에서 백일기도를 드렸다. 기도가 끝나기 3일 전, 금와보살이 법당 탁상 위에 나타났다. 용익스님은 금와보살을 보는 순간, 불사가 성취될 것이라는 확신을 갖고 부처님께 남은 3일간을 철야기도했다. 기도가 끝나고 며칠 뒤 시주자가 나타나 팔만대장경 3권을 책으로 묶어 통도·해인·송광사에 1부씩 보관하게 되었다고 한다.

태웅스님이 자장암 법당 증축 불사를 위해 기도를 드리다가 개구리 소리를 들었다. 이상하게 여긴 스님이 관세음보살을 외우면서 계속하여 기도를 하다보니 옆 탁자 위에 회색 바탕에 다리가 붉은 금개구리가 기어나와 있었다.

스님은 그뒤 사계절을 굴속을 들여다보며 금개구리를 자세히 살폈다. 초봄의 금개구리는 자연석 같은 회색 바탕에 등에는 검은 점이 있고 발끝에는 둥글둥글한 구슬이 달려 있었다. 금테 같은 선을 두른 입은 두꺼비 입을 닮았다.

여름이 되면 몸이 파랗게 변하면서 검은 점이 많이 보이다가 장마가 오면 다시 초봄의 색으로 변했다. 여름 무더위 때에는 몸 색깔이 누렇게 변하고 겨울이면 별처럼 보였다. 일기와 계절 따라 변하는 금개구리가 먹이는 무엇을 먹고 언제 밖으로 나오는지 아무도 알 수 없었다. 궁금하게 여긴 자장암 스님들은 어느 날 밤낮없이 교대로 바위 구멍을 지켰.

영축산에 어둠이 깃들자 금개구리 한 쌍이 바위 구멍이 있는 절벽을 오르는데 그 속도가 얼마나 빠르던지 순식간에 4,5미터를 뛰어오르는 것이었다. 그러나 언제 바위 구멍으로 들어갔는지를 본 스님은 아무도 없다.

옛날 어떤 관리가 금개구리 소문을 듣고 자장암을 찾았다. 스님이 금개구리 얘기를 들려주자 그 관리는 믿으려 하지 않았다.

"내가 그 금개구리를 잡아 관찰해보겠소."

"아니 되오. 그 금개구리는 자장율사와 인연을 맺은 불가사의한 생물이오."

관리는 만류를 뿌리치고 금개구리를 잡아 상자 속에 넣어 밀폐한 뒤에 절을 나와 상자를 열어보았다. 상자는 깨끗이 비어 있었다. 금개구리는 온데간데없었다.

그후 전하는 말로는 그 금개구리들은 자장율사의 신통력으로 살아가고 있다고 한다. 통도사 자장암을 찾는 신도들은 금와보살 보기를 소원했다. 그러나 신심이 돈독한 불자에게만 보여 좀체 볼 수 없다고 한다.

## 🏵 이순과 충담사

이순李純은 경덕왕의 총신으로 고민이 많았다. 임금이 유흥에 빠져 국사를 게을리 하고 있는데 총신으로서 옆에서 도와주고 있었다.

'이래서는 안 된다. 바른말로 간諫해야 하거늘 나는 신하의 본분을 잊고 있는 것이다…'

이순은 고민 끝에 홀연히 출가하여 중이 된 후 단속사斷俗寺를 짓고 그곳에서 수도했다.

이순이 조정을 떠난 뒤에도 임금은 유흥에 빠져 백성들의 원성이 잦았다. 이순은 결심을 하고 궁에 들어가 임금을 뵈었다. 임금은 대낮부터 취생몽사의 상태로 이순을 반갑게 맞았다.

"어떻소, 조정보다 절간이 나은 게요?"

"마마, 만사가 마음먹기에 달렸나이다."

"과연 중다운 말이로고."

이순이 정색을 하고 말했다.

"신이 듣자오니 먼 옛날 걸왕桀王과 주왕紂王은 주색에 빠져 나라를 망쳤다 들었나이다. 대왕마마께오서도 걸왕과 주왕을 경계삼아 국사를 빈틈없이 챙기시오소서."

임금은 정신이 드는지 이순을 노려보았다.

"다시 말해보오."

"날마다 궁궐에서 풍악소리가 울리고 궁녀들의 웃음소리가 담장을 넘는다면 백성들이 마마를 따르겠나이까? 자중하시오소서."

이순이 거침없이 충고했다. 임금은 이순을 아끼던 터라 별실로 안내하여 호소했다.

"경은 가지 마오. 내 곁에서 나를 바르게 인도해주오. 여태껏 경처럼 내게 충고해주는 신하가 한 사람도 없었소. 경이 떠난 뒤 나는 후회하고 있다오."

"마마, 신이 곁에 없더라도 나라 다스리는 근본은 어렵지 않사옵니다. 백성을 사랑하고 국사를 꼼꼼히 챙기면 되옵니다. 신라가 통일을 이룩한 것은 태종대왕과 문무대왕 때이옵고 이때 신라의 덩치가 커졌나이다. 두 대왕께서는 나라의 기둥 같은 김유신 장군을 옆에 두어 성공하신 것이나이다. 지금 신라는 통일 이후 태평세월이 오래 지속되어 기강이 문란해지고 게을러진 것이나이다. 이를 마마부터 바로잡으시고 백성들을 부지런하게 만들어야 하나이다."

"경의 말이 백번 옳으오. 그러니 절간으로 돌아가지 말고 내 옆에서 나를 도와주오."

"마마, 신은 부처님의 제자가 되어 세속을 등진 지 오래이나이다. 신이 갈 곳은 절간뿐이나이다. 용서하소서."

이순은 임금에게 작별인사를 하고 표연히 사라져버렸다.

임금은 만년에 정신을 차리고 나라를 잘 다스리고자 했으나 좌우에 신하들이 없었다.

이순이 궁을 다녀간 다음해 삼월 삼짇날이었다. 신라 백성들은 삼짇날을 즐겁게 놀기 위해 야외로 나갔다. 임금은 정문인 귀정문歸正門 문루에 올라앉아 경주 거리를 분주하게 다니는 백성들을 내려다보았다. 색색으로 차려입은 남녀노소 백성들이 서로 짝을 지어 정답게 걷기도 하고 놀기도 했다. 임금이 영을 내렸다.

"누구든 궐 밖으로 나가 거친 초복草服을 걸친 중이 있거든 데리고 오라! 내가 물어볼 말이 있느니라."

신하들이 대궐문을 나갔다. 때마침 스님 하나가 승복은 남루했으나 어딘지 모르게 위엄이 서리고 인자해 보이는 모습으로 대궐문 밖을 지나갔다. 그 중은 살구나무 통을 메고 있었다. 신하들은 임금이 보고자 하는 중이 바로 이 중이다 싶어 문루로 데려갔다. 임금은 중을 보고 매우 기뻐했다.

"스님의 이름을 알고 싶소."

"충담忠談이라 하나이다."

"어디에 다녀오는 길이오?"

"남산 삼화령의 미륵불에게 차를 달여 올리고 오는 길이나이다. 해마다 삼월 삼짇날과 구월 구일에 빈도가 행하는 귀한 행사이옵니다."

"이 나라 임금을 위해 차 한 잔 달여주겠소?"

"분부 거행하겠나이다."

충담은 차통을 내려놓고 숯불을 피워 차를 달여 바쳤다. 임금은 차맛을 보고 처음 맛보는 향이어서 기분이 썩 좋았다. 좀체 맛볼 수 없는 차맛이었다.

"스님은 찬기파랑가讚耆婆郎歌를 아시오?"

"빈도가 지었나이다."

"오, 그러하오?"

"부끄럽사옵니다."

"나를 위해 안민가安民歌를 지어보오."

충담은 즉석에서 안민가를 지었다.

임금은 아비요, 신하는 사랑하는 어미요, 백성은 어리석은 자식이라
어버이는 그 자식을 사랑할지어다.
꾸물대며 살고 있는 백성들을 먹여 다스리라.
이 땅을 버리고 어디로 갈꼬?
나라의 지시함을 알리로다.
으아, 임금은 임금답게 신하는 신하답게 백성은 백성답게 한다면
나라 안은 태평하오리다.

경덕왕은 안민가를 음미해보고 매우 만족하여 충담을 왕사로 삼겠다고 말했다.
"그대를 왕사로 삼아 곁에 두고 국사를 의논하고 싶소."
"마마, 언감생심 빈도는 자격이 없고 또한 세속을 모르오이다. 영을 거두어주소서."
이 말을 남기고 충담은 문루를 내려가 성문 밖을 나간 뒤 어디론가 사라져버렸다.
안민가는 실은 임금을 경계하는 노래로서 '임금이여 백성의 고뇌를 알라' 는 뜻이었다.

### ❂ 여왕의 등극

진평왕眞平王은 병석에 누운 후 병이 날로 깊어갔다. 5월에 왕이 가장 신임하던 이찬伊飡 칠숙漆宿과 아찬阿飡 석품石品의 반란사건이 있었다. 반란은 손쉽게 진압되고 반란자는 3족을 멸했다. 신임하던 두 신하의 반란은 임금에게 큰 충격을 주었다. 이 충격이 왕을 병석에 눕게 하고 끝내

위중하게 되었다.

게다가 토성土星이 달을 범한 불길한 징조가 나타나고, 겨울에는 예년에 없던 혹한이 덮쳤다. 정월 초하루가 이틀 남았다. 궁궐에서는 임금이 와병중이므로 설 준비를 하지 않았다.

덕만德曼공주는 아버지의 병을 낫게 해달라고 벌써 두 달째 신궁에 나와 정성을 다해 빌었다. 모진 추위가 살 속으로 파고들었다. 덕만을 따르는 호위 군졸과 시녀들은 큰 고생이었다. 매일같이 신궁 나들이를 하느라고 추위에 꽁꽁 얼었다.

"오늘도 어지간하구나. 이 추위가 언제 끝날는지 모르겠구나."

덕만이 신궁을 나오며 시녀에게 말했다. 덕만은 대궐에서 나와 신궁으로 와서 기도를 올릴 때까지는 침묵을 지켰다. 입을 봉하고 마음속으로 천지신명께 아버지의 병을 낫게 해달라고 일념으로 빌었다.

신궁을 나오면 맨 먼저 화랑 영두랑을 찾았다. 영두랑은 날마다 덕만을 따라 신궁에 왔다. 두 사람 사이에 혼담이 오고간 일이 있었다. 아버지가 앓아눕기 전이었다. 덕만은 영두랑을 사랑했다. 영두랑도 덕만을 좋아했다.

영두랑이 덕만 옆으로 다가왔다.

"날씨가 모지옵니다. 이젠 따라오지 마소서."

덕만이 미안쩍은 발명을 했다. 영두랑은 미소로 답하고 덕만의 손을 잡아주었다. 공주의 손이 얼음장 같아 영두랑은 애처로웠다. 자기의 옷을 벗어 감싸주고 싶었다. 공주는 영두랑에게 두 손을 맡긴 채 한참을 서 있었다. 온 몸에 화기가 돌았다.

덕만공주는 어머니 마야부인을 일찍 잃었다. 지금의 왕후는 계비였다. 그리하여 공주는 병석에 계신 임금을 제하고는 영두랑이 가장 미덥고 의지하고픈 남자였다.

덕만은 영두랑의 부축을 받아 수레에 올랐다. 영두랑이 말에 오르자 수레가 움직였다. 햇볕이 따스했으나 칼날 바람이 살을 에었다.

덕만공주는 어려서부터 슬기롭고 인자하여 백성들의 칭송이 자자했다. 그후 공주는 임금을 모시는 동안 나라의 형편과 정치라는 것을 알게 되었다. 서쪽은 백제와, 북쪽은 고구려와 맞붙어 두 나라와 끊임없는 싸움이 계속되고 백성과 병사들의 희생이 컸다. 언제 두 나라 사이에 전면전이 벌어질지 모르는 상황이었다.

나라 안에서는 왕권을 놓고 반란이 끊이지 않고, 왜구의 무리들이 좀도둑질을 하여 조정이 하루도 편할 날이 없었다. 또 천재지변의 재앙이 닥쳐 가뭄·홍수·돌림병에 죽어나가는 백성이 부지기수였다. 나라에는 어진 임금이 절실한 때였다. 덕만은 아버지를 어진 임금으로 여겼다. 그리하여 오래 살아야 신라가 평화를 누릴 수 있다고 보았다.

백제와 고구려의 힘을 견제하기 위해 당나라와 손을 잡았고, 용춘·유신 같은 용장을 옆에 두고 국사를 의논했다. 아버지는 덕만에게 어진 임금일 수밖에 없었다.

대궐 안까지 바래다주고 영두랑은 덕만에게 웃음을 남기고 돌아갔다. 덕만도 답례로 빙긋 웃어주었다. 덕만은 병상으로 들어갔다. 아버지는 눈만 퀭하고 얼굴이 반쪽이었다. 옆에 왕후가 앉아 있었다.

"아바마마, 덕만이 돌아왔나이다."

"이 추운 날씨에 또 신궁에 다녀오는 길이더냐? 네 정성이 지극하여 아바마마께옵서 곧 쾌차할 것이니라."

왕후가 덕만에게 고마움을 표시했다.

"공주야!"

임금이 앙상한 손으로 공주의 손을 잡았다. 뼈와 가죽만 남은 아버지의 손을 잡고 덕만은 금세 울음을 삼켰다.

"아바마마, 말씀하시오소서."

"내 일찍이 태자를 얻지 못하였으니 오로지 믿는 것은 너뿐이니라. 내 말 알아듣겠느냐?"

"아바마마…"

신라 157

"네가 비록 여자이기는 하나 이 나라 사직과 백성을 위해 온갖 정성을 다하리라 믿는다."

"아바마마, 황공하옵나이다. 분부 거두시고 옥체를 보존하시오소서."

"영두랑이 화랑으로 이름이 높고 도량이나 인물이 출중하니 네가 의지할 만할 게야."

"아바마마, 힘을 아끼시옵소서."

왕후가 소리 없이 눈물을 닦았다.

진평왕이 딸 덕만에게 당부를 한 지 열흘 만에 승하하고 말았다. 이날은 유난히도 눈보라가 심해 사람이 눈을 제대로 뜰 수조차 없었다.

임금이 승하한 후 대를 이을 왕에 대해 두 가지 의견이 대립되었다. 각간 을제乙祭를 비롯한 일파는 임금의 유언에 따라 덕만공주를 왕으로 추대해야 한다는 주장을 폈다. 이에 대해 이찬 수품水品의 일파는 진평왕의 일가인 낙신洛信을 왕으로 추대해야 한다는 주장을 폈다. 수품 등은 나라가 선 이래로 여왕이 없었으므로 덕만이 왕이 되는 것은 있을 수 없는 일이라며 강력히 반대했다. 또한 고구려·백제가 기회를 노려 전쟁을 일으키려는 상황에 여왕이 이를 어떻게 감당하겠느냐고 반박했다.

이에 대해 을제 등은 진평왕의 유언을 따르는 것이 마땅하고 또한 덕만공주가 비록 여자이기는 하나 인품과 슬기로움이 백성들에게 널리 알려져 있고 웬만한 남자보다도 그 역량이 뛰어나다며 반론을 폈다. 게다가 을제 등은 성골聖骨을 내세웠다. 임금은 성골 신분이어야 한다는 종래의 관례도 들먹였다. 성골은 신라에서 최고의 신분으로 양쪽 부모가 죄다 왕족이었다.

다음이 진골眞骨로서 부모 중 한쪽만 왕족인 신분으로 성골 다음으로 쳤다. 그러나 오랫동안 내려와 성골은 남자가 끊긴 상태였고, 여자만이 남아 있었다. 여자도 덕만공주와 사촌뻘인 승만勝曼이 남아 있었다. 진골보다 성골이 마땅히 우선권이 있으므로 덕만공주가 왕위에 올라야 한다는 주장이 힘을 얻었다.

당사자인 덕만은 불안하기 짝이 없었다. 영두랑이 덕만을 찾아왔다.

"공주여! 어쩌시렵니까?"

"이 몸이 임금이 되어 과연 잘해낼지 불안하나이다."

"이 영두랑은 어찌 되나이까?"

"이 몸이 왕이 되면 영두랑님과의 인연은 끝이 나는 것을…"

진골인 영두랑은 성골인 덕만이 왕이 되면 배필이 될 수 없었다. 두 사람은 그 사실을 잘 알고 있었다. 영두랑은 덕만을 만류하고 싶었다.

"공주님이 왕이 되신다면 이 나라에는 남자 성골이 끊겼으므로 배필이 없나이다. 또 공주님이 왕이 되신다면 공주님 천추만세 후에도 어차피 성골은 다할 것이나이다."

"영두랑님, 알고 있나이다."

"공주님, 개국 이래 여왕은 없었나이다. 공주님이시여! 부디 위태롭고 고된 지위에 오르지 마소서."

공주는 자기 마음대로 할 수 없는 운명이 원망스러웠다. 임금을 하기 싫다고 하여 안 할 수도 없는 노릇이었다. 공주는 영두랑을 지아비로 삼아 알콩달콩 살아갈 날들을 꿈꾸어왔었다. 그러나 이제는 그 소박한 꿈이 깨어질 위기를 맞았다.

덕만공주와 왕권을 놓고 겨루던 낙신이 양보해버렸다. 민심이 덕만에게 있음을 보고 스스로 포기한 것이다. 덕만공주는 진평왕의 뒤를 이어 왕이 되었다. 뜻하지 않은 운명이었다. 이 덕만공주가 신라 최초의 여왕 선덕善德이다.

낙신이 여왕을 찾아왔다.

"마마, 근자에 소신에 대한 풍문이 어지럽사옵니다. 하오나 소신은 전혀 딴 마음이 없사오니 유념해주시오소서."

"염려 마오. 경의 안위를 내가 보장하리다."

"황은이 망극하나이다."

여왕을 지지한 을제가 최고 공신으로서 최고의 지위에 올랐다. 여왕은 오기가 생겼다. 여왕이 남자보다 정치를 잘한다는 소리를 듣고 싶었다. 또 여왕이기에 정치를 하는 데도 유리할 것 같았다. 왕비·태자·공주·후궁을 거느리지 않아 마음 쓸 일이 적어 오로지 국사에만 전념할 수 있는 이점이 있었다.

그러나 한편으로는 영두랑에게로 향한 단심이 슬픔이 되어 즉위한 날 밤에 여왕은 혼자 하염없이 눈물을 흘렸다. 마음 속에서 지워야 할 영두랑이었다.

즉위 다음날 영두랑이 여왕을 찾아왔다.

"마마, 감축드리옵니다."

"고맙소, 영두랑."

여왕을 우러러보는 영두랑의 눈에 눈물이 글썽였다. 여왕도 울컥 치미는 설움을 간신히 눌렀다.

"영두랑, 지나간 일은 한때의 꿈으로 잊고 좋은 배필을 만나 행복하기 바라오."

"하오나 마마…"

영두랑이 무슨 말인지 하려다가 말문이 막혀버렸다.

"나는 이제 이 나라 사직과 백성을 섬기는 몸이 되었소이다."

"마마!"

"나를 그리는 마음으로 이 나라에 충성을 다해주기 바라오."

여왕은 잠시 숨을 골랐다. 가슴에 격랑이 일었다. 사랑하는 사람을 눈 뻔히 뜨고 잃는 슬픔, 황금관이 원망스러웠다.

잠시 후 여왕은 승만을 머리에 떠올렸다.

"영두랑, 승만을 아시오?"

"마마의 사촌인 줄 아옵니다."

"승만은 재색 겸비한 성골이오. 영두랑의 짝으로 손색이 없소."

"예에? 무슨 말씀을…"

"내가 알아서 할 것이오."

"마마, 신은 마마 이외의 여인을 생각할 수 없나이다. 그 누구도 소용 없나이다."

영두랑은 고개를 떨구고 여왕은 얼굴이 벌겋게 달아올랐다.

"마마, 신은 머리를 깎고 중이 되기로 결심하였나이다."

"아니 될 말, 화랑의 재능은 서라벌의 보배요. 그래서는 아니 되오. 백성들이 화랑들에게 거는 기대가 매우 크오."

"마마…"

영두랑은 또다시 울고 있었다. 여왕의 가슴도 갈기갈기 찢어졌다.

영두랑은 여왕을 하직하고 물러갔다. 그를 붙잡지 못하는 여왕의 마음에 찬바람이 불었다. 세상에서 가장 어려운 이별을 하고, 여왕은 백성을 잘 다스리는 길만이 영두랑을 차지하지 못하는 것에 대한 진정한 보답이라고 여겼다. 여왕은 마음을 고쳐먹고 금관을 바로 썼다.

## ❀ 꿈을 산 문희

김유신의 누이동생 보희宝姬와 문희文姬 자매가 초당에 앉아 얘기를 나누었다.

"언니, 나무를 보니 물기가 오르는 것 같지?"

"얘가 무슨 뚱딴지 같은 소리야? 정월 초하루가 지난 지 열흘밖에 안 되었다. 너 봄을 기다리는구나."

"언니는 봄이 기다려지지 않우?"

"왜 아니겠니. 어서 저 엉성한 가지에 새싹이 돋아났으면 한단다."

"봄이 오면 남산에 놀러 가요."

"그러자꾸나. 헌데 난 어젯밤 봄 꿈을 꾸었단다."

"어마, 어떤 꿈이야?"

보희는 얼굴을 붉혔다. 그런 언니를 문희文姬는 이상하게 여겼다. 예사 꿈이 아닌 것 같았다.

'꿈에 혹시 사내라도 품에 안았나?'

문희는 호기심이 동했다. 자매는 꽃다운 나이였다. 누가 먼저 시집을 가도 적당한 나이였다. 자매의 나이 차이가 겨우 두 살이었다.

"언니, 무얼 망설이는 게유? 어서 꿈 얘기를 해봐요."

"꿈이 좀 남세스러워서…"

보희는 한참 뜸을 들이다가 어젯밤 꾼 꿈 얘기를 털어놓았다.

꿈에 보희는 봄 경치를 구경하려고 서악西岳에 올라갔다. 문희도 떼어놓고 자기 혼자였다. 소나무 가지도 휘여잡고 풀포기도 붙잡으며 숨가쁘게 올랐다. 험준한 산꼭대기를 오른 보희는 눈앞에 전개된 도성都城에 그만 넋이 빠질 지경이었다. 계림을 비롯하여 궁궐·능·성곽 등이 오밀조밀 한 폭의 그림 같았다.

보희는 마음이 들떴다. 너무 기뻐 흥분되어서인지 보희는 갑자기 오줌이 마려웠다. 그 자리에 쭈그리고 앉아 보희는 오줌을 시원하게 누었다. 그런데 오줌의 양이 얼마나 많은지 좀체 그치지 않았다. 얼마나 누었을까? 오줌이 폭포수가 되어 골짜기를 흐르더니 순식간에 도성 안을 덮치고 집들이 오줌에 잠겨버렸다. 보희는 물에 잠긴 도성을 바라보다가 새벽 닭울음 소리에 놀라 꿈을 깨고 잠도 깨었다.

보희는 어처구니가 없고 부끄러워 문희에게 얘기하기를 꺼렸던 것이다. 문희는 얘기를 듣고 깊은 생각에 잠겼다. 그러더니 엉뚱한 말을 했다.

"언니, 그 꿈 내게 팔우."

"뭐? 꿈을 팔아?"

"그래요. 팔아요."

"얼마에 사겠느냐?"

보희가 장난스럽게 물었다.

"비단치맛감 한 감을 줄게."

"정말이니? 비단을 내게 주고 꿈을 사겠다는 게냐?"

"그렇다니까요."
"그까짓 꿈, 네게 팔았다."
"분명히 판 거여요."
"그렇다니까."
 문희가 치마를 벌렸다. 보희가 꿈을 비단 한 감에 팔았다는 영수증을 써서 문희의 벌린 치마 속에 던졌다. 꿈 매매가 확실하게 성립된 것이다.
 정월 보름이 돌아왔다. 이날을 까마귀에게 제사지내는 날이라 하여 오기일烏忌日이라고도 했다. 그리고 1년 중 3대 가절 가운데 상원上元이었다. 중원은 음력 7월 15일, 하원은 10월 15일이었다. 신라 백성들은 이날 남녀노유 할 것 없이 하루 낮 하루 밤을 술을 마시고 음식을 장만하여 배불리 먹어가며 실컷 놀았다.
 김유신은 김춘추를 이날 자기집에 초대하여 놀기로 했다. 이들은 김유신 집에서 격구를 차며 즐겁게 놀았다. 한참 흥에 겨워 있을 때 유신이 부러 춘추의 옷고름을 잡아 떼었다. 유신이 깜짝 놀라는 체하며 말했다.
"이를 어쩐담? 공차기에 정신이 팔려 실수를 했구려. 미안하오."
 유신은 고개를 숙여 사과했다.
"원 별 말씀을… 놀다가 실수했거늘 사과까지야… 다시 꿰매면 되오."
 김춘추는 유신이 미안해하는 것을 보고 도리어 미안했다.
"자, 안으로 드시지요. 옷고름을 다시 달아야 하지 않겠나이까?"
 유신의 권유에 춘추가 따랐다.
"그래 볼까요."
 유신은 춘추를 초당으로 안내했다. 유신은 먼저 언니인 보희에게 춘추의 옷고름을 달아주라고 말했다.
"오라버니, 이런 소소한 일로 저는 그분에게 갈 수 없나이다."
 보희는 혼인도 하지 않은 낭자가 사내를 대한다는 것은 민망하고 부끄러운 일이어서 따를 수 없었다.
"네 뜻이 정 그렇다면 문희에게 맡길 수밖에 없구나."

유신은 문희에게 부탁했다. 문희는 사양치 않고 받아들였다.

"언니가 하지 않는다면 저라도 그 일을 해야겠지요. 우리 둘이 죄다 거절하여 오라버니의 체면이 깎이면 되겠나이까?"

"네가 속이 깊구나. 고맙다."

문희는 실과 바늘을 챙겨 김유신의 뒤를 따랐다. 문희는 말로만 듣던 신라 제1의 청년 김춘추를 직접 본다는 생각이 들자 가슴이 떨렸다. 마음을 다잡아 먹고 초당으로 들어갔다. 춘추가 문희를 보고 흠칫 놀라는 눈치였다.

"제 둘째 누이올시다."

"오, 그러십니까? 곱고 아름다운 누이를 두셨구려."

"과찬이십니다."

문희는 춘추를 몰래 훔쳐보며 옷고름을 달았다. 그 사이 유신은 초당을 나가버렸다.

어느 새 초당에 황혼이 깃들고 있었다. 방안에는 춘추와 문희 두 남녀뿐이었다. 춘추는 마음이 붕 뜨는 기분이었다. 보면 볼수록 귀엽고 아름다웠다. 그는 초당을 나가기 싫었다.

그는 곰곰 생각해보았다. 유신이 둘만을 남겨두고 밖으로 나간 까닭을 알 수 있을 것 같았다. 문희 역시 나갈 생각을 하지 않았다. 춘추의 듬직한 가슴에 안기고 싶은 정염이 일었다.

두 사람은 눈을 맞추고 애욕에 불을 당겼다. 그만 끌어안고 뒹굴어버렸다. 이렇게 맺어진 인연은 그 뒤 둘이 만나 밀회를 즐기기에 이르렀다. 문희는 끝내 임신을 하고야 말았다.

유신은 둘 사이를 알고 있었으나 처음부터 계획적이어서 오히려 흐뭇하게 여겼다. 다만 이 일을 집안 식구들이 안다면 체면이 구겨질 판이었다.

문희의 배가 날이 갈수록 부풀어올랐다. 문희는 괴로웠다. 뒷일을 오빠가 알아서 잘 처리해줄 줄 알았는데, 배가 부풀어오르는 데도 혼인을 시켜주지 않았다. 문희는 불안한 나날을 보내었다.

신라의 국법은 간음을 중죄로 다루었다. 살인자는 사형, 간음한 자도 사형이었다. 문희는 혼인하기 전에 사통했으므로 간음임에 틀림없었다. 아무리 명문가라도 국법을 어길 수는 없었다.

유신은 문희의 배가 불러오자 호통을 쳤다.

"네가 누구와 사통했느냐! 바른 대로 대라!"

짐짓 모른 체하고 문희의 임신을 가족에게 알려 방법을 찾으려는 수작이었다.

문희는 변명할 여지가 없었다. 오빠가 하는 대로 따를 수밖에 없었다. 춘추가 자기를 변명해주기 전에는 입이 열 개라도 할 말이 없었다.

"신라의 국법을 알렷다! 처녀의 몸으로 임신하면 불에 태워 죽이는 것을 알렷다!"

문희는 고개를 끄덕였다. 오빠가 왜 이러는지 원망스러워 눈물이 났다.

집안 식구들이 알게 되어 부모님의 눈총과 구박이 심했고, 언니의 멸시도 견디기 힘들었다. 어머니는 동정의 눈길을 보내면서도 철없는 짓을 저지른 딸이 미워 애증으로 대했다. 문희는 죽고 싶은 생각뿐이었다.

봄이 활짝 열려 꽃이 만개하고 움튼 새싹은 벌써 녹색을 띠어갔다. 문희와 춘추가 만난 지 넉 달이 지나 다섯 달로 접어들었다. 선덕여왕이 남산으로 거둥하는 날이었다. 이날은 문희의 운명이 결정되는 날이기도 했다.

아침 일찍부터 김유신의 집 바깥 마당에는 장작이 산더미처럼 쌓였다. 유신은 문희를 장작더미에 올려놓았다.

"할 말이 있느냐?"

유신이 묻자 문희는 기어드는 목소리로 대답했다.

"없어요. 죽고 싶어요."

부모님은 나와 보지도 않았다. 보희는 방안에서 자기가 그날 춘추의 옷고름을 달았더라면 문희와 운명이 뒤바뀌었으리라는 생각을 하고 치를 떨었다. 그러고는 춘추를 원망했다.

신라 165

"세상에 무책임한 사내로다. 여자를 저 지경으로 만들어놓고 거들떠보지도 않다니, 순 날강도 같은 사내가 아닌가!"

보희는 분하여 눈물이 나왔다.

선덕여왕이 남산 위에 올라 도성 안을 두루 살폈다. 계림이 연록색으로 물들고, 도성 집집마다 온갖 꽃들이 만발하여 꽃동산을 이루고 있었다. 평화로운 정경이었다.

그때였다. 김유신의 앞마당에서 검은 연기가 피어올랐다.

"저기 연기 나는 곳은 유신공의 집이 아니더냐?"

"그러하나이다, 마마."

"무슨 연유인지 아느냐?"

"여쭙기 황공하오나, 유신의 누이 문희가 시집가기 전에 임신을 하여 불태워 죽이는 중이라 하옵니다."

시종이 대답했다.

"누구의 아이라고 하더냐?"

선덕여왕이 좌우를 돌아보았다. 조정 대신들이 둘러서 있었다. 춘추도 그 틈에 끼어 있었다. 시종이 대답을 못하고 춘추에게로 눈길을 돌렸다. 선덕여왕이 눈치를 채고 춘추를 보고 물었다.

"네 짓이더냐?"

얼굴이 벌개져 있던 춘추가 여왕 앞에 나와 무릎을 꿇었다.

"신의 짓이옵니다. 죽여주소서."

"뭘 꾸물거리느냐? 속히 달려가 구하라!"

춘추는 벌떡 일어나 말에 채찍질하여 한달음에 달려갔다.

"멈추시오!"

춘추가 달려오며 소리쳤다. 유신이 보고 안도의 한숨을 내쉬었다.

"어명이오, 멈추시오!"

그제야 유신은 하인들에게 명하여 불을 끄도록 했다. 하인들이 물을 부어 이제 막 타오르기 시작한 불을 껐다.

춘추를 보고 문희는 장작더미 위에서 통곡을 터뜨렸다. 조금만 늦었어도 크게 화상을 입을 뻔했다. 다행히도 문희는 말짱했다. 춘추는 그저 부끄럽고 미안한 마음에 문희를 똑바로 보지도 못했다. 문희는 이해하면서도 이렇게까지 만든 춘추가 원망스러웠다.

남산 나들이를 마치고 환궁한 여왕은 아무 말이 없었다. 춘추는 불안했다. 유신도 마찬가지였다. 어명이 어떻게 떨어질지 아무도 예측할 수 없었다. 피를 마르는 사흘이 흘렀다. 여왕이 춘추를 불렀다. 춘추는 오늘에야 운명이 결정되는 날이라 싶어 초조하고 긴장되었다.

"한낱 불장난이었더냐?"

여왕이 날카롭게 물었다.

"아니옵니다, 마마."

"허면 임신까지 시켜놓고 여태껏 어찌하여 혼인하지 않았느냐?"

"미처 마마께 주달치 못했나이다. 주달할 기회를 잡지 못하와 불상사를 초래했나이다. 용서하소서."

"알았느니라. 빠른 시일내에 혼인하라!"

"마마, 성은이 하해와 같사옵니다."

춘추는 이 소식을 유신의 집에 알리고 택일하여 성대한 혼인식을 치렀다. 문희는 지옥까지 갔다가 영화를 안았다. 김유신의 계획적인 각본이 잘 풀린 것이다.

김유신과 김춘추는 신라의 대들보였다. 유신은 인물을 알아보고 정세 파악에도 뛰어났다. 일찍감치 춘추의 인물됨을 파악하고 누이동생 하나를 춘추에게 주려고 연극을 꾸민 것이다.

그뒤 선덕여왕이 승하하고 진덕여왕眞德女王(승만勝曼)이 7년 동안 왕위에 앉았다가 승하한 후 김춘추가 왕위에 올랐다. 바로 태종 무열왕이다. 문희는 문명왕후文明王后가 되고 아들 법민이 후에 아버지의 뒤를 이어 문무왕이 된다.

문희는 보희 언니의 꿈이 세상을 장악할 수 있는 서몽이라는 것을 알

신라 167

고 언니에게 그 꿈을 사서 자신의 영달을 실현시켰던 것이다. 한마디로 통이 큰 여장부였다.

춘추는 대식가로 알려져 있다. 하루에 쌀 서 말과 꿩 9마리를 먹어치웠다. 백제를 멸망시킨 후에는 점심을 거르고 아침과 저녁 두 끼를 쌀 여섯 말, 술 여섯 말, 꿩 열 마리를 먹었다고 한다.

문희는 법민 외에 아들 셋을 더 낳았다. 모두 높은 벼슬살이를 했다. 춘추와는 궁합이 잘 맞은 여인이었다.

## ❀ 북한산성 싸움

문무왕이 즉위한 해였다. 경주 남산 대관사大官寺 주지 지의법사智義法師는 법의法衣를 갖춰 입고 손에 목어木魚를 들고, 대웅전 부처님 앞에 단정히 섰다. 법사의 제자 여럿이 좌우에 늘어서 약간 서쪽에 자리잡았다. 지의법사가 목탁을 두드리며 발원했다.

"대왕마마께서 신라를 영원히 수호하는 호국룡護國龍이 되시겠다 하옵니다. 참으로 감격스러운 염원이십니다. 부처님께오서 굽어 살피시옵소서. 나무아미타불 관세음보살…"

법사가 행사를 마치고 대웅전을 나와 뜰로 내려서는데 이상한 냄새가 났다.

"피비린내 아니냐? 너희들도 이 냄새를 맡느냐?"

"소승들도 맡고 있나이다."

이때 물을 길러 갔던 불목하니가 뛰어오며 소리쳤다.

"큰스님! 앞 우물이 별안간 핏빛이 되고 피비린내를 풍기옵니다. 웬일이옵니까?"

지의법사는 생각에 잠겼다. 그러더니 혼잣말처럼 말했다.

"큰일이로다. 또 어지러워지는구나."

"무엇이 어지러워진다는 것이옵니까?"

"너희들은 알 것 없느니라."

한마디로 잘랐다.

그 시각 대궐에서는 금마태수가 보낸 장계를 문무왕이 보고 있었다.

'사비수泗沘水 모래 바닥에 여자 시체 한 구가 나타났사온데 몸 길이가 73척, 발 길이가 6척이나 되는 괴상한 시체이옵니다. 그 피와 그 시체가 무슨 징조인지 살피시오소서.'

이를 두고 문무왕은 대신들을 불러놓고 의논하고 있는데 북한산 성주에게서 또다시 놀라운 장계가 올라왔다. 고구려가 망한 후 구국운동을 벌인 뇌음신惱音信이란 자가 수만 명의 군사를 이끌고 북한산성으로 침입해왔다는 급보였다. 북한산성이 화급하게 되었다. 문무왕은 여러 대신들에게 대책을 물었다.

"이 일을 어찌하면 좋소. 경들은 묘책을 말해보오."

뾰족한 대책이 없었다. 게다가 고구려 구국 병사들은 용감하기로 정평이 나 있었고, 이들을 지휘하는 장수는 연개소문 밑에서 용맹을 떨치던 뇌음신이었다. 신라 대신들은 꿀먹은 벙어리가 되어버렸다. 한참 만에 김유신이 입을 열었다.

"대왕마마, 북한산성 구원은 이미 인력으로는 늦은 것 같사옵니다. 오직 천신天神의 힘에 기댈 뿐이옵니다."

"어떻게 기대한다는 말이오?"

"마마께오서 친히 천제天祭를 올리시고 지의법사께서는 불공을 올려 불력에 호소하시면 가피가 있을 것이옵니다."

"속히 천제 지낼 준비를 갖추시오!"

김유신은 남산에 올라 서쪽 기슭에 제단을 마련했다. 그곳은 수석도 좋거니와 산세가 신령스러워 보였다.

문무왕은 옥체를 냉수에 씻고 제단 앞에 나가 분향하고 재배를 올렸다.

"천지신명이시여! 통일의 기반이 튼튼하지 못한 이 나라에 좀도둑이 끊이지 않고 출몰하여 백성들을 괴롭히나이다. 신라 국토를 한 치라도 빼앗기는 것을 국신國神이 허락지 아니하심은 천신께서도 아시리라 믿사옵니다. 지금 북한산성이 위태로운 지경에 빠져 있나이다. 도와주시오소서."

대관사에서 지의법사가 적을 물리쳐달라고 부처님께 불력을 호소했다.

"부처님이시여! 북한산성 좀도둑을 불력으로 물리치시어 이 나라 백성들을 편안케 해주시오소서. 그리하여 더 많은 백성들이 부처님의 품에 안기도록 자비를 베푸소서."

임금과 법사가 열심히 기도한 덕으로 홀연히 하늘로부터 제단과 대관사 법당 위에 찬란한 서광이 무지개 꽂히듯이 꽂혔다. 그 서광은 얼마 후 하나로 합쳐져 북쪽을 향해 흘러갔다.

북한산 성주 고순高純은 조정에서 아무런 소식이 없으므로 실망한 나머지 군사들을 모아놓고 비장한 결심을 말했다.

"조정에서는 아무런 소식이 없다. 우리의 힘으로 이 성을 지켜야 한다. 허나 목숨이 붙어 이 성을 지킬 날이 얼마 남지 않았다. 이 성에 뼈를 묻을 각오로 고구려 구국 병사들을 물리치자!"

"성에 이 한몸 바치자!"

"와와! 신라군 만세! 통일군 만세!"

신라군의 사기는 드높았다. 통일을 이룩한 군대라는 자부심이 하늘을 찔렀다. 하지만 성 안에는 군량이 얼마 남지 않았고, 무기도 시원찮았다.

뇌음신은 여러 날을 신라군에게 싸움을 걸었다. 신라군은 지원군을 기다리며 전혀 대응하지 않았다. 뇌음신은 성주 고순의 마음을 훤히 읽고 있었다. 원군을 기다리며 시간을 벌자는 수작인 것을 알고 뇌음신은 총공격 명령을 내렸다.

"고구려 구국 병사들이여! 이 산성은 본래 우리의 것이었다. 신라 놈들이 당나라와 짜고 우리의 영토를 짓밟은 것이다. 자, 우리의 영토를 되찾자! 공격 개시!"

일제히 성을 공격했다. 사다리를 성에 걸쳐놓고 오르고, 통나무로 성문을 부쉈다.

그때였다. 남쪽 하늘에 광채가 떠올라 서서히 북한산성 쪽으로 다가왔다. 신라군이나 고구려군이 다같이 그 광채를 보았다.

"저것이 무엇이냐? 햇덩이 같은 것이 이리로 오고 있다!"

양쪽 군사들이 두려움에 떨었다.

그 햇덩이는 북한산성 상공에 멈췄다. 그러자 모래와 돌덩이가 어지럽게 일어 고구려 병사들에게 쏟아졌다. 그뿐만이 아니었다. 고구려군의 칼과 창이 두 동강 나버렸다. 화살이 어디론가 날아가버리고 고구려 병사들이 모진 바람에 비틀거렸다.

신라군은 고구려군의 공격에 속수무책이었으나 뜻밖의 천재지변으로 또다시 용기를 얻어 싸움에 임했다.

성주 고순은 하늘의 도움임을 알고 창을 들었다.

"신라군이여! 천신이 우리를 돕는다! 성문을 활짝 열고 고구려군을 맘대로 짓밟아버리자!"

"와와! 통일군이 나간다!"

신라군의 사기가 하늘을 찔렀다. 성문을 활짝 열고 고구려 구국군을 마음대로 짓밟았다. 고구려군은 그야말로 추풍낙엽이었다.

뇌음신은 고구려 구국병을 거의 다 잃고 수십 명만을 거느리고 살 길을 찾아 도망쳤다.

"하늘마저 고구려를 외면하는구나. 아, 원통하다."

뇌음신은 중얼거리며 한참을 달리다가 그 자리에 주춤 섰다.

'내가 지금 무슨 짓을 하는 것인가. 패장인 내가 가면 어디로 간단 말인가? 내가 머리 두르고 찾아갈 나라가 어디인가? 이제 남은 길은 고구려 장수의 명예를 걸고 한판 승부를 겨루다가 최후를 맞는 길뿐이다.'

"너희들은 살 길을 찾아 떠나거라! 나는 싸움터로 되돌아가겠다."

뇌음신이 그를 따르는 병사들에게 외쳤다.

"우리가 어디로 간단 말이옵니까? 나라 잃은 백성이 갈 곳은 오직 한 길, 죽음의 길이옵니다."

같이 싸울 뜻을 분명히 했다. 이들은 걸어서 되돌아가 추격하는 신라군을 맞아 좌충우돌 싸우다가 장렬히 죽어갔다.

뇌음신은 부러진 창으로 신라군 수십 명을 죽였다. 그리고 고순을 찾아 그의 앞에 우뚝 섰다.

"투항하라! 통일된 신라에서 함께 살자!"

고순이 뇌음신의 용기가 아까워 설득했다. 뇌음신은 코웃음을 쳤다.

"나는 고구려의 장수다. 어림없는 수작 말라!"

"네 나라는 신라에 합병되었다. 이제는 통일 신라가 아니냐. 고집 부리지 말고 목숨을 보전하라!"

"비겁한 놈들! 당나라와 손잡고 동족인 나라를 멸망시키다니, 부끄럽지도 않으냐!"

"동족이 합하였거늘 불만이 있을 수 없다. 그만 마음을 돌리거라!"

"개수작 말고 내 창을 받아라!"

고순은 가소로웠다. 동강난 창으로 고순을 향해 달려왔다. 고순은 상대하지 않을 수 없었다. 두 장수가 어울려 10여 합을 겨루었다. 그러나 부러진 창으로 고순을 대적할 수는 없었다.

"다시 한번 기회를 주겠다. 창을 버리고 투항하라!"

"너는 일국의 장수로서 예의도 모르느냐! 나를 어서 죽여라! 그 길만이 나를 살리는 길이다."

"나는 네 용맹을 높이 평가하고 싶다. 마음을 돌려라!"

뇌음신이 창으로 공격해왔다. 고순이 창을 피하며 칼을 휘둘렀다. 뇌음신이 땅에 쓰러졌다. 그는 끝까지 고구려의 장수로 남아 전사했다. 고순은 이기고도 기쁘지 않았다. 뇌음신이 한 말이 가슴에 남아 지워지지 않았다.

'당나라와 손잡고 동족의 나라를 친 신라.'

생각할수록 개운치 않은 말이었다.

고순은 승전보를 조정에 알렸다. 문무왕은 이번 승리를 순전히 천신과 부처님의 불력으로 믿었다. 그렇지 않고서야 도저히 이길 수 없는 싸움이었다. 문무왕은 늙은 김유신을 천신과 통하는 인물로 여기고 보배로 여겼다. 그리고 천제를 지내던 곳을 망성산望星山이라 불렀다. 그리하여 경주 남산 서쪽이 망성산이 되었으나 후대에는 그렇게 부르지 않았다.

## ❂ 돌아본 망소

효소왕孝昭王 4년 늦은 봄의 일이다. 대현大玄 살식薩食의 아들 부례랑夫禮郎이 화랑이 되었다. 그 휘하의 낭도가 1,000여 명이었다. 부례랑은 같은 화랑인 안상랑安常郎과 친했다. 안상랑도 휘하에 낭도 1,000여 명을 거느렸다.

두 화랑은 낭도 1,000여 명씩을 거느리고 금란金蘭(지금의 강원도 통천)으로 사냥을 떠났다. 그들은 한송정 언저리에 나무를 심고, 또 나무 손질을 잊지 않았다. 화랑도들이 매번 하는 행사였다.

그 행사가 끝난 다음 부례랑과 안상랑은 낭도 몇 사람을 거느리고 배를 띄워 동해로 나가 북명北溟(지금의 이북 원산 부근) 부근에 이르렀다.

그때 오랑캐(말갈족)가 출몰하여 이들은 몹시 당황했다. 배를 돌려 도망쳐서 금란의 숲속으로 몸을 피했다. 워낙 창망중이어서 부례랑이 없어진 것도 몰랐다. 숲에 들어와 인원을 점검해보니 부례랑이 보이지 않았다.

"아, 이를 어쩌나. 필시 오랑캐에게 잡혀간 게야. 이러고 있을 수 없다."

안상랑이 분연히 일어섰다.

"아니 되오. 서울로 돌아가 대책을 세워야 하오."

낭도들이 만류했다.

"내 친구가 적에게 잡혀갔소. 내가 어찌 돌아간단 말인가!"

안상랑은 만류를 뿌리치고 도망쳐온 길로 되돌아갔다. 그리하여 안상랑은 돌아오지 않는 왕손王孫이 되었다. 그는 오랑캐에게 잡혀간 친구 부례랑을 찾아 헤매었다.

경주와 강릉 지방에서는 안상랑을 그리워하는 '한송정가寒松亭歌'가 가인佳人의 거문고에 오르내렸다.

그해 초여름, 백률사栢栗寺에서 이 노래를 부르는 아리따운 낭자가 두세 명 있었다. 그 낭자들은 부례랑과 안상랑을 사모했다.

법당에서는 중년 부인이 부처님께 향을 피우고 정성스럽게 기도를 드렸다.

"부처님, 하루 빨리 우리 아이들이 돌아오도록 해주사이다. 간절히 비옵나이다."

부례랑의 어머니였다. 이 모성에게 안타까움을 실어 낭자들이 한송정가를 부르고 있었다. 낭자들이 한 계책을 꾸몄다.

"대궐 창고에 있는 옥통소랑 현금玄琴을 가지고 스님 차림으로 적국에 들어갈 사람이 필요해."

"맞아, 오랑캐들은 머리를 빡빡 깎은 놈들이라, 스님 차림을 보면 의심치 않을 게야."

"아마 옥통소랑 현금 소리를 들으면 오랑캐 놈들도 애간장이 녹아서 해치려 하지 않을 게야."

"그렇다 치고 누가 스님 차림으로 오랑캐 땅에 들어간다지?"

"이 절의 스님 한 분이 나서주면 좋겠는데, 쉽게 될까?"

낭자들은 법당으로 눈을 돌려 부례랑 어머니의 간절한 기도 소리를 들었다.

"부처님, 자비를 베푸소서. 부례랑과 안상랑은 장차 나라의 동량지재가 될 인물들이나이다. 부처님의 가피로 돌아오게 하소서."

낭자들은 코허리가 시큰하여 눈물을 글썽였다. 잠시 후 낭자들은 또다시 머리를 맞대었다.

"저어, 그 통소와 현금을 무슨 재주로 가져온다지?"

한 낭자가 목소리를 낮춰 속삭였다.

"창고지기에게 뇌물을 먹이면 통할 게야."

며칠 뒤였다. 조정에서는 창고에서 옥통소와 현금이 없어졌다고 야단이었다. 게다가 장래가 촉망되는 두 화랑마저 종적 없이 사라져 조정이 편치 못했다.

백률사에서는 어머니의 기도가 하늘에 사무쳤다. 부처님의 가피가 곧 이어졌다.

이 무렵, 부례랑은 어머니를 그리며 오랑캐 땅 벌판을 거닐고 있었다. 그때 부례랑의 귀에 익은 선율이 흘렀다. 부례랑은 오랑캐에게 잡혀가 목부로 일하고 있었다. 목장의 양떼를 몰고 벌판으로 나와 귀에 익은 선율을 들은 것이다.

'이 선율은 신라 궁궐에서 들은 옥통소 소리가 틀림없다. 가만, 현금 소리도 나지 않는가?'

부례랑은 선율을 따라 발걸음을 옮겼다. 그 선율은 들판 건너 대밭에서 흘러나왔다. 부례랑은 대밭으로 달려갔다. 대밭 속에 스님 한 분이 가부좌를 틀고 앉아 옥통소와 현금을 불고 뜯고 하지 않는가.

"스님, 신라 경주에서 오시지 않았나이까?"

부례랑이 외쳤다. 스님이 힐끗 훔쳐보았다. 틀림없는 부례랑이었다. 어머니를 따라 백률사에 가끔 들러 스님은 부례랑의 얼굴을 알고 있었다.

"오, 부례랑, 어서 오오."

"스님!"

부례랑은 스님의 목을 껴안고 울음을 터뜨렸다. 스님은 그를 안고 울게 내버려두었다. 한참을 기다렸다가 스님이 재촉했다.

"서둘게나, 어머님이 애타게 기다리시네."

부례랑을 데리고 스님은 오랑캐 땅 바닷가로 나왔다. 낮에는 숨고 밤을 도와 달려온 것이다. 그런데 뜻밖에도 바닷가에서 안상랑을 만났다.

두 화랑은 껴안고 또 한바탕 감격의 눈물을 흘렸다.

"어서들 서둘게나."

통나무배가 바다에 떴다. 이들은 무사히 신라로 돌아왔다.

이 사실을 효소왕에게 보고했다. 왕은 크게 기뻐하며 두 화랑을 불렀다. 부례랑은 옥통소와 현금을 갖고 궁으로 갔다. 임금은 부례랑을 통해 금과 은그릇 두 벌, 가사 다섯 벌, 대초大綃 3,000필, 밭 1만 경頃을 백률사에 시납施納하여 스님에게 보답했다. 그리고 온 나라에 대사령을 내리고, 신하들을 승급시키고, 백성들에게 조세를 면해주었다. 백률사 주지는 태성사泰聖寺로 옮겨 앉았다.

그리고 부례왕은 젊은 나이에 대각간이 되고, 그의 아버지는 태대각간太大角干이 되고, 어머니는 사량부 경정궁주鏡井宮主가 되었다.

안상랑은 대통大統(승직의 하나)이 되고, 창고지기 5명은 모두 사면을 받았다.

그뒤 혜성이 동쪽에 나타났다가 서쪽에도 나타났다. 일관日官이 점을 쳐서 그 결과를 아뢰었다.

"대왕마마, 옥통소와 현금을 봉작封爵하지 아니한 표징이나이다."

이에 임금은 옥통소를 만만파파식적萬萬波波息笛이라 했더니 혜성이 나타나지 않았다.

## ❀ 화랑 응렴의 세 가지 좋은 일

헌안왕憲安王이 어느 날 대궐 안에서 잔치를 베풀고 화랑 응렴膺廉을 초대했다. 나이 스무 살인 응렴은 남달리 미목이 수려하고 마음이 착했다. 응렴이 임금 옆에 앉았다.

"그대의 이름이 신라에 크게 번져 내가 오늘 잔치를 열고 그대의 이야기를 들어보고자 부른 것일세. 그대가 국선國仙이 된 지 몇 해인고?"

"대왕마마, 소신이 국선이 된 지 2년째이옵나이다."

"그대가 국선이 된 지 2년째이면, 전국을 주유舟遊해 다니며 어떤 일들을 보았는고?"

"소신이 그동안 본 것이 한두 가지가 아니오나 아름다운 행실을 가진 자 셋을 보았나이다."

"셋이란 무엇무엇인고?"

"신이 한 곳을 지나는데, 남의 윗사람 된 자가 남의 아래에 앉는 것을 보았사옵니다. 이것이 그 첫째이옵니다. 또 어느 곳에는 거만의 부자가 있었사온데, 검소한 옷을 입고 있었나이다. 이것이 그 둘째이옵니다."

"다른 한 가지는 무엇인고?"

"또 한 곳을 들렀사온데 권세를 가진 자가 위엄을 부리지 않는 것을 보았사옵니다."

임금은 응렴의 말에 감동을 받은 듯 용안이 환하게 밝아졌다. 응렴의 착하고 듬직한 모습이 귀여워 보였다.

"그대의 말이 참으로 착하도다. 내게 딸 둘이 있노라. 청컨대 그대를 사위로 삼고 싶도다!"

응렴은 임금의 뜻밖의 청에 너무나 놀라 엎드려 절하고 사양했다.

"대왕마마, 언감생심 신이 어찌 그런 꿈인들 꿔보았겠나이까."

"잘 생각해보라."

응렴은 집으로 돌아와 부모님에게 임금의 뜻을 전했다. 부모님은 기뻐서 어쩔 줄을 몰랐다.

"맏공주는 얼굴이 차가워 보이고 늘 새침하여 그 속을 알 수 없다. 둘째 공주는 얼굴도 예쁘고 마음씨도 고와 보이니 둘째를 맞이하는 게 좋을 것 같구나."

아버지가 말했다. 가족 모두 둘째 공주를 택하여 응렴의 마음도 둘째 공주에게 기울었다.

응렴의 소식을 듣고 이튿날 낭도 중에 가장 친한 범교사梵敎師가 찾아왔다. 범교사는 지혜로운 낭도였다.
"듣건대 대왕께오서 그대를 사위로 삼는다는 소문, 정말이오?"
"맞소이다. 그렇잖아도 이 문제로 그대에게 의논하려던 참이었소."
범교사는 즐거워 웃음을 띠었다.
"참으로 기쁜 일이오. 헌데 어느 공주를 택하시겠소?"
"우리 가족 모두 둘째 공주를 택하였소이다."
"아니 될 말이오."
범교사가 정색을 하고 말했다.
"어찌 그러오?"
"만약 둘째 공주와 혼인을 하면 그대 앞에서 내 목숨을 끊겠소. 바라건대 맏공주를 택하시오. 그러면 세 가지 좋은 일이 있소이다."
"세 가지 좋은 일이 무엇이오?"
"차차 알게 될 게요."
응렴은 범교사가 강경히 설득하는 바람에 마음을 바꾸었다.
"그대의 말에 따르겠소."
"현명한 선택이오."
며칠 후 임금이 응렴을 불러 물었다.
"마음을 결정했느뇨?"
"예에, 마마."
"어느 공주를 택했는고?"
"맏공주를 택했나이다."
"까닭이 있느뇨?"
"맏공주이기 때문이나이다."
임금이 빙그레 웃었다. 임금은 혼인을 서둘렀다. 며칠 후 응렴과 맏공주의 성대한 혼인식이 치러졌다. 혼인식을 치른 석 달 후 임금이 승하했다. 임금은 세상 떠나기 전에 대신들을 불러 유언을 남겼다.
"그대들이 알다시피 나는 후사를 두지 못했소. 내가 죽거든 맏사위 응렴에게 국사를 맡기고 경들이 잘 보필하기 바라오."

임금이 승하한 그날 응렴은 임금이 되었다. 즉위식이 끝나자 맨 먼저 범교사가 새 임금을 뵙고 말했다.

"대왕마마, 신이 맏공주를 택하시면 세 가지 좋은 일이 있겠다는 말, 기억하시겠나이까?"

"기억하다마다요. 그 세 가지 좋은 일이 대체 무엇이오?"

"벌써 다 나타났나이다."

"그 무슨 말이오?"

"그 첫째는 맏공주께 장가드시어 임금이 되신 것이나이다. 둘째는 마음에 두고 계시는 둘째 공주마저 마음대로 얻으실 수 있는 것이오이다. 셋째는 대왕마마와 왕후마마 모두 기뻐하시는 것이옵니다. 이 아니 세 가지 즐거운 일이 아니겠나이까?"

"과연 범교사로다! 경의 지혜는 이 나라에 따를 자가 없소이다."

임금은 범교사에게 대덕 벼슬을 내리고 순금 130만 냥을 하사했다. 이 임금이 제48대 경문왕景文王이다. 경문왕은 많은 일화를 남겼다.

경문왕의 침실에 밤마다 많은 뱀이 모여들었다. 시녀들이 놀라 뱀을 쫓아내려고 했다. 왕이 말했다.

"뱀들을 쫓지 말라. 나는 뱀들이 없으면 편히 잠들 수 없느니라."

임금이 잠이 들면 뱀들은 혀를 내밀어 임금의 가슴을 덮어주었다.

또 이런 일도 있었다. 왕이 보위에 오른 후 갑자기 귀가 길어져 당나귀 귀와 같았다. 왕후까지도 이 사실을 까맣게 모르고 있었으나 다만 복두장幞頭匠(머리에 쓰는 복건을 만드는 사람) 한 사람만이 알고 있었다.

복두장은 이 사실을 입밖에 내지 않겠다고 임금에게 굳게 맹세했다. 만약 이 사실을 발설하는 날에는 목이 달아날 판이었다.

복두장은 평생 동안 입을 봉하고 살았다. 그가 죽을 무렵, 무슨 마음이 들었는지 도림사道林寺 대나무 숲에 들어가 대나무를 상대로 외쳤다.

"임금님의 귀는 당나귀 귀와 같다네!"

복두장은 속이 후련했다. 평생 속을 끓이고 살아온 것이 억울하기까지 했다. 진작 이런 생각을 해내지 못한 것이 후회스러웠다.

그후 바람이 불 때마다 대나무가 복두장의 말을 흉내내었다.

"임금님의 귀는 당나귀 귀와 같다네."

임금이 이 사실을 알고 대나무를 미워하여 죄다 베어버리고 대나무 숲에 산수유를 심었다. 그런데 바람이 불면 산수유가 또 흉내를 내었다.

"임금님의 귀는 당나귀 귀와 같다네."

임금은 죽을 때까지 산수유에게 바람이 불 때마다 수모를 당해야 했다. 화랑 요원랑·예흔랑·계원·숙종랑 등이 금란(강원도 통천 땅)에 놀러 나가 임금을 위해 치국治國의 뜻을 가져 노래 세 수를 짓고 사지舍知(관등 官等 13위) 심필心弼에게 이를 주어 대구화상大矩火尙에게 보내어 노래 3수를 짓게 했다.

그 첫째가 현금포곡玄琴抱曲, 둘째가 대도곡大道曲, 셋째가 문군곡問群曲이었다. 임금께 돌아가 곡을 바쳤다. 왕도 기뻐하며 칭찬하고 후한 상을 내렸다. 그러나 노래는 전해지지 않았다. 경문왕은 재위 15년 동안 많은 일화를 남기고, 청해진 대사 장보고의 딸을 후비로 맞으려다가 실패한 경험을 갖고 있기도 하다. 행적이 별난 임금이었다.

## ❀ 경덕왕의 후비 만월

경덕왕의 정비는 강릉 태수 이찬 순정順貞의 딸이었다. 임금의 옥경玉莖이 8촌이나 되어 왕비에게 맞지 않아 후사를 두지 못했다. 왕비를 폐하여 사량沙梁부인으로 삼았다. 그뒤 각간角干 의충義忠의 딸을 후비로 삼았다. 경수태후景垂太后로 만월滿月부인이다.

그러나 만월부인도 잉태를 하지 못했다. 왕과 만월 사이에 속궁합이 맞지 않는 것 같아 주위에서 은근히 걱정했다.

어느 날 경덕왕은 대덕 표훈表訓을 불러 후사를 의논했다.

"대사, 내가 복이 없어 여태껏 후사를 두지 못해 걱정이외다. 대사께오서 부처님의 힘이라도 빌어 이 나라 대통을 이을 태자를 보게 해주소서."

"대왕마마, 심기를 굳게 가지소서. 소승이 힘써 보겠나이다."

표훈은 명산대천을 찾아 불공을 드렸으나 헛수고였다. 표훈이 임금에게 고했다.

"대왕마마, 상제上帝의 말씀이 마마께옵서는 딸밖에 없다 하옵니다."

"그 무슨 말이오? 딸을 아들로 환생시켜서라도 아들을 점지해달라고 하오."

표훈은 임금의 간절한 소망을 뿌리칠 수 없어 다시 상제에게 매달렸다. 그러나 상제의 말은 준엄했다.

"딸을 아들로 환생시키면 나라가 위태로워지느니라."

이 말을 임금에게 고했다. 그러나 임금은 막무가내였다.

"나는 대통을 아들에게 물려주어야겠소. 대사, 상제께 다시 빌어보오."

표훈은 뿌리칠 수 없었다. 임금의 태자에 대한 갈망이 지극했다. 다시 명산대천을 돌며 상제께 빌었다. 그 효험이 있었던지 만월부인이 잉태하여 경덕왕 17년 태자를 낳았다.

임금은 하늘에라도 오를 듯한 기분이었다. 태자를 잘 길러 훌륭한 임금을 만들어야겠다는 포부가 컸다. 그러나 임금의 명이 짧았다. 태자가 8세 때 그만 세상을 뜨고 말았다. 8세의 임금이 등극했다. 혜공왕이었다. 어머니 만월부인이 자연스럽게 정치에 관여했다. 수렴청정인 셈이었다.

만월의 뒤에 전왕의 대신인 만종萬宗과 양상良相이 있었다. 이 두 대신이 권력을 쥐고 신라 조정을 좌지우지했다. 만월의 친정 푸네기들은 이것이 불만이었다. 만월이 권력을 잡았으면 당연히 친정 푸네기들이 득세해야 하는데 그럴 수 없어서였다. 그 무렵, 각지에서 요사스러운 일이 꼬리를 물고 일어났다. 자연히 민심이 소란해졌다.

강주康州(지금의 진주)에서는 관청 앞의 땅이 갑자기 함몰되어 연못이 되어버렸다. 물빛이 검푸른 빛이어서 보기에 무서웠다. 그런데 더욱 이상한 것은 잉어가 대여섯 마리 살았는데 커갈수록 연못이 커지는 것이었다. 그 부근에 집이 있는 사람들은 걱정으로 세월을 보내었다. 집이 언제 연못이 되어버릴지 모를 일이었다.

각간 대공大公은 만월을 도왔다. 태후전에 무상 출입할 수 있는 인물이었다. 이 대공이 만종과 양상을 싫어했다.

"태후마마, 만종과 양상을 견제해야 하옵니다. 그자들이 무슨 짓을 꾸밀지 알 수 없나이다."

태후의 나이 아직 30 전후였다. 젊은 피가 소용돌이치는 과부였다. 젊은 신하들을 보면 가슴이 뛰고 얼굴이 화끈거렸다.

"각간의 말 무슨 뜻인지 잘 아오. 전에는 왕손들이 많았는데 이제는 거의 없는 것이나 매한가지구려."

"신의 형제 외에는 모두 만종·양상에게 쫓겨났나이다."

"장차 이 나라가 어찌 될 것 같으오?"

"만종·양상만 물리치면 아무 염려 없나이다."

당시 신라의 귀족들이 번성하여 서로 권력을 쥐려고 암투가 치열했다. 만종·양상 두 사람이 조정을 휘어잡고 진골 출신 벼슬아치들을 축출하여 그들의 원한을 사고 있었다. 진골들은 호시탐탐 기회를 노리고 있었다.

만월의 친정 쪽으로 가까운 이는 대공 한 사람뿐, 눈에 띄지 않았다. 그리하여 만월은 자연히 대공과 가까워지고 가끔 운우지락을 즐겼다. 대공이 태후전에 출입하면서부터 태후의 품행이 나빠졌다.

소문은 삽시간에 꼬리를 물고 퍼졌다. 만공과 양상은 대공을 상대로 싸울 준비를 갖추었다. 혜공왕 4년 7월, 대공과 만종·양상 사이에 싸움이 벌어졌다. 신라 조정은 두 편으로 갈라섰다. 33일간의 싸움은 대공 편이 패하여, 대공 형제는 죽음으로 싸움을 마감했다. 이 싸움에 대공 편에 참여한 귀족 96명이 거의 살해되다시피 했다. 공교롭게도 살해된 귀족들은 태종 무열왕의 후손들이었다.

각간 대공은 당시 신라에서 제일가는 부자였다. 그 많은 재산을 죄다 압수하여 궁으로 가져다가 썼다. 그외에 패한 귀족들의 재산을 모두 압수하여 국가 재산으로 삼았다. 궁궐은 그들의 압수한 재산으로 모든 창고가 넘쳤다.

그후 대공의 잔류 세력들이 복수를 하려고 양상 등을 없애려고 했으나 번번이 실패하여 형장의 이슬로 사라졌다. 혜공왕 10년부터 양상이 상대등이 되어 정권을 잡았다. 이에 김은거·염상·정문 등이 반기를 들었다. 그러나 양상의 세력을 꺾지 못하고 역적으로 몰려 피살되었다. 이제 양상의 세상이었다. 조카 주원周元을 시중侍中을 시켜 조정을 마음대로 주물렀다.

임금은 어머니의 좋지 못한 행실을 그대로 배워 궁궐에서 음탕한 짓을 서슴없이 자행했다. 마음에 드는 궁녀를 건드려 봉작했는데, 후비가 무려 10여 명이나 되었다. 뜻있는 진골들은 양상을 내쫓고 나라를 바로 세우려고 음모를 꾸몄다. 그 중심인물이 이찬 지정志貞이었다.

지정이 만월에게 상소를 올렸다.

"양상·주원이 권력을 쥐고 나라를 망치고 있나이다. 이대로 가다가는 태종 무열왕의 후손이 씨를 말리게 되었나이다. 태종대왕의 혈통이 끝나는 것은 이 나라의 멸망을 뜻하는 것이나이다. 태후마마께오서는 대왕마마의 유흥을 엄금하시고 양상의 세력을 억제하시오소서."

태후는 정신이 들어 임금을 충고하기도 하고 호소도 해보았으나 한번 유흥에 젖은 임금은 헤어나오기 힘들었다.

양상은 궁중의 시녀들을 매수하여 궁 안에서 일어나고 있는 일을 꿰뚫어보고 있었다. 양상은 지정이 태후와 긴밀히 연락을 취하고 있다는 것을 알고, 이참에 스스로 왕이 되려는 결심을 굳혔다. 양상은 내물왕의 후손인 이찬 경신敬信에게 속마음을 털어놓았다.

"이찬, 작금 궁중의 작태를 어찌 보고 있소이까?"

"태후마마께서 임금을 너무 귀엽게 여겨 그런 것 같소이다."

경신은 양상의 마음을 읽고 있었다.

"나와 손잡고 확 뒤집어볼 생각이 없으시오?"

"내 나이 이미 은퇴할 연치요. 나는 본래 큰 뜻이 없소이다."

"지금 지정이 반란을 일으키려 하고 있소이다. 어찌 생각하오?"

"글쎄… 지정이 설마 반역을 하겠소? 아마 뜬소문일 게요."

김경신은 조정 인물들을 죄다 파악하고 있었다. 지정이 올곧고 양심적인 인물이지만, 김양상을 이기기에는 역부족이었다. 지금은 내물왕의 후손이 태종 무열왕의 후손보다 수적으로 우세했다. 김양상·김경신 등은 내물왕의 후손이었고, 지정은 무열왕의 후손이었다. 그렇다고 경신은 양상 편에 들고 싶지도 않았다.

"이찬, 기회가 좋지를 않소? 이참에 우리 내물왕 후손이 대권을 쥐어 보십시다. 언제까지 신하 노릇만 하실 게요?"

"내야 무슨 힘이 있겠소?"

경신이 좀체 응하지 않을 것 같았다.

"이찬, 내게는 아들이 없소만, 이찬은 아들이 3형제나 되질 않소이까? 게다가 손자가 10명이나 있지를 않소? 이것이 힘이 아니고 무엇이오이까."

경신은 대꾸하지 않았다. 공연히 잘못 말려들었다가는 패가망신하기 딱 좋은 정국이었다.

"우리가 일어서면 성공할 것은 불을 보듯 훤하오. 성공한 다음에 보위에 누가 오를 것인지 의논하기로 하십시다."

경신은 흠칫 놀라는 표정을 하고 말했다.

"그 무슨 말씀이오? 반역을 하자는 게요!"

"옛날 태종 김춘추 공도 차례도 아닌데 임금이 되셨지 않소?"

"그분이야 임금의 그릇으로 넘치는 분이었소."

"허나 성골의 뒤를 진골이 잇는 게 아니었소."

"그렇다면 찬탈이란 말씀이오?"

"나는 그리 생각하오."

경신은 벌떡 일어났다.

"모르시는 말씀이오. 그때는 화백이란 제도가 있어 거기에서 뽑은 것이외다."

"이찬, 부디 나를 도와주오."

경신은 아무 말 없이 양상과 헤어졌다.

그날 밤, 경신은 잠을 이루지 못했다. 새벽녘에 겨우 잠이 들어 꿈을 꾸었다.

난리가 일어났다. 경신은 머리에 쓴 복두를 잃고 어찌 된 셈인지 헌 백립을 쓰고 12현금을 들고 천관사天官寺로 도망치다가 김유신 장군을 만났다. 김유신에게 난리가 일어나 이곳으로 도망쳤다고 말했다. 김유신의 첩 천관녀가 웃으며 어서 우물 속으로 들어가라는 것이었다. 우물을 들여다보았더니 컴컴하여 들어갈 용기가 나지 않았다. 어찌할 바를 모르고 쩔쩔매다가 꿈을 깨었다. 땀에 젖은 등이 축축했다.

꿈자리가 몹시 사나워 방문을 열었다. 초여름의 상쾌한 새벽 바람이 좋았다. 한참을 앉아 있는데 하인이 뛰어들어와 나쁜 소식을 알렸다. 궁궐에 싸움이 일어났다는 것이다. 경신은 양상의 반란이란 것을 알았다.

경신은 해몽이나 해볼까 하고 점쟁이를 부르도록 했다. 소경 점쟁이가 경신의 꿈을 해몽해주었다.

"복두를 벗었으니 벼슬이 떨어질 수요, 12현금을 가졌으니 이와 비슷한 형틀에 목이 채워질 것이오, 우물에 들어갔으니 캄캄한 옥에 갇힐 꿈이나이다."

경신은 액막이를 잘하라 이르고 곡식 두 섬을 점쟁이에게 주어 돌려보냈다.

대궐의 싸움이 치열해진 것 같았다. 지정이 비록 숫자는 적었으나 뒤에 태후가 있어 만만찮았다. 양상이 경신더러 어서 나오라고 재촉이 심했다.

경신은 움직이지 않았다. 양상이 거듭 사람을 보내었다. 그래도 꿈쩍

하지 않자 아찬 여삼餘三을 보내었다. 경신은 병을 핑계대고 만나지 않았다. 여삼은 문을 두드리며 졸라댔다. 경신은 할 수 없어 문을 열어주었다. 그리고 쏘아붙였다.

"환자와 무슨 말을 하고 싶다는 것인가!"

"이번 싸움에 크게 이길 것이나이다. 함께 나가시지요."

"나는 환자일세."

"듣자 하니 좋은 꿈을 꾸셨다구요? 소생이 해몽해드릴까요?"

"꿈 해몽은 듣기 싫네."

"아주 좋은 꿈이었나이다. 복두를 벗은 것은 머리만 남은 것이니, 머리는 우두머리란 뜻이요, 흰 갓을 쓰셨으니 흰 갓은 면류관이요, 12현금을 가지셨으니 내물왕의 12대손 되시는 어른께서 나라를 얻는다는 뜻이나이다. 이보다 더 좋은 꿈이 어디 있겠나이까?"

"듣고 보니 그럴법도 하네."

경신이 귀를 기울였다.

"또 천관사로 가셨으니 천관은 궁궐의 뜻이요, 김유신 장군을 만난 것은 어른을 도울 장군이 온 것이요, 천관녀를 만난 것은 궁중의 후궁을 만나실 것을 의미하나이다. 당장 상대등 편을 드시면 임금이 되실 것이나이다."

"점쟁이의 해몽은 그 반대였다네."

"해몽한 점쟁이가 누구이옵니까?"

"눈 먼 점쟁이었네."

"소생이 눈 먼 점쟁이만 못하다는 말씀이나이까?"

여삼이 일어나 나가면서 말했다.

"북천北川에 있는 신神에게 제사나 잘 지내시오소서."

다음날 경신은 여삼의 꿈 해몽을 믿고 양상의 편에 섰다. 경신이 양상의 편에 섬으로써 힘을 받아 지정은 패하고야 말았다. 양상은 혜공왕을 폐하고 왕태후 만월부인, 왕후 등을 모조리 죽였다. 김춘추의 후손은 여기에서 완전히 끊기고 말았다. 내물왕의 후손들이 왕권을 장악해갔다.

## ❁ 김현과 신도징의 호랑이 아내

신라 풍속에 음력 2월 8일부터 15일까지 도성 남녀가 참여하는 흥륜사의 전탑塼塔 탑돌이 복회福會(복을 비는 모임)가 열렸다. 원성왕 때 김현金現이란 총각이 잠시도 쉬지 않고 탑돌이를 했다. 한 처녀가 김현을 따라 염불을 하면서 탑돌이를 쉬지 않았다. 총각과 처녀는 탑돌이를 하면서 은근히 눈이 맞았다. 마침내 이들은 흥륜사 뒤 숲속에 들어가 정을 통했다.

탑돌이를 끝내고 돌아갈 때 김현이 처녀에게 말했다.

"낭자의 집에 가보고 싶소이다."

"아니 되나이다. 연유는 묻지 마시고 그냥 돌아가소서."

"그럴 수는 없소."

처녀는 아무 말 없이 앞장서 자기 집으로 돌아갔다. 김현이 처녀의 뒤를 따랐다. 서쪽 산기슭에 이르러 처녀가 오두막으로 들어갔다. 김현이 따라 들어갔다.

"저 남자는 누구냐?"

노파가 처녀에게 물었다. 처녀는 김현과 있었던 일을 거짓 없이 말했다.

"쯧쯧… 없었던 일보다는 못 하구나. 허나 이미 저지른 일이니 어찌하랴. 총각을 잘 숨기거라. 네 형제가 나쁜 짓을 할까 두렵구나."

노파의 말에 처녀는 김현을 집안 깊숙한 곳에 숨겨놓았다.

저녁 어스름 무렵이었다. 호랑이 세 마리가 어슬렁거리며 들어오더니 사람처럼 말했다.

"어? 이거 무슨 냄새야?"

"노린내 아냐?"

"그러네. 저녁 요깃감이 생겼나?"

"허튼 소리들 마라! 네놈들의 코가 잘못된 것이니라."

노파가 꾸짖었다

이때 하늘에서 호랑이들에게 경고하는 소리가 들렸다.

"너희 무리가 생명을 가볍게 여겨 수없이 해치거늘 내가 보고만 있을 수 없다. 너희들 가운데 한놈을 베어 악을 징계하리라!"

세 호랑이가 이 말을 듣고 금세 풀이 죽어 걱정이 태산 같았다. 처녀가 말했다.

"너희들 3형제는 될 수 있는 대로 멀리 피하여 스스로 징계하라! 내가 대신 너희들의 벌을 받겠다!"

세 호랑이는 기뻐하며 꼬리를 흔들며 사라져버렸다. 처녀가 김현에게 말했다.

"낭군께서 우리집에 오시는 것을 꺼려 거절했나이다. 이제는 숨김없이 마음속을 털어놓겠나이다. 아시다시피 낭군과 저는 사람과 호랑이 사이오나 하룻밤을 낭군으로 모셨으니 부부의 연을 맺은 것이옵니다. 호랑이 3형제의 악을 하늘이 미워하니, 한집의 재앙을 나 혼자 감당하고자 하옵니다. 보통 사람의 손에 죽는 것보다 오히려 낭군의 칼날에 엎드려 죽어 낭군의 은혜에 보답하려 하옵니다."

"그 무슨 말씀이오?"

"내일 제가 저잣거리에 나가 사람들을 마구 해치면 병사들이 무서워 함부로 어쩌지 못할 것이나이다. 그러면 대왕께서 틀림없이 저를 잡는 자에게 벼슬을 걸 것이나이다. 낭군께서는 겁내지 마시고 나를 쫓아 성 북쪽 산림 속으로 오시옵소서. 제가 기다리고 있겠나이다."

"아니 되오. 사람이 사람과 사귐은 인륜의 도리이지만, 사람이 다른 동물과 사귐은 떳떳치 못하나 나와 낭자가 만난 것을 나는 천행으로 아오. 내가 어찌 배필의 주검을 팔아 벼슬을 받을 수 있겠소."

"낭군께서는 그런 말씀 마소서. 내가 죽으면 다섯 가지 이익이 있나이다. 첫째 나의 수명이 다하여 천명이며, 둘째 또한 나의 소원이며, 셋째 낭군의 경사이며, 넷째 우리 일족의 복이며, 다섯째 나라의 기쁨이나이다. 이런 데도 왜 따르지 않으려 하시나이까?"

"그래도 나는 할 수 없는 일이오."

"다만 한 가지 제 부탁을 들어주시면 되옵니다. 저를 위해 절을 세우고 법회를 열고 강론을 하여 좋은 일에 도움이 된다면 낭군의 은혜가 이보다 더 큰 것이 없겠나이다."

"절은 세울 수 있으나 낭자가 죽는 것은 싫소이다."

"낭군! 피하지 못할 우리들의 운명이나이다."

두 사람은 부둥켜안고 울다가 작별했다.

다음날 호랑이가 성 안에 들어와 횡포가 심했다. 원성왕은 호랑이를 잡는 자에게 2급의 작을 내리겠노라고 지원자를 뽑았다. 아무도 응하지 않고 김현 혼자 지원했다. 김현이 임금 앞에 나가 자신있게 말했다.

"신이 호랑이를 잡겠나이다."

"자신 있느뇨?"

"마마, 심려 놓으소서."

"김현에게 벼슬을 먼저 내리노라!"

임금은 워낙 다급한 상황이어서 김현에게 벼슬을 주고 격려했다.

김현은 도검刀劍을 들고 산림 속으로 들어갔다. 낭자가 반갑게 맞았다.

"잘 오셨나이다. 나와의 약속을 어기지 마소서. 그러하옵고 내게 상처를 입은 사람들은 흥륜사의 장독대에서 장을 퍼다가 상처에 바르고, 그 절의 목탁소리를 들으면 감쪽같이 나을 것이나이다."

낭자는 김현의 칼을 뽑아 제 목을 찔렀다. 쓰러지며 낭자는 호랑이로 변했다. 김현이 산림 속을 나와 말했다.

"내가 호랑이를 잡았다!"

그리고 죽은 호랑이와의 사연은 끝내 비밀에 부쳤다. 호랑이가 일러준 대로 상처를 입은 사람들을 흥륜사로 불러모아 상처에 장을 바르고 목탁

소리를 듣도록 했다. 상처가 씻은 듯이 나았다.

　김현이 등용되어 서쪽 개천가에 절을 짓고 호원사虎願寺라 이름지었다. 그 절에서는 늘 범망경梵網經을 강하여 호랑이의 저승길을 축복하며 살신성기殺身成己(살신성인殺身成人과 같은 말)의 은혜에 보답했다.

　김현이 죽을 때에 호랑이와의 기이한 인연을 기록으로 남겨 세상에 알려지게 되었다.

　당나라의 신도징申屠澄이란 선비가 야인 복장을 하고 한주漢州(사천성泗川省 성도부成都府 부근) 습방현위什邡縣尉에 임명되어 진부현眞符縣의 동쪽 10리쯤 되는 곳에 닿았을 때였다. 모진 추위와 눈바람을 만나 말이 나아가지 못했다. 길가 오두막에 들어갔다. 방안에 화로가 놓여 있어 어한을 녹였다.

　희미한 등불 아래 늙은 부모와 낭자가 화로에 둘러앉아 있었다. 낭자는 나이 14,5세쯤 들어 보였다. 비록 머리는 헝클어지고 때가 낀 옷을 입고 있었으나 살결은 눈같이 희고 얼굴은 꽃처럼 아름다웠다.

　신도징은 그 오두막에서 밤을 새우게 되었다.

　"여기에서 현이 아직 멀고 한설寒雪로 하여 갈 수 없으니 하룻밤 묵어가게 해주오."

　신도징의 청에 주인이 쾌히 응했다.

　"누추한 방이어서 주저되오만 손님만 좋다면 묵어가시구려."

　신도징은 밖에 나가 말안장을 풀고 헛간에 매어놓았다. 마초는 미리 준비해온 것을 주었다.

　방안에 들어가보니 낭자가 이미 침구를 펴놓았다. 잠시 후 낭자가 세수를 하고 단장을 한 후 신도징이 묵는 방으로 들어왔다. 신도징은 달라진 낭자의 아름다움에 반해버렸다.

　"정혼한 데가 있소?"

　"아니옵니다."

"내가 낭자에게 청혼하고 싶소이다."

낭자는 대답하지 않고 늙은 아버지를 모셔왔다.

"기약하지 않은 귀한 손님이 저것을 거두어주신다니, 천생연분인가 보오."

늙은 아버지는 신도징을 사위로 맞았다. 그날 밤 신도징은 낭자를 아내로 맞았다. 그리고 이튿날, 아내를 말에 태워 길을 떠났다. 그는 임지에 이르러 임무를 수행했다. 그러나 봉록이 매우 적어 생활이 어려웠다. 이 어려운 생활을 아내가 잘 꾸려주어 신도징은 고맙고 대견하게 여겼다.

신도징이 임기를 마치고 돌아갈 즈음에 두 사람은 1남 1녀를 두었다. 자녀들이 매우 총명하여 신도징이 몹시 사랑했다. 일찍이 그는 아내에게 시 한 수를 바쳤다.

> 한번 벼슬하매 매복梅福을 부끄러이 여기고
> 3년이 되어 맹광孟光을 부끄럽게 여겼노라
> 이 뜻을 어디에 비길까
> 시냇가에 원앙이 놀도다

아내가 온종일 읊고 속으로 화답하는 것 같았으나 입밖에 내지 않았다. 신도징이 임기를 마치고 온 가족을 거느리고 고향집으로 돌아왔다. 그런데 아내가 갑자기 슬퍼하며 말했다.

"요전에 제게 준 글에 화답하겠나이다."

그녀가 읊었다.

> 부부의 금슬이 비록 중하나
> 산림에 뜻이 스스로 깊네
> 항상 시절이 변함을 근심하고
> 홀로 백년 동거의 마음을 짚어졌네

신도징은 아내와 함께 처가에 갔으나 아무도 없었다. 아내가 하루 종일 슬피 울다가 벽 모서리에 걸린 호피虎皮 한 장을 보고 크게 웃고 말했다.

"이 물건이 아직 여기에 있는 줄 몰랐다오."

아내가 호피를 뒤집어쓰자 곧 호랑이로 변했다. 방안에서 발톱을 드러내어 벽을 훑퀴더니 돌연히 문을 박차고 나갔다.

신도징은 넋이 빠져 있다가 아이들을 데리고 아내를 찾았으나 헛수고였다. 산림을 향하여 며칠 동안 통곡을 터뜨렸다.

김현과 신도징은 호랑이 아내를 얻었으나 서로 달랐다. 신도징의 호랑이 아내는 배반하는 시를 주고 어흥거리며 벽을 훑퀴고 도망친 것이 김현의 호랑이 아내와는 달랐다. 김현의 호랑이 아내는 꼭 필요하여 부득이 사람들에게 상처를 입혔으나 약방문을 가르쳐주어 상처 입힌 사람들을 치료했다.

짐승도 어질기가 이렇거늘 사람으로서 짐승만도 못 한 자가 있음은 무슨 까닭일까. 사람 사는 세상은 그때나 지금이나 다를 바 없으니, 이것이 역사의 진실이 아니겠는가.

신도징의 시에서 매복은 한대漢代 사람으로 왕망王莽이 정변을 일으키자 처자를 버리고 산으로 들어가 신선이 되었다는 인물이다.

또 맹광은 동한東漢의 현녀賢女로 양홍梁鴻의 아내이다. 남편은 밭을 갈고 아내는 배를 짜며 동고동락한 것으로 유명하다.

## ◉ 처용은 누구일까

처용處容은 동해 용왕의 7명의 아들 가운데 하나로 알려졌다. 그러나 처용은 동해 용왕의 아들이 아니고 실존 인물일까?

헌강왕憲康王은 개운포(지금의 울주)에 나들이를 갔다가 환궁하는 길에 해변가에서 잠시 쉬고 있었다. 그때 난데없이 구름과 안개가 앞이 보이지 않을 정도로 덮자 일관을 불러 물었다. 일관은 동해 용왕이 변괴를 부리는 일이라서 임금이 좋은 일을 베풀어야만 풀릴 것이라고 했다.

헌강왕은 그 근처에 절을 지으라고 즉시 명령을 내렸다. 그러자 곧바로 안개와 구름이 걷히고 날씨가 화창해졌다. 그리고 어디에서 나타났는지 용왕의 아들 7명이 헌강왕 앞에서 왕의 덕을 칭송하고 춤과 노래를 펼쳐 보였다.

임금은 그들의 춤추는 모습을 보고 괴이하게 여겨 물었다.

"저 춤은 어느 나라 춤인고?"

"용궁에서 추는 춤이옵니다. 신들은 용왕의 아들이옵니다."

용왕의 아들 하나가 임금 앞으로 나와 말했다. 헌강왕은 그들의 춤을 감상했다. 어가가 환궁할 때 용왕의 아들 하나가 임금에게 청했다.

"신의 이름은 처용이옵니다. 용왕의 명으로 신라의 신하가 되어 신라의 모든 것을 배우고자 하옵니다. 신을 거두어주소서."

임금은 처용을 데리고 환궁했다.

처용은 미녀를 아내로 맞고 급간級干의 벼슬을 받았다. 처용은 춤을 잘 추어 밤마다 청춘남녀를 모아놓고 춤을 가르쳤다.

어느 날 밤, 처용이 밤 늦도록 춤을 가르치고 집에 돌아와보니 아름다운 아내가 역신疫神과 함께 누워 있었다. 역신이 처용 아내의 아름다움에 반해 사람으로 현신하여 사랑을 나눈 것이다.

처용은 두 사람이 누워 있는 것을 보고 노래를 지어 부르고 춤을 추며 그 자리를 물러갔다.

동경東京 밝은 달에 밤새 노닐다가
집에 돌아와 자리 보니 가랑이가 넷이어라
둘은 내 것인데 둘은 누구 것인고
본디 내 것이건만, 빼앗겼음을 어이할꼬

이 노래를 듣고 역신이 제 모습으로 변하여 처용 앞에 무릎을 꿇었다.
"내가 공의 아내를 욕심내어 잘못을 저질렀소. 그런데 공께서 노여워하지 않으니 감탄하고 있소이다. 내 맹세컨대 앞으로는 공의 얼굴을 그린 초상만 보아도 그 집에는 절대로 가지 않겠소이다."

역신은 처용에게 용서를 빌고 물러갔다. 그후부터 신라 사람들은 처용의 초상을 그려 문에다 붙이고 나쁜 귀신을 쫓는 풍습이 생겼다.

이 말을 들은 임금은 영취산 동쪽의 좋은 땅을 골라 절을 짓고 망해사望海寺 또는 신방사新房寺라 했다. 용을 위해서 절을 지은 것이다.

민속학에서는 처용설화를 무당의 시조 또는 그 주술에 관한 이야기로 보았다. 따라서 처용은 용을 모신 신사神祠에서 제사를 지내던 인물이며, 그가 왕을 따라 경주에 온 것은 당시 제1급의 무당으로 대우받았다는 해석이다.

또한 처용의 아내와 역신의 동침을 무녀 사회에서 흔히 보는 매춘행위로 해석하거나, 처용을 후대의 풍습인 '제웅'과 연관시키기도 한다.

한편 역사학계 일부에서는 그 당시 신라가 처해 있던 정치적 상황을 고려하여 처용을 지방 호족으로 보고 있는 경향이 있다. 처용설화는 신라 말기에 경주의 귀족이 지방 호족을 포섭하거나 견제하면서 지배체제를 유지하려고 노력했지만, 결국 실패로 돌아가는 과정을 반영하고 있다는 것이다.

사실 설화는 황당한 내용을 지니고 있지만 거기에 등장하는 소재들은 역사적 사실을 간접적으로 상징하고 있다. 특히《삼국유사》에 실린 설화에는 용이 많이 등장한다. 그 용은 대개 두 부류이다. 하나는 국왕을 비롯한 골품 귀족 정권, 다른 하나는 지방에 있으면서 신라로부터 떨어져 나갈 수도 있는 세력을 상징한다. 황룡사를 지을 때 나타난 용은 전자를, 수로부인을 납치한 동해 바다의 용은 후자를 나타낸다. 그러므로 처용은 동해 용으로 상징된 울주 지방 호족의 아들이라는 것이다.

더구나 처용이 왕을 따라가 경주에서 관등을 받은 것은 골품 귀족들이 자신들의 약화된 권력을 유지하기 위해 지방세력을 적극적으로 포섭하는 한편, 그 자제를 경주로 불러들여 견제수단으로 삼으려 한 사실을 나타낸다. 또 미녀를 아내로 맞게 한 것은 정략결혼에 해당한다. 그 미녀를 옛날에 사랑했던 남자가 빼앗을 수도 있고, 귀족 계급의 자제가 겁탈할 수도 있었을 것이다.

이러한 정황으로 미루어보아 경주는 이미 퇴폐적이고 향락적인 수도로 전락했다는 증거가 충분하다. 설화에 등장하는 역신은 도덕성을 상실한 병든 도시를 상징하며, 역신과 동침한 미녀도 시골 청년의 건강성과는 대립되는 존재이다. 처용은 그들을 상대할 미련조차 가질 수 없었다. '노래를 부르고 춤을 추고 물러났다' 는 처용가가 이를 잘 보여주고 있다.

헌강왕 때 경주 시내는 초가집이 없었고, 숯으로 밥을 지어 먹었다고 할 정도로 풍족한 태평성대였다는 기록이 남아 있다. 그러나 과연 도덕적으로 튼튼한 사회였는지 의문이 간다. 마치 멸망 전의 로마의 호화로움 같은 상황은 아니었는지 모를 일이다.

처용의 지방 호족 아들설과는 달리, 아라비아 인설이 있어 주목된다. 이는 통일신라시대의 국제 교류를 두고 설화에 나타난 처용이 아라비아 인이라고 하는 독특한 견해를 보이는 학자가 있다. 고려 가요에 나타나는 회회인回回人은 바로 아라비아 인을 가리키는 말이다. 고려시대에 이들은 백여 명씩 떼를 지어 찾아와 조정에서 마련해준 객사에 묵으면서 무역을 했다.

회회인, 즉 아라비아 인들은 당나라 때부터 중국·인도·동남아시아를 잇는 바닷길을 왕래하면서 그 일부가 신라에 왔을 수도 있다. 당시 신라에서 당에 이르는 바닷길은 여러 군데이지만, 특히 울산이나 포항에서 출발하여 남해안을 돌아 서해안의 흑산도를 거쳐 중국으로 이어지는 경로를 많이 택했다. 이 항로라면 아라비아 인들이 충분히 들렀음직하다.

이를 반증하는 것으로 현재 남아 있는 9세기 무렵의 이슬람측 문헌에 신라에 대한 언급이 적지 않다. 특히 눈길을 끄는 것은 "중국의 동쪽에 6

개의 섬으로 이루어진 신라라는 나라가 있는데, 금이 풍부하다. 그곳에 간 무슬림들은 좋은 환경에 매료되어 영구 정착해버리고 만다"는 기록이다.

경주 괘릉에 가면 무인석을 볼 수 있는데, 조선인의 모습과는 거리가 멀다. 우람한 체격에 높은 코, 파마를 한 듯한 턱수염 등은 아라비아 인의 모습에 가깝다. 이는 왕래의 가능성을 말해준다. 《삼국사기》 헌강왕 5년조에 보면 "왕이 나라 동쪽을 둘러볼 때 어디서 왔는지 알 수 없는 네 사람이 왕 앞에서 노래를 부르고 춤을 추었다. 그 모습이 무섭게 생기고 옷차림새가 괴상했다"는 기록이 있다.

이 기록은 처용 설화와 맥락을 같이한다. 이상과 같은 배경을 전제로, 신라 설화에 나오는 용왕은 항해와 불가분의 관계가 있다는 점, 신라인의 눈에는 처용이 옷차림새와 용모가 이상한 사람으로 비쳤다는 점, 개운포는 아라비아 상인들이 많이 와서 살던 당나라 양주楊州까지 이어지는 신라와 당나라 바닷길의 출발점이라는 점 등이 아라비아 인설을 뒷받침해주고 있다.

이 두 가지, 처용의 지방 호족 자제설이나 아라비아 인설은 그 당시 신라사회의 실상을 종합하여 받아들인다면, 처용 설화가 어떠한 시대적 배경에서 성립한 것인가를 이해할 수 있을 것이다. 설화의 배경에 숨겨져 있는 다양한 사회상을 이해하는 것만으로도 처용의 지방 호족의 아들설과 아라비아 인설은 충분한 가치가 있다. 처용은 과연 누구일까.

### ❋ 광덕과 엄장 스님

문무왕 때 광덕廣德과 엄장嚴莊 두 스님이 있었다. 이들은 절친한 사이였다. 불경 공부를 하면서도 서로 도와주고 뜻을 틔워주었다. 이들은 이런 약속도 했다.

"자네가 먼저 극락에 가거들랑 내게 먼저 알리고 가야 하네."

"여부 있는가. 그것은 자네도 마찬가지일세."

이들은 서로 간이라도 떼어줄 만큼 친했다.

광덕은 분황사芬皇寺 서쪽 마을에서 은거하며 신을 만드는 것을 업으로 삼고 살았다. 그에게는 아내가 있었는데, 분황사 부엌일을 보는 보살이었다.

엄장은 남악南岳에 암자를 짓고 암자 근처를 일궈 농사를 지으며 살았다.

어느 날 저녁 무렵이었다. 저녁 노을이 붉게 타오르고 솔그늘이 짙어 사위가 선경이었다. 엄장은 저녁 예불을 마치고 암자 주위를 산책했다. 그때였다. 어디선가 한 줄기 서광이 비치더니 뜻밖에도 광덕의 목소리가 들렸다.

"나 먼저 가네. 자네도 뒤따라오게나."

하늘에서 음악소리가 들렸다.

엄장은 이튿날 광덕이 살고 있는 분황사 서쪽 마을로 달려갔다. 광덕이 열반에 들어 있었다.

"언제 열반에 드셨소이까?"

"어제 저녁 무렵이나이다."

광덕의 아내가 슬픈 기색도 없이 대답했다. 엄장은 광덕의 아내와 다비식을 치렀다.

다비식을 마쳤는데도 엄장이 돌아가려 하지 않았다.

"스님, 어두워지기 전에 암자로 돌아가소서."

"부인이 마음에 걸려 차마 돌아갈 수 없소이다."

"염려 마소서. 저는 아무렇지도 않나이다."

엄장은 그래도 갈 생각을 하지 않고 한참 동안 생각에 잠겨 있다가 말했다.

"부인, 광덕과 나 사이를 누구보다도 잘 아실 것이나이다. 우리 사이는 몸은 둘이나 마음은 하나였소이다. 이제 광덕이 먼저 극락으로 갔으니 부인께서는 나를 따르는 게 어떻겠소이까?"

"스님의 뜻이 정 그러시다면 따르겠나이다."

부인이 선뜻 허락했다. 엄장은 기분이 좋았다. 그날 밤, 새로이 부부가 된 엄장과 부인이 잠자리에 들었다. 신혼 첫날 밤이었다. 엄장이 부인 곁으로 다가가 합궁할 뜻을 밝혔다. 이에 부인이 화들짝 놀라며 정색을 하고 말했다.

"중이 서방 극락을 구함은 마치 나무에 올라 물고기를 구하는 것과 같나이다."

"그 무슨 소리요? 함께 살기를 약속했거늘 어찌 이리 무례하게 구는 게요!"

그러자 부인이 부드러운 미소를 짓고 어린애 달래듯이 말했다.

"광덕 스님과 10여 년을 한방에서 부부로 살았으나 단 한번도 합궁하지 않았나이다. 광덕 스님은 밤마다 단정히 앉아 나무아미타불을 읊거나 16관觀(서방극락에 왕생하는 여러 문호門戶)을 지어 관(미망迷妄을 마치고 진리를 달관함)이 이미 숙달되었나이다. 그리하여 밝은 달빛이 창에 비치면 그 빛을 타고 가부좌를 틀었으니 비록 서방정토로 가고자 아니해도 어찌 가지 않을 수 있겠나이까?"

엄장은 부끄러워 몸둘 바를 몰랐다. 그런 모습을 보고 부인이 타이르듯이 말했다.

"대개 천리를 가는 사람은 그 첫걸음을 보고 알 수 있나이다. 지금 스님의 생각은 동쪽에 있으니 서방은 알 수가 없는 상태이나이다."

엄장은 부끄러워 어찌할 바를 모르다가 자리에서 일어나 부인에게 큰절을 올리려고 했다. 부인이 얼른 일어나 만류했다.

"이러지 마소서. 제가 불편하나이다."

"부인, 소승은 아직 멀었나이다. 용서하소서."

"그렇지 않나이다. 정진하소서."

이튿날 엄장은 분황사로 달려가 원효대사를 만나 간밤에 일어났던 일을 사실대로 얘기하고 가르침을 청했다.

원효대사는 삽관법錘觀法(정신 집중으로 선정에 드는 것)을 지어 엄장을 가르쳤다. 엄장은 자기의 암자로 돌아와 다시 시작하는 자세로 정진했다. 그는 한마음으로 관觀을 닦았다.

몇 년 후 엄장은 광덕처럼 초여름 해질 무렵 극락왕생했다. 광덕 스님의 부인은 비록 분황사 부엌일을 하는 보살이었으나 실은 관음의 19응신應身 가운데 하나였다.

광덕이 일찍이 노래를 지었다.

달아, 이제 서방까지 가시나이까
무량수불전無量壽佛前에 말씀 아뢰소서
맹세 깊으신 무량수불전에
우러러 두 손 모아 사뢰기를
원왕생願往生 원왕생이라고
그리워하는 사람 있다고
사뢰고 사뢰주소서
아아 이 몸 버려두고
48대원大願을 다 성취하실까.

신라의 향가로 광덕이 지었다는 '원왕생가' 이다. 그러나 작자는 확실히 알 수 없다.

## 진표율사

성덕왕 때에 완산주完山州(지금의 전주) 만경현萬頃縣(지금의 김제시 만경면)에서 진표가 태어났다. 아버지는 진내말眞乃末, 어머니는 길보랑吉宝娘

이다. 성은 정井씨였다. 그의 나이 12세 때에 금산사金山寺 숭제법사崇濟法師의 강석講席에 나아가 중이 되기를 결심했다. 법사가 말했다.

"내가 일찍이 당나라에 들어가 선도삼장善道三藏(중국 사천 사람으로 성은 주朱씨이다. 정토교의를 대성했다)에게 배운 후에 오대산에 들어가 문수보살의 현신에 감응하여 5계戒를 받았느니라."

이에 진표가 물었다.

"큰 스님, 부지런히 도를 닦아 얼마나 되면 계를 받나이까?"

"정성껏 닦으면 1년이면 되느니라."

진표는 법사의 말을 듣고 명산 대찰大刹을 돌아다니다가 선계산仙溪山(부안 변산) 불사의암不思議菴에 머물러 3업業(신업身業·구업口業·의업意業으로, 즉 동작·언어·의지의 작용)을 닦고 계를 얻었다.

그는 처음 7주야를 기약하고 5륜輪(오체五体를 말함. 두부頭部와 사지四肢가 원圓이 된다)을 돌에 메쳐 팔뚝과 무릎이 모두 부서지고 피가 바위에 배일 정도로 흘렀다. 그래도 성응聖應이 없는 것 같아 몸을 던져버리기로 작정하고 다시 7주야를 정진하여 14일의 정진기도를 마쳤다. 그때 진표에게 지장보살이 나타나 보살에게 정계淨戒를 받았다. 그의 나이 23세 때의 일이다. 그러나 그의 뜻은 미륵보살의 현신에 있었다. 그는 중지하지 않고 정진했다. 그리하여 미륵이 감응하여 나타나 《점찰경占察經》 두 권과 증과간자證果簡子(증과는 불가에서 수행으로 얻은 오도悟道의 고업이며, 간자는 점치는 대쪽) 189개를 주고 일렀다.

"그 가운데 제8간자는 새로 얻은 묘계妙戒를 비유함이요, 제9간자는 구계具戒를 얻은 비유이니라. 이 두 간자는 내 손가락뼈요, 그 나머지는 모두 침단목沈檀木으로 모든 번뇌를 말한 것이니 너는 이것으로 법을 세상에 전하여 사람을 구제하는 진벌津筏(나루를 건너는 배와 같다는 뜻으로, 즉 수단과 방법)을 삼을지어다."

지장과 미륵 두 보살로부터 수계를 받은 진표는 금산사로 갔다. 그는 금산사를 대가람으로 중창할 원력을 세웠다. 금산사에는 큰 연못이 있었다. 그는 연못을 메워 그곳에 미륵전을 세우려고 했다. 못은 둘레가 1킬로미터나 되었다.

불사가 시작되었다. 돌과 흙으로 연못을 메웠다. 아무리 돌과 흙을 집어넣고 바윗덩이를 넣어도 연못은 좀체 메워지지 않았다. 진표는 지장보살과 미륵불의 가피 없이는 연못을 메울 수 없다고 보았다. 그는 백일기도에 들어갔다.

"두 보살이시여, 부디 이 미련한 납자에게 힘과 지혜를 주시옵소서."

백일 동안 정성을 다해 기도했다. 백일기도를 마치고 회향하는 날이었다.

"미련한 대중이로다. 이 큰 연못에는 용이 살고 있느니라. 바위나 흙으로는 못이 메워지지 않는다. 숯으로 메워야 하느니라. 이 연못의 물을 마시거나 목욕을 하는 사람은 모든 병이 낫는 영검이 있느니라. 중생의 아픔을 치유하고 불사를 원만히 마치도록 하라!"

미륵불과 지장보살이 진표에게 현신하여 이렇게 말하고 사라졌다.

진표가 신도들에게 전했다.

"누구든 병이 있는 사람은 금산사 연못물을 마시거나 목욕을 하시오. 그러면 병이 완치될 것이오. 그 대신 숯을 가지고 와서 못에 넣고 업장을 참회해야 하오."

경상도에서 문둥병 환자가 숯을 한 짐 짊어지고 와서 못에 넣고 물을 마시고 목욕을 했다. 기적이 일어났다. 문둥병이 말끔히 치유되었다. 이 소문이 퍼지자 전국에서 환자들이 숯을 짊어지고 금산사로 모여들었다. 연못은 한 달도 못 되어 메워졌다. 그 위에 미륵전을 세웠다.

그후 진표는 고기와 자라에게도 계를 주어 이름을 떨쳤다. 경덕왕이 이 소문을 듣고 궁궐로 불러 진표에게 보살계를 받고 쌀 7만 7,000석을 시주했다. 그리고 궁중과 왕후 쪽 가족들에게 모두 계를 받도록 했다. 이들에게서 진표는 비단 500필과 황금 50냥을 시주받았다. 이 모든 것을 여러 사찰에 골고루 나누어주어 널리 불사를 일으켰다.

진표의 수제자로 영심永深·보종宝宗·신방信芳·체진体珍·진해珍海·진선珍善·석충釋忠 등이 있다. 이들은 모두 산문의 개조가 되었다. 영심은 진표가 간자를 전해주어 속리산에 거주하며 법을 이어갔다. 단壇을 만드는 법이 점찰육륜占察六輪과 좀 다르나 수행하는 것은 산중에 전하는 본규와 같았다.

단이란 범어梵語 만다라의 의역이다. 형태는 여러 종류가 있으나 흔히 자단紫壇으로 만들되 지륜指輪(사각)·수륜水輪(원형)·화륜火輪(삼각)·풍륜風輪(반원형) 등이 있다.

점찰육륜의 점찰은 길흉선악吉凶善惡을 점치는 것이고 육륜은 잘 알려지지 않았다.

진표율사眞表律師가 금산사에서 나와 속리산으로 가는 도중에 소가 끄는 마차를 탄 사람을 만났다. 그런데 소가 진표 앞에서 무릎을 꿇고 울었다. 수레에 탄 사람이 내려 진표에게 물었다.

"이 소가 어찌하여 화상을 보고 무릎 꿇고 우는 게요? 그리고 화상은 어디에서 오는 게요?"

"나는 금산사의 진표라는 중이오. 내가 일찍 변산의 불사의 방에 들어가 미륵·지장의 두 성인 앞에서 친히 계법과 진생眞牲을 받아 절을 짓고 오래 수도할 곳을 찾아서 오는 길이오. 이 소는 겉으로는 어리석어 보이나 속으로는 현명하여 내가 계법을 받은 것을 알고 불법을 중히 여기는 까닭에 꿇어앉아 우는 것이오."

"축생도 이러한 신념이 있거늘 내가 사람으로서 어찌 무심하리오."

그 사람은 낫으로 머리를 잘랐다. 진표는 자비로운 마음으로 그의 머리를 깎아주고 계를 받도록 했다.

진표는 속리산 동리洞裏에 가서 길상초吉祥草가 난 곳을 보고 표해두었다. 그후 명주溟州(지금의 강릉) 바닷가로 나가 천천히 걸었다. 고기와 자라 따위들이 바다에서 나와 진표 앞에 서로 띠를 이루어 그것들을 밟고 바다에 들어가 계법戒法을 창념唱念하고, 다시 나와 고성군高城郡에 이르러 개골산皆骨山(금강산)에 들어가 발연사鉢淵寺를 세우고 점찰법회를 열었다.

발연사에 있은 지 7년, 명주 일대에 흉년이 들어 백성들이 아사 지경이었다. 율사가 백성들을 위해 계법을 설했다. 갑자기 고성 바닷가에 무수한 물고기가 저절로 죽어 나왔다. 백성들은 물고기를 팔아 기아를 면했다.

진표는 다시 불사의 방에 들어간 후 그제서야 고향에 돌아가 아버지를 뵙고 진문眞門 대덕大德의 방에 가서 거주하기로 했다.

속리산의 제자 영심이 대덕 융종融宗·불타佛陀 등과 진표에게 와서 청했다.

"큰 스님, 우리들에게 법문을 주소서."

진표가 대답이 없자 세 스님은 복숭아나무 위로 올라가 거꾸로 떨어져 용맹을 보였다. 이에 진표가 교教를 전하여 관정灌頂(수계 또는 수도증진 때 향수를 이마에 들이붓는 의식)하고, 가사와 바릿대, 그리고《공양차제비법供養次第秘法》1권과《일찰선악업보경日察善惡業報經》2권과 189개의 간자를 주고 다시 미륵진생구자彌勒眞栍九者와 8자者를 주며 경계의 말을 했다.

"9자는 법이오, 8자는 훈성薰成한 불종자佛種子다. 내가 이미 너희들에게 주었으니 가지고 속리산으로 돌아가라! 그 산에 길상초가 나는 곳이 있으니 그곳을 찾아 절을 세우고 이 교법에 의하여 널리 인간 세상을 건지고 후세에 유포하라."

영심 등이 진표의 말씀을 받들어 속리산으로 들어가 길상초가 난 곳을 찾아 절을 짓고 길상사라 이름지었다. 영심이 길상사에서 처음으로 점찰법회를 열었다.

진표는 아버지를 모시고 발연사에 들어가 함께 도업道業을 닦다가 효도를 마쳤다. 진표가 열반에 들 때 절 동쪽 큰 바위 위에 올라가서 열반했다. 제자들이 시체를 옮기지 않고 공양하다가 해골이 흩어지자 흙으로 덮어 묻고 유궁幽宮(묘)을 만들었다. 그 무덤에 청송青松이 자라났다. 세월이 흐르자 처음 자란 소나무가 마르고 다시 한 나무가 자라고 그후에 또 한 나무가 자랐다. 그런데 그 뿌리는 하나였다.

지금도 그 묘에는 쌍수雙樹가 자란다. 묘를 돌보는 이가 소나무 아래에서 뼈를 얻기도 하고 얻지 못하기도 한다. 일연一然 대사가 성골聖骨이 없어질까 두려워 소나무 아래에서 뼈를 주어 통筒에 담았다. 3홉쯤 되었다. 큰 바위 쌍수 아래 돌을 세우고 뼈를 안치했다.

## ❋ 장보고의 해상왕국

완도를 근거지로 9세기에 당·신라·일본을 잇는 바닷길을 장악하여 해상왕국을 건설한 장보고張保皐의 원래 이름은 궁복弓福 또는 궁파弓巴였다. 우리말로 풀면 활을 잘 쏘는 사람이란 뜻이다. 장보고란 이름은 나중에 권위를 세우기 위해 중국의 대성大姓인 장씨를 취한 데서 비롯된 것으로 보여진다.

그는 중국 산동반도에 법화원이란 절을 짓고 산동반도에서 양자강 연안까지 곳곳에 흩어져 살고 있던 신라인들의 후견인 노릇을 하면서 동지나 해의 국제무역을 장악했다. 험한 바닷길을 안전하게 왕래하기를 바라는 신라인은 물론 일본인 승려까지도 그에게 안전을 의탁하기도 했다.

신라는 통일 이후에 각 지역별로 방어체계를 형성했다. 해상에는 진을 설치하고 6두품 출신의 귀족을 파견하여 방어를 맡겼다. 청해진清海鎮·당성진唐城鎮·혈구진穴口鎮 등은 해적을 방어하기 위해 9세기에 설치한 것들이다. 이러한 해상 군진의 책임자를 진두鎮頭라고 했다. 아찬이나 사찬등의 관등을 가진 6두품 출신자들이 진두에 임명되었다.

이러한 군진 가운데 중요하고 특색이 있었던 것은 흥덕왕 3년인 서기 828년에 장보고가 지금의 완도에 설치한 청해진이다. 장보고는 다른 진두들과는 달리 중앙의 관등을 갖지 못한 지방 출신자였다. 그리고 당성진이나 혈구진처럼 중앙정부에서 설치한 것이 아니라 장보고 개인이 이룩한 것이다.

장보고의 출신 지역은 알려지지 않았으나 서남해도西南海島 출신이 아닌가 추측할 따름이다. 그의 옆에는 그보다 나이가 몇 살 아래인 정년鄭年이 있었다.

그 당시 신라의 정치가 어지러워지자 당나라 사람들이 신라의 연해를 왕복하며 무역에 종사하며 큰 이익을 챙겼다. 이들은 무역뿐만이 아니라 신라 사람들을 사다가 당나라에서 노예로 팔아먹었다.

궁복과 정년은 당나라에 들어갈 결심을 굳혔다. 신라에 있어 봐야 그들이 설 자리가 없었다. 정년은 물귀신으로 통할 만큼 헤엄을 잘 쳤다. 10여 리를 헤엄치고도 체력이 남아돌 지경이었다.

두 사람은 당나라로 들어가 군에 입대했다. 궁복은 워낙 활솜씨가 뛰어나고 창 다루는 재주가 뛰어나 무녕군武寧軍의 소장少將이 되어 비로소 장보고란 이름으로 불리었다.

두 사람은 홍덕왕 때 신라로 들어왔다. 당시 신라의 조정은 귀족들이 사병을 거느리고 권력쟁탈전에 혈안이 되어 있었다. 통일 이후 1세기 동안 신라의 귀족들은 평화를 구가했다.

"재상의 집에는 수입이 끊이지 않고 예속된 노비가 3,000여 명이나 된다. 이와 비슷한 수의 병사와 소·말·돼지 등 가축이 있다. 가축을 바다 가운데 섬에서 방목하는데 필요할 때마다 활을 쏘아 잡아먹는다."

《신당서新唐書》에 기록된 신라 귀족들의 생활상이다. 이외에 귀족들은 지방에 많은 토지와 장원을 보유하고 있었다.

홍덕왕은 장보고와 정년을 장수로 쓰려고 했으나 조정 장군들이 반대했다. 장보고가 홍덕왕을 만나 당나라에서 당하는 신라 사람들의 절박한 상황을 알렸다.

"대왕마마, 신이 당나라에서 본 것은 신라인의 비참한 노예생활이었나이다. 대부분 당나라 뱃사람들에게 잡혀왔다고 했나이다. 마마께오서 이러한 폐단을 없애기 위한 조치를 취하소서."

홍덕왕은 바다에 진을 설치하고 뱃사람들을 감독하는 것이 상책일 것 같았다. 임금이 조정 중신들과 의논하여 완도에 청해진을 설치하고 장보고를 대사로 임명했다.

청해진은 당나라에서 황해를 건너 흑산도와 남해 연안을 거쳐 일본의 북규슈(九州)에 이르는 무역 항로의 중간 기항지였다. 장보고는 지방민 1만여 명을 모집하여 군대를 조직했다. 청해진이 생긴 이후 당나라 배가 신라를 얕잡아볼 수 없었다.

청해진 설치 이후 황해와 남해의 해적들은 완전히 소탕되었다. 장보고는 해적소탕을 하는 한편, 황해의 무역로를 보호하면서 당나라와 일본과의 무역을 활성화시켜 갔다. 이를 바탕으로 장보고는 독립적인 경제기반을 구축해갔다. 마침내 그는 동지나 일대의 해상권을 장악하고 당·신라·일본을 잇는 국제무역을 주도해나갔다.

이전까지 대외무역은 공무역이었다. 경주의 귀족들이 독점했던 것이다. 그러나 청해진 설치 이후에는 대부분이 장보고의 사무역에 의존하게 되었고 공무역조차 장보고에 의해 주도되었다.

장보고는 당나라 산동성 문등현 적산촌에 법화원을 세우고 매년 500섬을 수확할 수 있는 장원을 기증했다. 이곳에는 신라인 승려 24명이 거주했다. 정월 대보름의 법회에는 신라인 250명이 모이기도 했다. 장보고는 그곳을 무역의 거점으로 삼았을 뿐만 아니라 신라인의 친목과 단결, 안녕을 도모하는 정신적 위안처로 만들었다.

바다는 조용해졌으나 경주에서는 왕위 싸움이 치열해져갔다. 홍덕왕이 재위 11년 만에 세상을 떠나고 상대등 균정均貞이 조카 제융悌隆과 왕위를 놓고 싸움을 벌였다.

홍덕왕은 아들이 없었으므로 동생 되는 충공이 이어가야 했다. 그러나 충공도 죽어 그의 아들 김명金明이 후보로 나왔다. 싸움은 3파전이었다.

그런데 김명이 제융 편에 섰다. 싸움은 다시 2파전으로 변했다. 제융 편은 김명 · 아찬 이홍李弘 · 배훤백裵萱伯 등이, 균정 편은 그의 아들 우징祐徵, 조카 예징禮徵 · 김양金陽 등이 밀었다. 싸움의 결과는 제융의 승리였다. 균정은 피살되고 우징은 도망쳤다.

제융이 왕이 되었다. 제43대 희강왕僖康王이다. 희강왕은 김명을 상대등으로, 이홍을 시중으로 임명하고 정치를 맡겼다.

한편 도망친 김우징이 머리 두를 곳이란 청해진밖에 없었다. 장보고가 받아주기만 한다면 청해진보다 안전한 곳이 없었다. 우징은 아들 경응과 아내를 데리고 청해진으로 들어갔다.

장보고는 난처했으나 귀족을 홀대할 수는 없었다. 그를 흔쾌히 맞아주었다. 뒤따라 예징과 아찬 양순良順이 청해진으로 들어왔다.

장보고에게 시집갈 나이의 딸이 있었다. 바닷가에서 활발히 자라서인지 키가 크고 활달했다. 우징의 아들 경응과 장보고의 딸이 자연스럽게 사귀었다. 두 사람은 바다 낚시를 하기도 하고 배를 타고 멀리 나가 선유를 즐기기도 했다.

그 당시 당나라 동해안에는 많은 신라인이 살았다. 그 중에서도 초주楚州의 신라인 거주지역을 신라방新羅坊이라 하여 신라인 스스로 자치권을 행사했다. 이들 가운데 연안 운송사업과 산업에 종사하는 자들과 양주楊州 · 소주蘇州 · 명주明州 등지에서 아라비아 페르시아 상인과 교역하는 자들, 당나라 · 일본을 오가며 국제무역에 종사하는 자들이 많았다. 장보고는 이들에게 영향력을 행사했다. 그리고 이들의 지원을 받아 국제무역을 활발하게 전개했다.

장보고의 무역 사절은 회역사迴易使 · 견당매물사遣唐賣物使 등으로 불리었다. 그의 무역활동이 사적인 것이 아니라 국가간 공식적인 것이라는 의미를 부여하고 있었음을 뜻한다. 그러기에 그는 대사大使로 불리었다.

중국을 순례하고 법화원에서 묵은 일본 승려 엔닌(圓仁)이 본국으로 돌아갈 때 배편을 구하면서 서기 840년에 장보고와 그의 부하에게 보낸 서신이 전해지고 있다.

"생전에 귀하를 뵌 적은 없으나 높으신 이름을 오래 전에 들었나이다. 그러기에 우러르는 마음이 더욱 깊어만 가나이다. 이 엔닌은 이미 대사의 어진 덕을 입었기에 삼가 우러러 뵙지 않을 수 없나이다."

장보고의 부하에게 엔닌은 "청해진을 거쳐 일본으로 돌아가고자 하니 장보고 대사를 만나 자세한 사정을 여쭙고자 합니다"라고 적고 있다. 장보고의 이름은 이미 국제적으로 널리 알려져 있었다.

장보고의 주위에는 신분은 낮으나 능력이 뛰어난 인물들이 모여들었다. 그는 무역을 하여 막대한 부를 축적, 지방의 큰 세력으로 성장했다. 그는 이러한 세력을 기반으로 경주의 권력투쟁에도 개입했다.

상대등 김명은 자기 세상을 만나 희강왕을 무시하고 마음대로 전횡을 일삼았다. 때로는 임금의 침전 옆에서 궁녀를 끼고 밤을 새우는 무례를 서슴지 않았다. 시종 이홍이 상대등에게 쓴소리를 했다.

"상대등, 소문을 듣고 있소?"
"소문이라니요?"
"저잣거리에 상대등에 대한 소문이 좋지 않소이다. 삼가시오!"
"정치를 백성들이 한답디까? 시중은 시중이 할 일이나 챙기시오!"

이홍은 다음날부터 조정에 나오지 않았다. 상대등은 오히려 좋은 기회로 여겼다. 이찬 김귀金貴와 아찬 헌숭憲崇을 불러 음모를 꾸몄다. 가병家兵들을 몰고 궁궐로 쳐들어가 임금의 좌우에 있는 신하들을 모두 목베고 왕을 폐위시켜 버렸다. 반란이 성공한 것이다. 왕은 스스로 목숨을 끊어 버렸다.

김명이 왕이 되었다. 제44대 민애왕閔哀王이다. 김귀를 상대등으로, 헌숭을 시중보로 삼았다.

김양은 숨어 살다가 청해진으로 달려갔다. 우징이 김양에게 조정 소식을 듣고 이를 갈았다.

"김명, 이노옴! 네놈이 임금을 죽이고 왕위를 찬탈하다니, 하늘이 무섭지 않느냐!"
 그러나 우징에게는 김명을 응징할 만한 군사가 없었다. 장보고에게 의논할 수밖에 없었다. 김양·우징·장보고가 머리를 맞대었다.
 "장 대사, 지금 김명이 임금이 되어 나라를 위기로 몰아가고 있소이다. 이대로 보고만 있으면 아마 장 대사도 가만두지 않을 것이오. 기회를 노려 청해진을 칠지도 모르오. 그러니 우리가 먼저 그자를 응징해야 하오."
 우징의 말에 장보고는 명분을 찾았다.
 "김명은 분명히 반역자요. 반역자를 두고 볼 수는 없는 노릇이지요. 내가 김명을 치고 어느 분을 추대할 것인지 정해주소서."
 이에 김양이 나섰다.
 "그야, 당연히 여기 계시는 우징 이찬께서 보위에 오르셔야지요."
 "내 생각도 같소이다. 김양을 응징하겠으니 보위에 오를 준비나 하소서."
 장보고는 정년을 불렀다.
 "이보게, 오랫동안 너무 쉬었지 않은가?"
 "형님, 무슨 말씀이십니까?"
 "싸움을 한번 해보라는 것일세."
 "누구와 싸움을 합니까?"
 "왕위를 찬탈한 자를 응징하게나."
 "저더러 대궐을 치라는 것이옵니까?"
 "그렇다네. 우리 이찬을 모시고 가서 임금을 바꾸게나."
 "모처럼만에 신나는 일이외다. 당장 출동하겠소이다, 형님."
 "잘하게나."
 정년이 이끄는 토벌대가 김우징을 앞세우고 경주로 떠났다. 총대장에 정년, 염장閻長·장변張辯·낙금駱金·장건영張建榮·이순행李順行 등이 부장을 맡았다. 총사령관은 장보고였으나 정년에게 5,000 병사를 주고 배후에서 지켜보기로 했다.

민애왕은 장보고가 군사를 일으켰다는 급보를 받고 김민주金敏周를 총사령관으로 삼아 무진주武珍州(지금의 광주) 철야현鐵冶縣에서 맞아 싸우도록 했다. 이 싸움에서 청해진 군사들은 승리를 거두어 사기가 드높아졌다. 패한 관군은 사기가 떨어져 도망칠 궁리를 했다.

정년이 이끄는 청해진 군사가 달구벌(지금의 대구)에 닿았다. 경주가 지근 거리였다. 임금은 적병이 달구벌을 지났다는 보고를 받고 이찬 대흔大痕, 대아찬 윤린允璘·의훈疑勳에게 군사를 주어 싸우도록 했다. 그러나 관군은 잘 훈련된 청해진 군사의 적수가 못 되었다. 관군이 점차 밀려 후퇴했다.

임금은 걱정이 되어 서쪽 교외로 나가 싸움을 관전했다. 싸움이 불리해지자 임금의 좌우에 있던 신하들이 어느 틈엔가 도망쳐버리고 나중에는 임금 혼자 남게 되었다. 그동안 임금이 여러 차례 바뀌어 신하들은 어느 줄에 서야 할지 헷갈렸다.

청해진군은 드디어 경주에 입성했다. 이날 장보고는 김우징과 말머리를 나란히 하고 백성들의 환영을 받았다. 궁궐에 있던 신하들이 나와 우징 편에 섰다.

"어서 오소서. 우리는 새 임금을 모시러 궁에서 나왔나이다. 민애왕은 형세가 불리한 것을 알고 월유궁月遊宮으로 들어갔나이다."

"알겠소. 즉시 궁으로 들어갑시다."

김우징이 신하들을 너그럽게 받아들였다. 청해진군은 텅 빈 궁으로 아무런 저항도 받지 않고 들어가 궁을 장악해버렸다. 우징은 서둘러 즉위식을 갖고 민애왕을 월유궁에서 죽였다. 제45대 신무왕神武王이 된 우징은 장보고에게 감의군사感義軍使라는 독특한 작위와 식읍食邑 2,000 호를 하사했다. 이 즈음이 장보고의 전성기였다.

"경의 딸을 태자비로 삼을 것이니 그리 아시오. 청해진으로 곧 황금마차를 보낼 것이오."

장보고에게 이보다 큰 영광은 없었다. 그런데 신무왕은 즉위한 지 두

어달 만에 병이 들어 자리에 누웠다. 별것 아니겠거니 생각했었는데 병이 점점 깊어 헛것이 보일 정도였다.
 어느 날 꿈을 꾸었다. 죽은 이홍이 나타나 꾸짖었다.
 "네 이놈, 우징아! 내가 무슨 죄가 있다고 죽였느냐! 내 너를 가만두지 않겠다!"
 이홍이 활을 쏘았다. 임금은 맞지 않으려고 등을 돌렸다. 화살이 임금의 등에 꽂혔다. 임금은 식은땀을 흘리며 꿈을 깨었다. 기분이 찜찜하여 간신히 일어나 앉아 꿈에서 화살이 꽂힌 등을 만져보았다. 조그마한 종기가 나 있었다. 그 종기가 점점 커져 등창이 되고 그것이 원인이 되어 며칠 심하게 앓다가 그만 세상을 떠나고 말았다. 재위 7개월도 안 되는 임금이었다.
 장보고는 이제나 저제나 궁에서 황금마차가 와서 딸을 데려갈 날을 기다리다가 신무왕이 승하했다는 소식을 접했다. 뒤를 이어 경응 태자가 보위에 올랐다. 제46대 문성왕文聖王이다. 문성왕은 장보고에게 교서를 내렸다.
 "청해진 대사 장보고는 일찍이 군사를 내어 선왕을 도와 선조의 역적을 물리치고 선왕을 모셨소. 짐이 경의 공덕을 어찌 잊으리오. 경을 진해장군으로 봉하고 장군의 복장 한 벌을 하사하는 바이오."
 장보고는 예를 다하여 교서를 받들고 나서 사신에게 물었다.
 "대왕께서 내 딸을 언제 데려간다 하시었소?"
 "나는 교서만을 받들고 왔을 뿐 다른 명령은 받지 못했소이다."
 사신의 대답은 냉랭했다. 장보고는 속으로 괘씸했다. 몇 해가 지났다. 장보고는 날이 갈수록 초조하고 불안했다. 딸의 나이 20세가 되었다.
 장보고는 딸을 설득하여 다른 곳으로 시집보내려고 했다. 그러나 딸은 경응과 정이 든 터라 다른 곳에 한사코 시집 가지 않겠다고 버텼다.
 임금이 장보고의 딸을 잊은 것은 아니었다. 신하들이 거론해주기를 은근히 바라고 있었다. 그러나 신하들은 모른 체해 버렸다. 임금이 이 문제를 거론하고 나섰다. 그러자 신하들이 머리를 맞대고 의논했다. 예징이 먼저 말했다.

"대왕마마의 말씀대로 장보고의 딸을 차비로 모셨으면 하나 진골의 피가 아니면 궁궐에 들어온 전례가 없소. 더구나 장보고는 일개 섬 사람이오. 그의 딸을 궁에 들일 수 없소."

"상대등의 말씀이 옳습네다. 허나 신의를 지켜야 하는 문제가 남아 있소이다. 선왕께오서 장보고에게 몸을 의탁하실 적에 그의 딸과 약속을 하였고, 또 현왕께서도 청해진에 계실 때 처자와 언약이 있은 것으로 아오. 성분 때문에 약속을 어긴다는 것은 조정의 체면이 아니오. 차비로 모시는 것이 타당하오."

시중 양순이 말했다.

"신의는 신분이 같을 때만 지켜지는 것이오. 장보고의 딸을 궁으로 들일 수 없소이다."

대아찬 김여가 반대했다. 결국 찬성하는 사람은 양순 혼자였다.

임금은 조정 공론을 무시하고 데려오려고 여러 차례 시도해보았으나 워낙 반발이 거세었다. 게다가 찬성한 시중 양순을 갈아치우라고 임금에게 압력을 넣었다. 임금은 할 수 없이 대아찬 김여를 시중으로 삼았다. 신하들의 말을 듣지 않으면 임금도 위태로웠다. 그만큼 정변이 심했다.

이러한 소문이 장보고의 귀에 들어갔다. 장보고는 화가 머리끝까지 치밀었다.

"내 이놈들을 손봐야겠구나. 약속을 헌신짝처럼 버리는 놈들을 가만두지 않으리라!"

장보고는 조정으로 쳐들어갈 뜻을 분명히 밝히고 군사들을 훈련시켰다.

조정에서는 장보고가 군사를 일으킨다는 소식을 접하고 걱정이 태산 같았다. 장보고를 당할 장수도 없을 뿐더러 싸우기 전에 왕위 다툼이 벌어질지도 모를 상황이었다. 조정 신하들이 죽을상이 되어 있는데, 전에 장보고의 부하로 있었고 선왕을 세우는 데 공을 세운 무진주 출신 염장이 나섰다.

"조정에서 내 말만 들으면 군사를 일으킬 필요 없이 내가 장보고의 머리를 베어오겠소이다."

조정 신하들은 반신반의했으나 다른 해결책이 없어서 염장을 믿어보기로 했다.

장보고가 화가 나서 이성을 잃고 있을 때 염장이 나타났다.

"자네가 웬일인가? 조정에서 잘 지내고 있겠지?"

"장 대사, 모르고 계셨수? 이놈 벼슬이 떨어진 지 오래요."

"어찌하여 쫓겨났나?"

"조정놈들은 신분 타령으로 날밤을 새운다오. 내가 어디 진골이어야 버텨보지요. 저희들끼리 잘해 먹으라고 나와버렸소이다."

"그랬구만. 잘되었네. 이참에 나와 함께 조정을 싹 쓸어버리세나."

"그렇잖아도 대사님의 소식 듣고 달려왔소이다. 내가 선봉장이 되겠소이다."

"고마우이."

두 사람은 오랜만에 밤이 깊도록 술을 마셨다. 그러나 염장은 목적이 있었으므로 술을 요령껏 마셨다. 장보고는 모처럼 만에 동지를 만나 의기투합되어 술을 양껏 마시고 쓰러졌다. 염장은 장보고를 쉽게 죽일 수 있었다. 술에 취해 큰 대자로 쓰러진 그의 가슴에 칼을 깊숙이 꽂았다. 장보고는 눈을 부릅뜨고 염장을 노려보다가 그대로 고개를 꺾었다.

양순은 장보고의 편을 들었다는 죄를 뒤집어쓰고 역적으로 몰려 죽었다.

장보고가 암살당한 뒤에도 이진창李珍昌 등 그의 잔여세력이 반란을 일으키자 귀족들은 청해진 지역의 주민들을 지금의 김제 벽골碧骨군으로 옮겨버렸다. 해상세력을 완전히 봉쇄해버린 것이다. 장보고의 암살은 통일 이후 중앙세력과 지방세력의 대립을 상징한다.

9세기 초에는 신라의 지방세력이 중앙에 의해 견제될 수 있었다. 그러나 장보고의 암살 이후 지방세력들은 중앙권력으로의 진출보다는 독자적인 지방세력을 확대해나가는 데 더 치중했다. 그 결과 9세기 후반에는 중앙세력이 통제할 수 없을 정도로 지방세력이 성장했다. 육지에서뿐만이 아니라 해상에서도 지방세력이 형성되었다.

장보고의 암살은 시사하는 바가 크다. 신라체제의 해체과정에서 나타나는 초기적 모습을 보여주는 사건이었다. 당성진과 혈구진은 후에 각각 진훤과 궁예에게 포섭되어 거대한 지방세력으로 성장했다. 장보고의 해상왕국은 정치적 야심 때문에 실패하고야 말았다.

## ● 조신의 꿈

세달사世達寺(흥교사興敎寺)의 장원莊園이 명주 날리군㮈李郡에 있었다. 본사인 세달사에서 중 조신調信을 보내어 지장知莊(장원 관리인)을 삼았다. 조신이 날리군 장원에 와서 태수 김흔金昕에게 부임 인사를 했다.

"장원 관리인으로 온 조신이라 하옵니다. 태수께오서 잘 보살펴주소서."

"생각보다 젊으신 스님이구려. 어련히 알아서 하시겠소?"

이때 태수의 딸 김낭자가 차를 내왔다. 조신은 낭자를 보고 그만 혹하고 말았다. 이 세상에서 본 제일 아름다운 낭자였다. 장원으로 올라온 조신은 잠을 이룰 수가 없었다. 한번 본 낭자의 얼굴이 조신의 넋을 빼앗아가버렸다.

조신은 낙산사洛山寺에 가서 부처님께 낭자와 인연을 맺게 해달라고 정성을 다해 빌었다.

"부처님, 김 낭자와 인연을 맺게 해주시면 죽어서도 부처님의 종이 되겠나이다. 부디 불쌍한 이놈의 소원을 풀어주시오소서."

그후 조신의 소원과는 달리 김 낭자가 시집을 가버렸다. 그런데도 조신은 그 여자를 못 잊고 전전긍긍이었다.

"부처님, 단 한번만이라도 만나게 해주소서. 부탁하나이다."

하루는 조신이 밤늦도록 기도를 드리다가 깜빡 잠이 들었다. 꿈에 김 여인이 나타나 싱긋 웃으며 인사를 하는 것이었다.

"스님, 오래 기다리셨나이다. 이 몸은 스님을 사랑하며 한번도 잊어본 적이 없나이다. 늘 마음속으로 함께 살기를 원하였건만 인연이 닿지 않아 다른 곳으로 시집을 가고, 이제야 스님 곁으로 오게 되었나이다. 어여삐 여기소서."

"오오, 낭자, 이제라도 만나 함께 살게 되었으니, 부처님께서 내 소원을 들어준 게요. 다시는 헤어지지 말고 백년해로 합시다."

"그래요, 스님. 저는 스님만을 사랑하나이다."

조신은 여인을 데리고 고향으로 돌아가 40년을 함께 살았다. 그리고 자녀 다섯을 두었다. 어쩌나 가난한지 집은 네 벽뿐이오, 끼니조차 잇지 못하여 자녀들을 데리고 다니며 구걸로 연명해갔다. 10년을 이러는 동안에 옷이 다 해져 몸을 가릴 수도 없게 되었다. 엎친 데 덮친 격으로 명주 해현령蟹縣嶺을 넘다가 15세 된 큰아들을 굶겨죽이고 말았다. 굶주림에 지친 아이가 더는 버티지 못하고 그만 저승으로 떠나버렸다.

조신 부부와 아이들은 통곡을 터뜨렸다.

"애야, 부모 잘못 만나 험한 세상 모질게 살다가 속절없이 죽고 말았구나. 저 세상에서는 좋은 부모 만나 호강하고 살려무나."

조신은 아들을 길가에 묻고 해현령을 넘어 우곡현羽曲縣에 닿아 길가에 초가집을 짓고 네 자녀와 새출발을 시작했다. 그러나 좀체 가난을 벗어나지 못했다. 10세 된 아이가 마을에서 동냥을 해와 겨우 허기를 달래었다. 그 아이마저 어느 날 동냥을 나가 마을 개에게 물려 자리에 누워버렸다.

조신 부부는 통곡을 터뜨렸다. 지지리도 못나 자식들을 고생시키는 자신들이 한심하다는 생각이 들었다. 한참을 통곡하다가 부인이 울음을 그

신라 215

치고 정색을 하고 말했다.

"내가 처음 낭군을 만났을 때는 얼굴이 아름답고 나이가 젊었으며, 의복이 많고 깨끗했나이다. 또 맛있는 음식도 낭군님과 나누어 먹고 의복은 낭군님과 나누어 입어 출가 30년에 정이 들대로 들고 사랑도 두터워 큰 인연이라고 알았나이다. 허나 근년에 와서 나이들어 몸이 쇠약한데다가 병까지 들고 굶주리는 날이 날로 핍박하나이다. 게다가 사람들이 우리를 꺼려 밥을 주려는 이도 없고 간장 한 종지 주지 않나이다. 뭇 사람들의 웃음거리가 되어 고통이 산과 같이 무겁고 아이들을 먹여 살릴 능력이 없으니 어느 틈에 사랑이 동해 부부의 즐거움이 있겠나이까. 홍안과 교태로운 웃음은 풀에 맺힌 이슬이요, 지란芝蘭과 같은 백년가약도 바람에 날리는 버들꽃과 같나이다. 낭군님은 나 때문에 누累가 되고 나는 낭군님 때문에 근심이 되니 옛날의 기쁨을 곰곰 생각해보건대 그것이 바로 우환의 발단이었나이다. 낭군님과 제가 어찌하여 이 지경이 되었는지요. 안타까울 뿐이나이다. 뭇새가 함께 굶어죽는 것보다는 차라리 짝 없는 난조鸞鳥가 거울을 보고 짝을 부르는 것만 못 할 것이나이다. 역경을 당하면 버리고 순조로울 때는 같이 사는 것은 차마 인정상 못 할 일인 줄 아오나 행하고 그치고 하는 것은 사람의 뜻대로 아니 되는 것인즉 헤어지고 만나는 것도 운명이 점지된 것이니 우리 이쯤에서 헤어짐이 좋을 듯하나이다."

아내의 말을 듣고도 조신은 놀라지 않았다. 그동안 고생이 자심하고 아들까지 잃은 비운을 당하여 삶이 지겨워 몹시 지쳐 있었다.

"부인의 뜻이 정 그러시다면 그렇게 하십시다."

"아이들은 둘씩 맡아 책임지기로 하면 어떻겠나이까?"

"좋을 대로 하시오."

헤어지는 마당에 부인이 말했다.

"나는 고향으로 가겠나이다. 낭군님은 남쪽으로 가소서."

조신은 부인과 이별을 하고 막 길을 떠나려 할 때 꿈을 깨었다. 기름이

다하여 등불이 막 꺼지려고 했다. 밤이 깊어 있었다.

아침이 되어 조신은 자신의 몰골을 보았다. 머리와 더부룩한 수염이 하얗게 세고 정신이 몽롱해졌다. 괴롭게 사는 삶이 싫어지고 백년 신고辛苦에 싫증이 나서 마음의 욕심 같은 것이 봄눈 녹듯이 녹아버렸다.

조신은 부처님 뵙기가 민망하여 크게 뉘우치고 해현령으로 달려가 땅에 묻은 아이를 다른 데로 옮기려고 했다. 아들이 묻힌 곳을 파보니 아들의 뼛골은 간데없고 돌미륵이 나왔다.

돌미륵을 물로 깨끗이 목욕시키고 정성스럽게 닦았다. 해현령 근처의 절에 돌미륵을 봉안하고 세달사로 달려가 장원 지장 임무를 사퇴했다. 그리고 사재를 털어 정토사淨土寺를 창건하고 부지런히 업業을 닦았다. 조신이 어디에서 어떻게 입적했는지 알려지지 않았다.

어디 조신의 꿈만 그러하겠는가. 지금 모든 사람들의 인간 세상이 즐거움만 알아 기뻐하고 애쓰고 있으면서 다만 깨닫지 못할 뿐이다. 이에 시를 지어 경계로 삼는다.

快適須更意己閑쾌적수경의기한
暗從愁裏老倉顔암종수리노창안
不須更待黃粱熟불수경대황량숙
方悟勞生一夢間방오노생일몽간
治身藏否先誠意치신장부선성의
鰥夢蛾眉賊夢藏한몽아미적몽장
河以秋來清夜夢하이추래청야몽
時時合眼到清凉시시합안도청량

잠시 뜻이 맞아 한가롭더니
어두운 근심 속에 편안한 얼굴이 늙었구나
저 수수밥이 익기를 기다릴 것 없이
수고로운 인생의 꿈을 깨었구나

자신의 몸을 정성들여 가꾸면 되련만

홀아비가 미인을 꿈꾸는 꿈은 사라졌도다

맑은 가을날 밤 꿈 꿀 때

눈을 감으면 맑은 곳에 다다르리라

## ◉ 신라의 야합 풍속

　삼국시대에 고구려·백제에서 야합野合으로 대표되는 인물은 고구려 제9대 고국천왕故國川王의 부인 우씨于氏이며, 백제는 책계왕責稽王이 대방군帶方郡 태수의 딸 보과宝菓를 취한 기록이 대표적이다. 우씨는 고국천왕이 죽자 국상을 알리지도 않고 왕의 동생 발기發岐에게 먼저 갔다. 물론 왕의 죽음을 알리기 위한 명분이었으나 한밤중에 찾아간 것은 다른 뜻이 있어서였다.

　우씨는 발기에게 무안당하고 발기의 동생 연우延優에게 갔다. 연우는 야심이 있었던지라 우씨를 깍듯이 맞았다. 두 사람은 배가 맞았다. 연우는 산상왕이 되고 우씨는 왕후가 되었다.

　신라의 야합에서 대표적인 인물은 김유신의 아버지 서현舒玄이다. 서현은 왕족 갈문왕葛文王(입종立宗)의 아들 숙흘종肅訖宗의 딸 만명萬明에게 추파를 던졌다. 이러한 일은 신라시대에 큰 잘못이 아니었다. 남녀가 만나 서로 마음이 통하면 눈짓하며 접근했다. 그렇게 만난 남녀는 다른 사람의 눈길을 피해 야합했다.

　뒷날 서현이 만노군萬弩郡(지금의 충북 진천) 태수로 부임할 때 만명을 데리고 갈 생각이었다. 서현은 몇 차례 함께 갈 것을 청했다. 서현이 만노군 태수로 부임해갈 때 만명을 데리고 가려 한 것은 서현에게 이미 아내가 있다는 증거였다. 이러한 입장이었으므로 만명의 아버지는 딸이 따라가지 못하도록 집안에 가두어버렸다. 게다가 감시원까지 둔 것을 보면 만명이 꽤 적극적이었던 것 같다.

서현이 만노군 태수로 부임하던 날 만명은 조바심이 났다. 때마침 천둥번개가 치고 폭우가 쏟아졌다. 만명을 감시하던 사람들이 두려움에 떨었다. 이 틈을 이용하여 만명은 집을 뛰쳐나와 서현에게 달려갔다. 이것이야말로 결사적인 야합이었다.

두 사람은 만노군으로 사랑의 도피여행을 떠났다. 얼마 후 서현은 경진庚辰날 두 별이 자기의 품으로 들어오는 꿈을 꾸었다. 만명은 신축일辛丑日에 동자가 금갑옷을 입고 구름을 타고 자기집으로 들어오는 꿈을 꾸었다. 만명은 그후 임신하여 김유신을 낳았다. 서현은 기뻐하며 아들의 이름을 지을 궁리를 했다.

"내가 경진일 밤에 꿈을 꾸고 이 아들을 얻었으니 경진이라 이름지어야겠소. 그러나 일월日月로 이름을 짓지 아니하니 경진과 비슷한 유신庚信으로 짓겠소."

유신은 옛날 현인이었다. 중국의 시인이었는데 그것도 운명적인 시인이었다. 그의 집안은 대대로 여러 왕조에서 벼슬을 받았다. 그의 할아버지 유역庾易은 남제南濟 사람으로 강릉으로 이사했다. 유역의 아들 3형제 중 큰아들 유금루庾黔婁는 양나라 산기상시 벼슬을 지냈고, 둘째 아들 유어릉庾於陵은 양나라 홍로경을 지냈으며, 막내아들 유견오庾肩吾는 강주자사를 지낸 문장가였다.

유신은 바로 유견오의 아들이다. 소년시절부터 유려한 문장으로 서릉徐陵과 더불어 이름을 날렸다. 그리하여 서릉과 유신의 문장체를 서유체라고 했다. 유신은 후에 양나라의 우위장군 무강현후까지 지냈다. 그러나 양나라의 원제元帝 때 북쪽의 북주北周에 사신으로 갔다가 돌아오지 못했다.

양나라가 망하고 진陳나라가 섰을 때 남북으로 떨어진 사람은 귀향하라는 영이 떨어졌으나 북주의 명제明帝 · 무제武帝 등이 유신의 문장을 좋아하여 가지 못하게 막았다. 그리고 유신을 더욱 예우하여 표기대장군

개부의동삼사 벼슬까지 주었다. 이렇게 벼슬이 오르고 왕의 대접이 융숭하였으나 유신은 고국을 못 잊어 했다. 그는 항상 고국을 생각하며 애강남부哀江南賦를 지어 마음을 달래었다.

망국 가야의 후손인 서현은 아무리 신라에서 지방 태수까지 지냈으나 양나라의 유신을 생각하여 아들의 이름을 유신으로 지은 것이다. 양나라 유신은 북주서北周書 역사에 기록되어 있고, 북쪽 사람으로 되어 있으며 북사北史에도 기록되어 있다. 이를 보면 서현이 망국의 비애를 가슴에 담고 있었던 것 같다. 그리하여 서현이 신라 왕족의 딸과 야합한 것이 아닌가 싶다. 망국의 비애는 김유신으로 하여금 삼국통일의 원동력이 되게 했다.

태종 무열왕 때 당나라와 신라 사이에 왕래하는 국서國書를 맡아 크게 공헌한 학자 강수强首도 야합했다. 그는 중원경 사량 사람으로 원래는 임나가야任那加耶국에 속해 있다가 임나국이 망한 후 중원경 고향으로 돌아왔다. 그는 어릴 때부터 공부를 잘하여 명성을 떨쳤다. 일찍이 고향에 있을 때 부곡釜谷(솥골) 대장간집 딸과 사이좋게 지내었다. 그들은 청춘의 열기를 사랑으로 다스렸다.

강수의 나이 스무 살이 되었다. 그의 이름이 부근 마을에 널리 알려져 부모는 중원경읍의 이름 있는 집 딸과 혼인시키려고 했다. 강수는 대장간집 딸이 있었으므로 반대했다. 강수의 아버지 석제昔諦가 크게 화를 내었다.

"너는 이름난 선비이니라. 미천한 대장간집과 혼사를 치르다니, 될 법이나 한 말이더냐!"

매우 못마땅하게 여겼으나 야합에 대한 질책은 하지 않았다. 이로 보아 야합은 보편적인 일로 여겨졌던 것 같다. 강수는 학자답게 고사를 인용하여 대답했다.

"아버님, 비천은 절대로 부끄러운 일이 아니나이다. 공자의 도道를 배워 실행치 못하는 것이 더 수치스러운 일이나이다. 옛 사람들도 조강지처糟糠之妻는 불하당不下堂이라 했삽고, 빈천지교貧賤之交는 불가망不可忘이라 했나이다. 비록 대장간집 딸이긴 하오나 소자는 버리지 않겠나이다."

혼례를 치르지 않았으나 야합했으므로 정실부인이라는 말이었다. 사실 그 무렵에는 특별한 혼례방법이 성립되지 않았다. 뒷날 대장간집 딸인 강수의 부인은 현부인으로 이름을 남겼다.

조강지처라는 말은《후한서後漢書》'송홍전宋弘傳'에 나온다. 후한의 첫 임금 광무제 건무建武 2년에 누나 호양공주湖陽公主가 과부가 되었다. 광무제는 조정의 대신들과 공주의 재가를 의논했다. 이때 공주는 대사공大司空 송홍에게 마음을 두었다. 이 사실을 안 광무제는 공주를 병풍 뒤에 숨기고 송홍을 불러 물었다.

"속담에 사람이 귀해지면 친구를 바꾸고 부자가 되면 아내를 바꾸는 것이 인정이라고 하는데 경의 뜻은 어떠하오?"

송홍이 대답했다.

"신이 듣기로는 빈천할 때 사귄 친구는 잊지 않고, 조강지처는 버리지 않는다 하였나이다."

광무제는 일이 틀어진 것을 알았다. 이러한 고사를 알고 있기에 강수는 아버지에게 당당히 말했던 것이다.

신라말 헌강왕 무렵은 신라 풍속이 야박하던 때였다. 어느 날 임금은 사냥길에서 한 여인을 보고 그녀의 용모에 반해 그대로 수레에 싣고 사냥터로 나갔다. 그리고 사냥터에 임시로 마련한 천막 속에서 그 여인과 야합했다. 둘 사이에 태어난 아들이 효공왕이다.

효공왕은 출생이 서자라서 임금이 된 후에 천첩을 많이 끌어들였다. 나중에 대신 은영殷影이 그 천첩을 잡아 죽이기까지 했다. 신라 말기로 내려오면서 풍기는 더욱 문란해지고 남녀간의 야합의 풍이 번져갔다.

## 원효의 천안통

원효대사가 통도사 앞의 천성산에서 수도하고 있을 때였다. 토굴에서 가부좌를 틀고 좌선삼매에 들어가 있던 원효가 갑자기 혀를 끌끌 차며 중얼거렸다.

"이게 웬일인가. 서둘러야겠구나. 많은 사람이 다치기 전에 조처를 취해야겠어."

원효는 벌떡 일어나 주변을 두리번거리며 무엇인가를 찾고 있었다. 원효를 시봉하던 사미가 느닷없는 원효의 행동을 보고 물었다.

"큰스님, 무엇을 찾으시옵니까?"

"큰일났구나. 서둘러야 하느니라."

"무얼 말이옵니까?"

"글쎄, 멀리 중국에서 변이 생길 조짐이 보이느니라."

사미는 기가 막혔다. 중국에서 변이 일어날 조짐이라니 믿기 어려웠으나 큰스님의 천안통天眼通을 아는지라 숨을 죽이고 지켜보았다.

원효는 급한 김에 자기가 딛고 서 있는 마루의 판자를 뜯어 '신라의 원효가 판자를 던져 중생을 구하노라'는 글을 써서 이 판자를 공중으로 힘껏 던졌다. 판자는 새가 날듯이 날아 중국으로 행했다. 사미는 큰스님의 신통력에 그만 벌린 입을 다물지 못했다.

중국 태화사에서 1,000여 명의 스님과 신도들이 법당에 모여 막 법회를 시작하려던 참이었다. 그런데 난데없이 법당으로 날아오고 있는 판자에 모두 놀랐다.

"아니 이것이 무엇이람?"

스님과 신도들이 법당 밖으로 뛰쳐나가 날으는 판자를 구경했다. 법당을 향해 날아오던 판자는 법당 마당 위를 빙글빙글 돌았다. 스님과 신도들이 법당을 다 빠져나오자, 벼락치는 소리가 들렸다.

"꽈앙, 꽈앙, 우르르르…"

아무렇지도 않던 법당이 굉음을 내지르고 무너져버렸다. 사람들은 하나도 다치지 않았다. 날던 판자가 법당이 무너진 뒤에 땅에 떨어졌다.
"이것은 신라의 원효대사가 우리를 구하려고 날려보낸 판자올시다 그려."
한 스님이 판자에 쓰인 원효의 글씨를 보고 외쳤다.
"그냥 유명해진 원효대사가 아니로군."
"천안통이 귀신의 경지로세. 신라에서 태화사 법당이 무너질 줄을 알다니, 부처가 다 되셨군."
중국의 한 스님이 원효대사의 신통력에 감읍하여 신라로 떠나려 하자 스님들이 자기도 가겠다며 줄을 이었다. 스님뿐만이 아니었다. 재가 불자들도 원효대사를 친견하겠다며 1,000여 명이나 나섰다.
그들은 신라에 들어와 원효대사의 제자 되기를 청했다. 원효는 토굴에서 1,000여 명을 데리고 있을 수 없었다. 대사는 할 수 없이 이들이 기거할 수 있는 절터를 찾아 나섰다. 원효대사가 산을 내려오고 있는데 백발의 산신령이 나타났다.
"허허, 대사께서 절터를 찾아나섰구만."
"그렇사옵니다."
"이 산 중턱을 둘러보오. 1,000여 명이 수행할 수 있는 썩 좋은 절터가 있소이다. 다른 곳으로 가지 말고 내 말대로 그곳으로 가보오."
원효대사는 뒤돌아서서 산 중턱으로 갔다. 산신령의 말대로 절터로는 안성맞춤인 반듯한 터가 나왔다.
그곳에 절을 세웠다. 그러고는 절 이름을 멀리 중국에서 1,000여 명의 대중이 왔다 하여 올 래來, 멀 원遠자를 써서 '내원사'라 이름 했다. 또한 산신령이 나타나 스님의 길을 막았다 하여 산신령을 만났던 자리를 '중방내'라고 불렀다.
그리고 1,000여 명을 데리고 가끔 산꼭대기에 올라 《화엄경》을 설하던 곳을 '화엄벌'이라 불렀다. 지금도 《화엄경》을 놓았던 자리에는 풀이 자라지 못하고 풀빛이 다르다는 것이다.

이 산 이름을 '천성산' 이라 한 것도 중국에서 온 천 명의 대중이 원효대사의 가르침을 받고 모두 깨우침을 얻어 그 산에서 천 명의 성자가 나왔다 하여 붙여진 이름이다.

어느 날이었다. 제자들이 밤길을 걷다가 칡넝쿨에 걸려 넘어져 발목을 삐고 무릎을 다쳤다. 원효대사는 제자들이 다친 모습을 보고 이 산을 다스리는 신령님께 부탁했다.

"신령님이시어, 우리 대중들이 칡넝쿨에 걸려 넘어져 상처를 입었나이다. 부디 그런 일이 없도록 보살펴주소서."

그 뒤부터 이 산의 칡넝쿨은 옆으로 뻗지 못하고 위로만 꼿꼿이 자란다고 한다.

## ❁ 두 번 태어난 김대성

경주의 서부 모량리牟梁里에 가난한 부인 경조慶祖에게 아들이 하나 있었다. 머리가 크고 이마가 평평하여 성城과 같아 이름을 대성大城이라고 지었다. 너무나 가난하여 어머니 경조는 부자인 복안福安이란 사람의 집에 가 품팔이를 했다. 복안은 경조가 성실하고 부지런하여 밭뙈기를 떼어주어 의식을 해결하도록 했다.

그 무렵 대덕으로 알려진 큰스님 점개漸開가 흥륜사에서 육륜회六輪會를 베풀려고 복안의 집에 와서 시주를 권했다. 복안이 베 50필을 시주했다. 이에 점개가 축원해주었다.

"처사께오서 시주하시기를 즐기시어 천신天神이 항상 지켜주실 것이외다. 하나를 보시하시면 만 배의 이익을 얻게 하시고 안락장수를 누릴 것이오."

대성이 이 말을 엿듣고 어머니에게 말했다.

"어머님, 오늘 복안의 집에 갔다가 점개 큰스님의 축원하는 말을 들었나이다. 하나를 보시하면 만 배를 얻는다 하였나이다. 제 생각에는 우리 집이 가난하여 전생에 닦은 선이 없어 이토록 곤궁한 것 같나이다. 어머님, 지금 보시하지 않으시면 내세에는 더욱 가난할 것이옵니다. 그러하오니 복안이 떼어준 밭뙈기를 법회에 시주하시어 후일 과보를 도모하심이 어떠하신지요?"

"네 말은 알아듣겠다마는 그것마저 내어주면 우리 모자는 어찌 살아가누?"

"제가 있지를 않나이까? 설마 제가 어머님을 굶기기야 하겠나이까?"

"네 뜻이 정 그렇다면 그렇게 하자꾸나."

대성은 어머니의 허락을 받고 밭뙈기를 통째로 점개에게 보시했다. 그런데 어찌 된 일인지 그런 일이 있고 나서 얼마 후 대성이 갑자기 죽어버렸다.

대성이 죽은 날 밤이었다. 수상 김문량金文亮의 집에 이변이 일어났다. 하늘에서 소리가 들렸다.

"잘 듣거라! 오늘 밤 모량리 대성이란 자가 죽었느니라. 그 아이가 너희집에서 환생할 것이니라!"

문량 집안 사람들이 죄다 듣고 깜짝 놀랐다. 문량은 하인을 모량리로 보내어 확인해보았다. 하인이 확인하고 돌아와 숨가쁘게 말했다.

"틀림없이 대성이란 아이가 죽어 그의 홀어머니가 울고 있었나이다."

"참으로 기이한 일이로다."

문량은 하늘의 소리를 흘려버리지 않고 그날 새벽 부인을 품에 안았다.

문량의 부인이 임신하여 열 달을 채우고 아들을 낳았다. 갓 태어난 아이가 왼손을 꽉 쥐고 펴지 않았다. 7일 만에 아이가 스스로 왼손을 폈다. 그 손에 '대성大城' 두 자를 새긴 금간자金簡子가 있었다. 아이의 이름을 대성으로 지었다. 김문량은 모량리의 경조를 모셔다가 봉양했다.

김대성은 성장하여 사냥을 즐겼다. 어느 날 대성은 토함산吐含山에서 사냥을 하여 곰을 잡았다. 그러나 곰을 쫓아 다니느라고 그만 날이 저물어버렸다. 토함산 밑 산촌에서 하룻밤 묵었다. 그날 밤 대성의 꿈에 잡힌 곰이 귀신으로 변하여 협박했다.

"네가 어찌하여 죄없는 나를 죽였느냐! 내가 기필코 환생하여 너를 잡아먹겠다."

"잘못했나이다. 철이 없어 살생을 저질렀사오니 한번만 용서하소서."

"내가 용서해주면 나를 위해 절을 세워주겠느냐?"

"그리 하겠나이다."

대성이 굳게 맹세하고 꿈을 깨었다. 등에 식은땀이 흘러 축축했다.

대성은 그뒤부터 사냥을 그만두었다. 그리고 곰을 잡았던 그 자리에 장수사長壽寺를 세웠다. 그때부터 마음이 우러나서 현세의 부모를 위해 불국사를 세우고, 또 전생의 부모를 위해 석굴암을 세웠다. 그리고 신림神琳을 불국사에, 표훈表訓을 석굴암에 주석하도록 했다. 두 스님은 신라에서 성사聖師로 존경받고 있었다. 그뿐만이 아니었다. 부모의 우상偶像을 만들어 효도를 다했다. 그가 석불을 조각할 때였다. 큰 돌을 다듬어 불상을 안치하는 개석蓋石을 만들다가 그만 세 조각으로 갈라져버렸다. 전에 없던 일이었다.

그날 밤 대성이 분하여 잠을 못 이루고 전전반측하다가 새우잠이 들었다. 꿈에 산신이 나타났다.

"무심한 놈! 잠이 오느냐? 밖에 나가보아라!"

대성이 꿈을 깨어 밖에 나가보았다. 세 조각난 돌이 한데 합쳐져 개석이 완성되어 있었다. 천신天神이 내려와서 눈 깜짝할 새에 만들어놓고 간 것이다.

대성은 남령에 올라 향을 올리고 천신에게 공양했다. 그 뒤부터 남령을 향령香嶺으로 불렀다.

불국사의 운제雲梯와 석탑은 그 목석木石에 조각한 기공이 동부의 여러 사찰 가운데 이보다 나은 것이 없다.

## ◉ 진정법사의 효와 선

진정眞定법사는 몹시 가난한 집에서 태어났다. 출가 전에 병정이었는데, 가난하여 장가조차 가지 못했다. 부역을 하는 틈틈이 품을 팔아 홀어머니를 봉양했다. 집에 있는 것이라고는 다리 부러진 솥 한 개뿐이었다.

어느 날이었다. 스님이 찾아와 절을 지을 철물을 보시하라고 했다. 어머니는 아들과 상의도 없이 다리 부러진 솥을 선뜻 내주었다. 그러고는 몹시 후회했다. 아들을 볼 면목이 없었다.

저녁 무렵 진정이 품팔이를 하고 돌아왔다.

"애야, 내가 주책없이 큰일을 저질렀구나."

"어머님, 무슨 말씀이옵니까."

"중이 와서 절을 짓는다며 철물을 보시하라기에 그만 앞뒤 생각 없이 우리집의 유일한 재산인 다리 부러진 솥을 주어버렸구나."

"어머니, 잘하셨나이다. 걱정 마소서."

"이제 밥은 어디에 지어 먹느냐?"

"오지그릇이 있지 않사옵니까? 어머님, 솥은 마음에서 지워버리소서."

어머니는 진정의 말에 그만 가슴을 쓸어내렸다. 아들이 언짢아하면 어쩌나 내심 걱정이 되었던 것이다.

그 무렵, 의상대사가 태백산에 와서 법회를 열고 많은 사람들을 교화하고 있었다. 진정은 평소에 의상을 존경했다. 언젠가는 어머니에게 효도를 다한 후에 의상대사를 뵙고 불도를 배우겠다는 꿈이 있었다. 태백산 소문을 듣고 진정이 어머니에게 말했다.

"어머님, 의상대사께서 태백산에 오시어 법회를 열고 계시다는 소문을 들으셨는지요?"

"들었느니라. 왜 그러느냐?"

"어머님, 실은 소자 의상대사를 존경하여 설법을 듣고 싶어 했나이다. 이 기회에 의상대사를 만나고 싶사오나 어머님 홀로 집에 계실 일을 생각하면 엄두가 나지 않나이다."

"네게 정녕 그럴 마음이 있었더란 말이더냐?"

"예에, 어머님. 의상대사의 상좌가 되어 불제자가 되고 싶나이다."

어머니의 얼굴에 미소가 떠올랐다.

"장하구나. 불법은 만나기 어렵고 인생은 너무나 빠르거늘 내게 효도를 다한 뒤면 너무 늦느니라. 어서 속히 떠나도록 하라!"

"어머님, 만년에 오직 저뿐이온데 어찌 차마 어머님을 버리고 출가할 수 있겠나이까."

"나를 위해 출가를 못 한다면 나를 지옥에 빠트리는 것과 같으니 네가 나를 봉양하더라도 어찌 효라 하겠느냐? 나는 의식을 남의 문전에서 얻을지라도 타고난 수명은 누릴 수 있을 것이니 내게 효도를 하고자 하거든 어서 떠나거라."

진정은 말문이 막혀버렸다. 어머니는 진정의 출가 준비를 서둘렀다. 집에 있는 쌀자루를 털어보았다. 겨우 일곱 되가 남아 있었다. 그 쌀을 전부 밥을 지었다.

"가는 길에 밥을 지어 먹으면서 가려면 더딜 것이니라. 내 앞에서 한 되 밥을 다 먹고 나머지는 싸가지고 속히 가라!"

진정은 울음을 터뜨렸다.

"어머님, 자식 된 도리로써 차마 못 할 일이나이다. 더구나 장(漿)과 양식을 죄다 싸가지고 간다면 천지가 이놈을 무엇이라고 하겠나이까. 차마 못 하겠나이다."

어머니는 우는 진정의 등을 두드렸다.

"네가 효도하는 길은 오직 하나, 큰스님이 되어 이 에미를 극락으로 인도하는 길이니라."

"어머니!"

진정은 여러 차례 사양했으나 어머니는 진정을 설득했다.

진정은 집을 떠나 밤낮으로 길을 걸어 3일 만에 태백산에 닿아 의상대사를 만났다. 진정은 어머니를 작별하고 온 사연을 말하고 불제자가 되겠다는 결심을 말했다. 의상대사는 어머니의 자애로움에 감동을 받고 진정을 제자로 삼았다. 진정이란 법명도 의상대사가 지어준 것이다.

그후 3년 만에 진정은 어머니의 부음을 들었다. 진정은 가부좌를 틀고 선정禪定에 들어가 7일 만에 일어났다. 그는 추모와 슬픔이 지극하여 거의 견디지 못할 정도였는데, 선정으로써 슬픔을 물에 씻은 듯이 다스렸다.

또 선정으로써 어머니의 환생을 보았다. 이러한 사실을 의상대사에게 고했다. 의상대사는 문도 3,000여 명을 거느리고 태백산 추동錐洞에 들어가 초가를 짓고 90일간 《화엄대전》을 강했다. 이 기간 진정의 어머니의 천도를 기원했다. 진정은 꿈에 어머니를 뵈었다.

"나는 이미 천상에 왔으니 내 염려 말고 오로지 법도 닦는 일에 힘써라."

진정은 그제서야 어머니를 잊고 불도에 정진했다.

## 부설거사 가족

신문왕 시대에 부설浮雪 · 영조靈照 · 영희靈熙 등 세 수좌가 여름 하안거에 들기 위해 변산에서 오대산으로 가는 중이었다. 부설은 원래 불국사 스님이었다. 경주에서 태어나 불국사 원경 스님을 은사로 삼아 도를 깨달았다. 그후 전국 각지를 돌며 열심히 수도했다. 그는 두류산에서 경론을 연구하며, 법왕봉 아래에 묘적암妙寂庵을 짓고 10년을 정진하다가 도반들이 찾아와 오대산으로 가는 중이었다.

날이 저물어 부설 일행은 만경 고을 구무원仇無寃의 집에서 하룻밤 묵게 되었다. 그날 밤 부설은 주인집 딸 묘화妙花를 만났다. 묘화는 벙어리였다. 그런데 부설을 만나고 나서 말을 하기 시작했다. 기적이 일어난 것이다. 묘화는 부설에게 푹 빠져버렸다.

묘화의 집에서는 부설을 보내려고 하지 않았다.

"스님, 내 딸은 스님이 아니면 이 세상을 살아갈 수 없소이다. 딸의 목숨이 오로지 스님에게 달렸소이다."

"그 무슨 말씀이오?"

"딸에게 기적을 일으킨 것은 스님이 아니오? 그러니 딸의 앞날도 스님이 책임을 져야 하오."

"나는 아시다시피 전국을 떠도는 수도승이오. 나더러 가정을 꾸리란 말은 억지가 아니오?"

"내가 왜 그걸 모르겠소? 허나 스님의 수도도 소중하오나 내 딸의 생명은 더 소중하지 않겠소이까?"

"억지 부려서 될 일이 아니오이다."

부설은 날이 밝는 대로 떠나려고 했다. 그때까지 침묵을 지키고 있던 묘화가 말했다.

"스님 한 말씀 올리겠나이다. 장차 많은 중생을 구제해야 될 스님께오서 이 작은 계집 하나 구하시지 못하고 어찌 큰 뜻을 이루실 것이옵니까?"

부설은 마음이 뜨끔했다. 듣고 보니 옳은 말이었다. 중생을 구제하려는 불제자가 자기가 아니면 죽겠다는 목숨 하나 구하지 못하면 무슨 명분으로 장차 중생구제에 나설 것인가.

부설은 묘화를 취하기로 결심했다.

이튿날, 영조와 영희 도반은 부설의 파렴치한 말에 어이가 없었다.

"이보게 부설, 다된 밥에 코빠뜨리겠다니, 말이 되는 소리인가? 그까짓 계집이 무어길래 자네의 길을 막는단 말인가?"

부설은 그저 웃을 따름이었다.

"잔말 말고 어서 가세나."

"자네들이나 가게. 나는 이미 묘화 낭자와 혼인하기로 언약을 했다네."

"불제자 되기를 포기했단 말인가?"

"그건 아닐세. 불제자를 포기할 수는 없네. 내 한평생 뜻이 거기에 있거늘 어찌 포기한단 말인가?"

"우리는 모르는 일일세. 알아서 하게나."

영조·영희 두 도반은 토라져서 작별인사도 하지 않고 떠나버렸다.

부설은 묘화와 결혼한 후 지금의 전북 김제시 성덕면 성덕리 고현 부락에 신접 살림을 꾸렸다. 그 마을에는 이상하게도 늘 눈이 날리므로 마을 이름을 부설촌이라 하고 자기의 이름도 부설이라고 했다. 부설은 아들 하나 딸 하나 남매를 낳고 살면서 아내와 함께 불경공부를 게을리 하지 않았다.

어느 날이었다. 작별인사도 없이 오대산으로 떠나버린 영조·영희 도반이 찾아왔다. 부설이 어떻게 지내나 궁금했던 것이다.

"어인 일인가? 나를 다 찾아오고…"

"공부를 마치고 경주로 돌아가는 길이라네. 세속에 찌든 자네 모습이 궁금하여 찾았네."

"세속에 팍 찌그러진 모습인가, 내 모습이?"

"그리 보이지는 않으이. 혹여 불경공부를 꾸준히 해온 것 아닌가?"

그러자 묘화부인이 나섰다.

"두 분 도반께오서 도가 높으신 듯하온데 저희집 어른과 도를 한번 겨뤄보시겠나이까?"

"도를 겨루다니요?"

"신심과 도의 경지를 겨뤄보시라는 것이외다."

"무엇으로 겨룬다는 말씀이오?"

묘화부인이 병 3개에 물을 가득 담아 벽에 걸어놓고 말했다.

"물만 벽에 매달아놓고 병은 바닥에 떨어뜨려 보소서."

"예에?"

부설·영조·영희 세 도반이 눈을 감고 벽에 매달린 병을 향해 열심히 기도했다. 얼마 후 부설의 앞에 매달린 병이 바닥에 떨어지고 물은 병에 담은 듯이 매달려 있었다. 영조와 영희는 그 모습을 보고 자신들의 공부가 부끄러워 고개를 숙였다. 그들은 지난번처럼 작별인사도 없이 사라져 버렸다.

부설은 가족을 거느리고 변산으로 들어가 옛날 영조·영희와 공부하던 자리에 부설암을 짓고 묘화부인을 위해 낙조대에 오르는 중간쯤에 묘적암을, 그리고 딸을 위해 월명암을, 아들을 위해 등운암을 지어 각자 자기의 암자에서 수도생활에 정진했다.

딸 월명은 16세가 되었다. 공부도 잘하고 자태가 고왔다. 그야말로 재색 겸비한 낭자였다. 월명에게 상좌 스님이 정을 구해왔다. 월명은 하나뿐인 오빠에게 상의했다. 오빠는 무슨 마음에서인지 상좌의 청을 받아들이라고 했다. 월명은 오빠의 말에 따랐다. 그런데 그 상좌가 한번 정을 통하고는 또 청해왔다. 오빠에게 상의했다. 또 들어주라고 했다. 그런 일이 자꾸 되풀이되었다.

오빠 등운은 월명의 정진에 방해가 될까 염려하여 상좌를 부엌 아궁이에 태워죽여 버렸다.

상좌는 저승에 가서 자신의 억울한 사정을 호소하고 등운을 잡아들여 보복해줄 것을 애원했다. 저승에서는 사자를 보내어 등운을 잡아들이게 했으나 등운의 도의 경지가 워낙 높아 잡아들일 수 없었다. 저승사자는 세 번이나 헛걸음했다. 등운이 저승사자에게 말했다.

"공중에다 모래로 줄을 꼬아서 나를 묶는 재주가 있다면 나를 잡을 수 있고 그렇지 못하면 나를 잡을 수 없으리라."

부설 일가족은 모두 성불하여 육신이 있는 채로 모두 승천했다고 한다. 전북 부안군 변산에 있는 월명암에는 8월이 되면 월명 낭자의 원혼인

듯 법당 앞 작은 언덕에 상사화꽃이 지천으로 피어오르고 있다. 월명은 그 상좌를 사랑했을까?

## ◉ 대진국과 신라

고구려가 망해갈 무렵이었다. 진국 출신 대중상大仲像(걸걸중상乞乞仲像)은 서아리수를 지키고 있었다. 남생이 당나라 군대를 이끌고 평양을 치기 위해서는 반드시 서아리수를 통과해야만 했다. 남생은 대중상이 펴놓은 방어막을 피하여 돌아가 평양성 공략에 성공했다.

대중상은 뒤늦게 보고를 받고 8,000 병사를 이끌고 평양으로 달려갔으나 이미 때는 늦어 있었다. 평양성이 무너진 후였다.

고향으로 돌아온 대중상은 동모산東牟山(지금의 돈화)에 성을 쌓고, 제단을 높이 만들어 제사지내고 스스로 황제라 칭했다. 나라 이름을 후고구려라 하고 연호를 중광重光이라 하여 고구려의 정통성 계승을 만천하에 선포했다. 대중상은 군대를 새로 모집하고 훈련시켜 당나라군을 고구려 영토에서 내쫓으려 했다.

대중상이 기력이 쇠잔해지자 아들 대조영大祚榮이 황제 자리를 이어받았다. 그는 거란의 진충장군과 연합하여 동서 군단을 결성했다. 동부군을 대조영이, 서부군을 이진충이 맡았다. 동서 군단은 영주 도독부를 급습, 당나라군을 박살내고 조문홰를 잡아 능지처참해 버렸다. 그리고 강제로 끌려온 고구려 백성들의 한을 풀어주었다. 동서군의 놀라운 기세에 눌린 당나라는 장수 28명을 동시에 출전시켜 유관에 안무대사영을 설치했다.

동부군에 좋지 않은 소식이 들어왔다. 이진충이 이름 모를 병에 걸려 급사했다는 것이다. 다행히도 이진충의 매부 손만영이 진영을 잘 수습하여 거란군의 동요를 잘 막았다.

때마침 당나라 최정예군 17만 명과 서부군이 동협석곡에서 결전을 벌여 당군을 완전 섬멸해버렸다. 서부군은 막바로 당나라 수도 장안으로 진격해 들어갔다. 당나라 실권자 측천무후는 상황이 급박해지자 그동안 야만인이라고 깔보던 동돌궐의 묵철가한에게 구원을 청했다. 묵철가한은 측천무후에게 일방적인 요구조건을 내걸었다. 북쪽의 넓은 땅을 무조건 동돌궐에 돌려주며, 당에 포로로 잡혀온 수천 호의 주민들을 즉시 돌려주고, 돌궐과 당나라 황실의 결혼을 허락할 것 등이었다.

측천무후는 굴욕적인 협상에 동의했다. 묵철가한은 이해고를 대장으로 삼아 출전시켰다. 손만영의 서부군은 돌궐군을 맞아 용감하게 싸웠다. 그런데 서부군에 변고가 생겼다. 그동안 열심히 싸우던 해족들이 서부군을 이탈했다. 해족들은 그들과 동족인 돌궐족과 차마 싸울 수 없었다. 서부군 전력에 차질이 생겼다. 그리하여 서부군은 돌궐족에게 패하고 말았다. 돌궐족은 그 여세를 몰아 대조영이 이끄는 동부군 추격에 나섰다.

대조영은 일단 천문령까지 후퇴하여 진을 정비했다. 천문령은 휘발하輝發河와 혼하渾河 사이의 분수령으로 천혜의 요새였다. 대조영은 부장 걸사바우를 보내어 이해고의 돌궐군과 싸우는 체하다가 후퇴하여 기세등등한 이해고와 돌궐군을 천문령의 깊은 계곡으로 유인했다. 대조영의 작전이 성공을 거두었다. 계곡에 매복해 있던 동부군이 일시에 불화살을 날려 돌궐군을 몰살시켜 버렸다. 그러나 동부군의 손실은 컸다. 걸사바우를 잃는 등 많은 병사들이 희생되었다. 이해고는 대조영 앞에 무릎을 꿇었다. 대조영은 그를 살려보냈다.

대조영은 아버지 대중상이 세상을 떠나자 일단 수도 홀한성으로 돌아왔다. 대조영은 하늘에 제사지내고 스스로 황제에 올랐다. 나라 이름을 대진국으로 정하고 연호를 천통天統이라고 했다. 새 나라의 이름은 우리말로 '신' 이다. 신振은 크고 위대하다는 뜻으로 진조선辰朝鮮, 즉 진국辰國(단군 조선)의 후예로서 배달민족의 맥을 잇는다는 뜻이다. 신, 즉 진의 발음과 통하는 글자 震·振·辰 가운데 한 자를 골라 대진국大震國이라고 국명을 정한 것이다.

연호 천통은 한웅·배달임검 이래 천손天孫으로서 하늘의 뜻에 따라 새나라가 일어섰음을 뜻한다. 대진국은 곧 이어 발해만까지 진출, 옛 고구려의 영광을 재현했다. 중국인들은 대진국이 발해만 저쪽에 있다 하여 대진국을 발해渤海라고 불렀다. 발해는 순전히 외부에서 부르던 이름이다. 고구려의 고씨를 대신해 진국의 후예인 대씨들이 일어나 새 역사를 이끌어나간 지 14세 애제에 이르기까지 228년의 역사 동안 이른바 통일신라와 함께 성장하고 함께 쇠망의 길을 걸었다. 대진국의 역사가 엄연히 존재하는 한 삼국통일시대가 아닌 남북국시대의 명칭이 옳을 것 같다.

통일신라의 영토는 삼국 전체 영토의 3분의 1 정도였다. 따라서 통일신라시대라는 표현을 쓰면, 고구려와 백제는 당나라에 정복당하고 당나라와 협조관계였던 신라는 당나라에 지배당하면서 영토를 조금 늘려 보존했다는 결론에 도달하게 된다.

신라가 삼국을 통일했다고 본다면 대진국도 중국 사이이거나 중국의 주변 사이가 된다. 그러나 고구려와 백제의 멸망으로 남북국시대가 열렸다고 볼 경우 대진국은 분명히 한국사에 속한다. 이 경우 대진국의 멸망 이전까지는 우리 역사가 여전히 삼국이 확보했던 그 영역에서 전개되었다고 볼 수 있다.

대조영이 죽은 후 그의 아들 무왕武王이 즉위한 후 연호를 인안仁安이라고 했다.

신라 성덕왕 31년 대진국 무왕은 장문휴張文休를 총사령관으로 삼아 해적 수만 명과 대진국 병사를 동원하여 발해만을 건너 당나라 등주登州로 쳐들어가 등주자사를 죽이고 그곳을 점령해버렸다.

당나라에서는 급습을 받자 대진국에서 도망쳐온 무왕의 아우 대문예를 보내어 싸우도록 했다. 싸움은 산동지방을 비롯하여 발해만 근처에까지 번졌다. 당나라 현종은 사세가 급해지자 신라 성덕왕에게 신라 사람으로 당나라에 가 있던 김사란金思蘭을 신라에 사신으로 보내어 대진국을 함께 치자고 했다.

신라에서는 북으로 뻗을 수 있는 좋은 기회로 여겨 김유신의 손자 김윤중金允中을 보내어 북진을 시작했다. 신라에서는 오랜만에 평양 쪽으로 쳐들어가는 싸움이었다.

김윤중이 대군을 이끌고 출정하자 신라 백성들은 불안에 떨었다. 통일전쟁 이후 나라가 평온하여 살맛이 나던 차에 또다시 전쟁이라니, 불안하기 짝이 없었다. 그러나 김윤중이 이끄는 신라군은 무서운 동장군을 만나 얼어죽는 병사가 속출하자 퇴군하고 말았다. 신라의 장수들은 좋은 기회를 놓쳤다며 분개했다. 김충신을 당나라에 보내어 다시 대진국을 치자고 건의했으나 뜻을 이루지 못했다.

무왕이 죽고 그의 아들 문왕文王이 즉위했다. 문왕은 당나라의 문화를 들여와 대진국을 문화국으로 만들려고 했다. 그후 대진국은 10대 선왕宣王 때에 이르러 영토가 크게 확장되었다. 신라와는 서북에서 대동강을 국경으로 정하고 동해쪽으로는 이하泥河(덕원 부근)를 국경으로 하여 장성을 쌓았다.

이미 문왕 때에 수도를 홀한성에서 길림성 동경성인 상경 용천부로 옮겼다. 상경으로 수도를 옮긴 문왕은 종족연합국가를 종주융합국가로 전환시켜 내적인 힘을 강화하고 국가의 체제를 보다 확장된 형태로 바꾸려고 했다. 그러기 위해서는 왕조 자체도 좀더 강력한 기반을 갖춰야 했다.

문왕이 죽은 후 조정은 여러 차례 진통을 겪었다. 문왕의 뒤를 원의元義가 이었으나 성품이 포악하여 나라를 다스릴 수 없었다. 원의를 폐위시키고 화흥華興을 앉혔으나 1년 만에 죽고 말았다. 화흥의 숙부 숭린崇璘이 즉위했다. 이 뒤에도 원유原瑜·언의言義·명중明忠을 지나 인수仁秀, 즉 성종聖宗에 이르러 비로소 한 차례 영토확장이 이루어졌다.

성종은 문무를 겸비했다. 남쪽으로 신라를 평정하여 이물·철원·사불·암연 등의 7주를 두고, 북으로는 염해·나산·갈사·조나·석현 및 남북 우루를 공격하여 여러 부를 두었다. 또 장백산의 동쪽을 안변安邊이라 하고 압록강의 남쪽 안원安遠, 목단牧丹의 동쪽을 철리鐵利, 흑수강변을 회원懷遠, 난하의 동쪽을 장령長嶺, 장령의 동쪽을 동평東平이라 했다. 우루는 북쪽에 있었다. 영토는 8,000리로 문치文治가 가득 찼다.

수도 상경은 당나라를 모방하여 외성 안의 북쪽 중앙에 내성을 쌓고 거기에 궁전을 짓는 건축기술 등을 들여왔다. 또 내성에서 외성에 이르도록 동서를 가르는 직선도로를 만들었다. 즉, 주작대로朱雀大路를 중심으로 외성이 동과 서로 반분되었다. 이것은 유교적 정치질서를 받아들인 상징물로서 중요한 뜻을 갖는다.

당나라와 외교관계를 맺으면서 당나라의 유학과 정치제도를 받아들인 것도 유학적 정책노선과 무관하지 않다. 또 상경과 동경에서 여러 절터가 발굴되고 그곳에서 많은 불상이 출토되는 점으로 미루어보아 대진국이 불교를 숭상했음을 알 수 있다. 그 불상 조각들에서 고구려의 강건함과 세련미를 확인할 수 있다.

궁궐의 외모는 당나라를 모방하고 그 내부는 온돌이었으며, 불교적인 조각들 또한 그 세련미에도 불구하고 고구려의 불상 제작기술을 그대로 이어왔음을 확인할 수 있다. 동경과 상경에서는 고구려 유물과 구분하기 어려운 유물들이 출토되고 있다. 뿐만 아니라 무덤도 고구려와 동일한 횡혈식 고분이었다.

신라가 이미 중국 중심의 세계질서에 포섭되어 있는 상태에서 대진국이 받는 압력은 고구려 때와 기본적으로 다른 것이었다. 중국은 신라를 복속시킨 뒤 각 종족의 각개 격파를 무지막지하게 시도했으므로 고구려가 형성한 기반보다 강력한 기반을 형성하지 못하면 동아시아의 종족연합국가로 유지되기 어려웠다.

대진국의 천도는 국가 전략상 중요한 의미를 갖는다. 체제 정비의 일환이었기 때문이다. 고구려는 백제와 신라의 내부 대립을 이용할 수 있어 평양을 안정된 후방기지로 활용할 수 있었다. 그런데 신라가 한반도의 중남부를 독점하고 있는 상태에서 대진국은 그 지역을 더 이상 안정된 후방기지로 삼을 수 없었다. 그리고 잠시 수도로 삼은 적이 있는 동경은 농업을 일으키기에는 척박한 땅이었다. 그리하여 서쪽으로 당나라의 예봉을 피하고 남쪽으로 보수적인 단일민족국가의 압력을 피하면서 안정된 기반을 형성할 수 있는 곳이 곧 북부의 상경이었다.

이 지역은 다른 중국 주변 민족들의 주된 이동로이기도 했으므로 종족융합을 준비하고 국력을 안정적 기반 위에서 신장시키고자 하는 대진국에게는 후방기지로서 안성맞춤이었다. 이러한 이유로 대진국은 수도를 상경으로 옮겼다. 그리하여 9세기 초 대진국은 또 한번 크게 기지개를 켰다. 제10대 선왕 때에 말갈족의 동화에 크게 성공했다. 그것을 기반으로 요하 유역까지 진출하여 요동 일대의 지배권을 확보했다. 대진국이 5경 15부 62주로 지방제도를 정비한 것도 이러한 영토확대를 반영한 것이다.

대진국의 천도는 말갈족 등의 융합을 도모하고 그 기반 위에서 국가를 유지해가며 재확대하려는 동아시아 최후의 종족연합국가의 고심을 반영하고 있다. 그러나 노력에 비해 성과가 적었다. 거란족의 일부는 대진국의 융합과정에 포섭되지 않았고, 그래서 중국 중심을 극복할 수 없었다.

이러한 문제점이 선왕 이후에 그대로 드러났다. 종족연합에 참여하던 각 자치부족들은 대진국의 발전과 더불어 자신들의 독자적 세력을 구축했다. 더 나아가 그 힘을 바탕삼아 고구려계 중심의 연합에 도전해왔다. 그러나 대진국 쇠퇴에 결정적 역할을 한 것은 거란족이었다. 거란족은 고구려계 종족연합에 노골적으로 반기를 들었다. 그리하여 대진국은 제14대 애제哀帝에 이르러 수도 상경이 점령당하고 대진국은 멸망했다. 서기 926년의 일이다. 이후 거란족 중심의 연합을 거부하던 말갈족은 다시 자치세력으로 돌아가거나 여진족과 결합했다. 그후 동아시아의 종족들은 분열되었다. 이로써 삼국통일 후 대진국의 역할과 역사적 비중이 신라보다 컸다는 것을 알 수 있다.

## 🏵 효자·효녀 이야기

신라 모량리에 손순孫順 내외가 살고 있었다. 손순 내외에게는 어린 아들이 하나 있었다. 이들은 가난했지만 늙은 어머니를 하늘처럼 섬겼다.

손순 내외는 품팔이를 하여 늙은 어머니를 정성껏 봉양했다. 그런데 철모르는 아들이 문제였다. 맛있는 반찬을 상에 놓으면 아들이 할머니의 눈치를 살피며 침을 흘렸다. 할머니는 손자가 귀여워 맛있는 음식을 냉큼 주어버렸다.

"어머님, 저 녀석 버릇 나빠지게 왜 그러셔요. 다음부터는 주지 마셔요."

며느리가 간곡히 말해도 소용없었다.

오늘도 어머니의 기력이 떨어진 것 같아 손순은 어머니가 한 끼 잡수실 만큼의 고기를 사다가 정성들여 구워서 상에 올렸다. 아들이 고기를 보고 할머니의 얼굴을 쳐다보았다.

"먹고 싶지? 할미는 전에 많이 먹었다. 어여 먹어라."

고기 그릇을 손자 옆에 놓아주었다. 아이는 고기를 눈 깜짝할 사이에 먹어치우고 입맛을 다셨다.

손순은 아이를 어머니와 한 밥상에 앉히지 않으려고 했으나 소용없었다. 손자가 없으면 할머니는 아예 숟가락을 들지 않았다. 손순은 아들이 골칫덩이였다.

어느 날 밤이었다. 부부가 나란히 누워 어머니에 대한 효도 걱정을 했다.

"여보, 어머님이 아이 때문에 잡수실 것을 통 잡숫지 못하셔요."

"그러게 말이오. 어머님께서도 그 녀석 버릇을 고칠 생각을 안하시니, 아이가 골칫거리요."

"이도저도 못 할 일이에요."

"한 가지 방법은 있소."

"예에? 방법이 있어요?"
"있긴 있소. 허나 당신이 허락하지 않으면 안 될 일이오."
"어머님에게 효도하는 일이라면 무엇이든 하겠어요."
아내의 말에 손순은 기가 막혔다. 아이를 죽이자고 하면 아내가 허락할까? 모성도 효성만큼 소중하고 귀하지 않은가.
"말씀해보셔요."
"여보, 우리가 마음만 먹으면 아이를 얼마든지 낳을 수 있지 않겠소?"
"아직 젊은 나이이니 낳을 수 있지요."
"여보, 어머니를 위해 아들 녀석을 땅에 묻읍시다."
아내는 넋이 나가 숨이 가빠졌다. 손순은 괜한 말을 한 것 같아 후회되었다. 아내가 훌쩍거렸다. 손순은 아내의 등을 어루만져 주었다.
"여보, 그 녀석이 있으면 어머님 봉양이 어렵겠지요?"
"우리가 여태껏 봐왔지 않소?"
"할 수 없지요. 당신 뜻에 따르겠어요."
아내가 훌쩍거리며 말했다. 손순은 아내를 힘껏 껴안았다.
그날 밤, 손순 내외는 세상 모르고 자고 있는 아들을 업고 뒷산으로 올라갔다. 손순의 가슴은 찢어지고 아내는 피눈물을 흘렸다. 가난이 원수였다. 먹을 것이 넉넉하다면 귀엽게 키울 아들이었다. 손순은 구덩이를 팠다. 눈물을 흘리며 정신없이 삽질을 하는데 쨍그렁 하는 소리가 들렸다. 삽끝에서 쇳소리가 났던 것이다.
손순은 삽으로 조심스럽게 흙을 파헤쳤다. 둥그런 종 같은 것이 보였다. 손순은 구덩이를 넓게 파헤쳐 종인 것을 확인하고 꺼내었다. 석종石鐘이었다. 손순 내외는 처음 보는 석종이어서 굵은 나뭇가지에 매달아놓고 시험삼아 삽자루로 쳐보았다.
"데엥~데엥~데엥."
부드럽고 맑은 종소리가 경주의 밤하늘에 울려퍼졌다.
"이상한 종소리로군. 돌종에서 쇠종소리가 나다니…"

손순이 고개를 갸우뚱거렸다.
"여보, 아이가 들어갈 구덩이에서 석종이 나온 것은 아마도 부처님께서 이 아이를 묻지 말고 구하라는 뜻 같아요. 그냥 데리고 가면 어떻겠어요."
손순도 그런 생각을 하고 있었다. 아무래도 아이를 묻지 말라는 부처님의 뜻 같았다.
"아이를 데리고 집으로 돌아갑시다."
손순은 돌종을 짊어지고 아내는 아이를 업고 집으로 돌아왔다.
이튿날 아침이었다. 마당가에 있는 살구나무의 굵은 가지에 석종을 매달아놓고 다시 쳐보았다.
"데에엥…데엥…뎅…"
크고 신비스러운 종소리가 울려퍼지자 마을 사람들이 손순의 집으로 모여들었다. 손순이 석종을 얻은 사연을 얘기해주었다. 마을 사람들이 감격하여 말했다.
"손순 내외의 지극한 효성에 부처님께서 감동하신 게야."
"맞는 말일세."
손순 내외는 조석으로 석종을 쳐서 마을 사람들에게 위안을 주었다.
흥덕왕은 서쪽 들녘에서 조석으로 울려오는 신비한 종소리를 알아오라는 영을 내렸다. 측근 신하가 종소리를 따라 손순의 집에 왔다. 신하가 손순을 만나 사연을 듣고 흥덕왕에게 달려가 보고했다.
"대왕마마, 그 석종은 효자 부부에게 내린 부처님의 선물이었나이다."
"옛날 중국 한나라에 손순 같은 효자 곽거郭巨가 있었노라. 그가 어머니를 위해 아들을 땅에 묻으려고 구덩이를 파니 그곳에서 금솥이 나왔느니라. 손순의 경우 석종을 얻은 것은 필시 전세의 효도와 후세의 효도를 천지가 함께 보시는 것이로다. 특히 석종이 나타났으니 신라의 경사임에 틀림없도다."
흥덕왕의 치사에 대신들이 머리를 조아리고 한목소리로 말했다.

"마마, 손순 내외에게 큰 상을 내리시어 백성들의 귀감이 되게 하시오소서."

"옳은 말이로다. 부처님께오서 그들 부부의 효성을 가상히 여겨 석종을 주셨으니 짐은 마땅히 그들의 가난을 구할 것이오!"

흥덕왕은 손순 부부에게 큰 집 한 채를 하사하고 해마다 벼 50석씩을 주어 어머니를 잘 모시도록 했다.

손순은 자기가 살던 집을 희사하여 절을 삼고 홍효사弘孝寺라고 이름 짓고 석종을 그곳에 안치했다. 진성여왕 때에 후백제의 군사들이 그 마을에 쳐들어와 종을 가져가고 절만 남았다. 그 종을 얻은 땅을 완호평完乎坪이라 하나, 와전되어 지량평枝良坪이라고 부른다.

화랑 효종랑孝宗郎이 문도들을 모아 포석정에서 놀이 행사를 가졌다. 그런데 낭도들 가운데 두 명이 늦게 왔다. 효종랑이 두 사람에게 늦게 온 까닭을 물었다.

"분황사 근처의 한 동네를 지나는데, 한 낭자가 눈먼 어머니를 껴안고 둘이서 소리내어 울고 있었소이다. 동네 사람에게 그 까닭을 물었더니 낭자의 집이 너무나도 가난하여 동냥으로 어머니를 몇 해 동안 봉양했다 하더이다. 그런데 때마침 흉년을 만나 동냥을 할 데가 없어 부잣집에서 품을 팔기로 하고 곡식 30석을 얻었다고 하더이다. 낭자가 그 부잣집에서 낮에는 일을 하고 저녁에 집으로 돌아와 밥을 지어 어머니에게 드리고 새벽이면 또 그 부잣집으로 일하러 갔다 하더이다. 오늘은 어머니가 전날의 거친 음식은 마음이 편하더니 요즈음은 좋은 음식인데도 마음이 편치 않으니 어쩐 일이냐고 딸에게 물었다 하더이다. 낭자가 사실대로 말했다 하더이다. 말을 듣고 어머니가 통곡을 터뜨리자 낭자는 어머니의 배만을 채워줄 줄 알았지, 마음을 편안하게 해주지 못한 것을 한탄하며 어머니를 따라 울어 그것을 보느라고 늦었나이다."

효종랑이 듣고 모녀의 사정이 딱하여 곡식 100석을 보내주었다. 효종랑의 부모가 이 사실을 알고 의복 일습을 보내었다. 또 화랑도들이 조 1,000석을 모아 모녀에게 주었다.

이 일을 진성여왕이 알고 곡식 500석과 집 한 채를 하사했다. 그리고 병사를 보내어 그 집에 도둑이 들지 않도록 지켜주었다. 또 그 동네에 효녀문을 세우고 동네 이름을 효양리孝養里라고 불렀다. 먼 훗날 그 집을 절로 삼아 양존사兩尊寺라 이름했다.

## ❂ 두운대사와 호랑이

선덕여왕 때 덕망 높은 두운대사가 소백산 기슭의 한 동굴에서 혼자 참선에 들어갔다. 그런데 가끔 호랑이 한 마리가 찾아와 대사의 참선 모습을 묵묵히 지켜보다가 어디론지 떠나곤 했다. 대사가 햇볕을 쬐려고 굴 밖에 나오는 날에는 호랑이가 찾아와 놀다가 가기도 했다.

어느 날 석양 무렵이었다. 두운대사를 찾아온 호랑이가 굴 입구에서 입을 쩍 벌리고 눈물을 흘리고 있었다. 이상하게 여긴 두운대사가 호랑이 앞으로 다가갔다.

"왜 그러느냐?"

두운대사가 묻자 호랑이는 입을 더 벌렸다.

"목에 무엇이 걸렸느냐?"

호랑이가 고개를 끄덕였다. 두운대사가 호랑이의 입속을 살폈다. 금비녀가 목에 걸려 있었다. 두운대사는 금비녀를 뽑아주고 호통을 쳤다.

"네 이놈! 사냥을 하더라도 가려서 해야지. 여자를 해치다니 괘씸하구나! 네놈은 천벌을 받아 마땅하다. 앞으로 사람을 해치면 내가 너를 가만두지 않을 것이야!"

호랑이는 슬그머니 꽁무니를 빼버렸다.

얼마 후였다. 호랑이는 새끼 두 마리를 데리고 와 놀다가 갔다. 한번은 큰 멧돼지를 사냥하여 새끼들과 함께 동굴 문 앞에 부려놓았다. 대사더러 먹으라는 뜻 같았다. 대사가 나무랐다.

"이놈아, 불도를 닦는 나더러 고기를 먹으란 말이더냐! 그놈 참 고약한지고!"

호랑이는 서운한 기색이더니, 새끼를 몰고 사라졌다.

어느 봄날이었다. 새끼를 떼어놓고 혼자 찾아온 호랑이는 굴에 들어와 두운대사의 가사 자락을 입에 문 채 자꾸 끌었다. 이상하게 여긴 두운대사가 호랑이를 따라 나섰다. 호랑이는 잰걸음을 쳤다. 두운대사가 호랑이를 따라 닿은 곳은 굴에서 그리 멀지 않은 폭포였다. 그곳에 아름다운 낭자가 정신을 잃고 누워 있었다.

두운대사는 낭자를 업고 동굴로 돌아왔다. 서둘러 더운 물을 끓여 베에 적셔 짠 후에 몸을 닦아주고 약물을 달여 먹이는 등 정성 들여 간호했다. 하룻밤을 죽은 듯이 누워 있던 낭자가 눈을 떴다.

"이곳이 어디이옵니까?"

목소리가 맑고 상쾌했다.

"오, 이제야 깨어나셨군."

"스님은 누구시옵니까?"

"나는 이곳 동굴에서 불도를 닦고 있는 두운이라는 납자요. 헌데 낭자는 어인 일로 산중에 들어와 의식을 잃은 게요?"

"소녀, 서라벌 유호장의 무남독녀이옵니다. 전날밤 안방에서 어머님과 얘기를 나누고 제 침소로 돌아가는데 무엇이 소녀를 덮쳐 그만 정신을 잃었나이다."

"기이한 일이로고. 다시 살아났으니 부처님의 가피인 줄 아시오."

"스님의 은혜 백골난망이옵니다. 집에 돌아가는 대로 아버님께 사연을 말씀드려 스님께 보답하도록 하겠나이다."

"그 무슨 말씀. 지금 이 상태로는 집에 갈 수 없으니 며칠 묵으며 몸을 추스른 다음에 떠나도록 하오."

대사는 동굴 안쪽에 낭자가 거처할 곳을 마련해주었다. 닷새가 지났다. 낭자가 기운을 차렸다. 대사가 남자옷 한 벌을 내어놓았다.

"스님, 웬 남자옷이나이까?"

"어서 갈아입으시오. 중이 낭자와 길을 떠나면 불편한 점이 많을 게요. 남장을 하는 편이 훨씬 나을 게요."

두운대사는 낭자를 남장을 시켜 서라벌 유호장의 집에 탈없이 데려다 주었다. 유호장 집에서는 야단법석이 났다. 갑자기 어디론가 사라진 낭자가 돌아온 것도 이상하고 게다가 스님이 남장을 시켜 함께 온 것은 더 이상했다.

하인들은 두운대사를 이상한 눈초리로 쳐다보고 유호장의 아내는 두운대사는 안중에도 없고 딸만을 챙겼다.

"아이고 이것아, 에미 죽는 꼴을 보려고 사람을 그리도 놀래키었느냐. 어서 방으로 들자."

어머니는 딸을 싸안듯이 하고 안방으로 들어갔다. 유호장은 떨떠름한 표정으로 두운대사를 사랑으로 안내했다.

잠시 후 유호장의 아내가 사랑으로 뛰어들어 두운대사 앞에 무릎을 꿇었다.

"큰스님, 경황이 없어 결례를 했나이다. 용서하소서."

"원 별말씀을…"

"여보, 뭐하고 계셔요. 어서 스님 앞에 무릎을 꿇고 용서를 비세요."

"웬 호들갑이오?"

유호장이 아내를 나무랐다.

"이 스님께서 딸 아이를 살렸답니다. 딸 아이가 옷을 갈아입은 후 스님께 정식으로 인사를 올리러 사랑으로 나올 것이나이다."

유호장은 그제서야 두운대사가 딸의 은인인 줄 알고 무릎을 꿇었다.

"덕이 높으신 큰스님을 몰라뵈었나이다. 미천한 제 딸년을 살려주시어 은혜 백골난망이나이다."

"불도를 닦는 중으로서 으당 할 일을 했을 뿐이외다. 너무 과찬을 하시어 인사받기가 민망하오."

이때 낭자가 꽃단장을 하고 사랑으로 나와 두운대사에게 큰절을 올렸다. 두운은 합장으로 답했다.

"스님, 소녀를 두 세상 살게 해주시어 집으로 돌아왔나이다. 스님의 은혜에 보답하는 길은 오로지 부처님을 섬기는 일이옵니다. 이끌어주소서."

"낭자의 불심은 더욱 깊을 것이오. 부디 훌륭한 신도가 되시오."

"명심하겠나이다."

그날 밤, 유호장은 성대한 잔치를 베풀고 마을 사람들을 배불리 먹였다. 딸의 귀가를 축하하는 잔치였다.

이튿날, 두운대사가 떠날 즈음 유호장이 말했다.

"큰스님, 딸 아이가 스님을 만나 살아돌아온 것은 저더러 부처님과 인연을 맺으라는 뜻인 것 같나이다. 앞으로 사재를 털어 불사를 하겠사오니 스님께서 계시는 소백산에 절터를 잡아주소서."

"오오, 훌륭한 생각을 하셨소이다. 기꺼이 절터를 잡아 기별하겠소이다."

소백산 동굴로 돌아온 두운대사는 절터를 찾아 온 산을 두루 돌았다. 그리하여 소백산 연화봉 가는 길목에 절터를 잡았다. 곧 불사가 시작되었다. 꽤 높은 곳이어서 어려움이 따랐다.

유호장은 오로지 절을 짓기 위해 살아온 사람처럼 불사에 정성을 쏟아부었다. 절이 완성되었다.

유호장 내외와 딸이 찾아왔다.

"절 이름을 지으셨는지요?"

"생각해둔 이름이 있소이다."

"알려주시겠나이까?"

"새로 지은 절은 유호장 가문에 기쁜 소식을 전해줄 방위이므로 희방 사흘方寺라 지어봤소이다. 마음에 드실는지요?"

"아주 좋은 이름이나이다. 마음에 쏙 드나이다."

유호장이 기뻐했다. 낭자는 두운대사와의 인연이 새삼 새로워졌다.

그리고 낭자가 쓰러져 있던 폭포를 희방폭포라고 이름 붙였다.

두운대사는 동굴을 찾아왔던 호랑이를 생각했다. 아무래도 유호장의 딸을 그 호랑이가 업고 폭포 옆에 부려놓고 두운대사와 인연을 맺게 해준 것 같았다. 호랑이의 불심이 갸륵하여 그 호랑이 만나기를 기도했으나 호랑이는 할 일을 다했다는 듯 전혀 나타나지 않았다.

## ● 최치원은 신선이 되었을까

신라 말기의 학자 최치원崔致遠의 자는 고운孤雲·해운海雲이오, 시호는 문창후文昌侯였다. 사량부에서 태어나 12세에 당나라에 유학하여 17세 때에 당나라 과거에 급제한 수재였다.

그는 어릴 적부터 숱한 일화를 남겼다. 어느 날 하늘의 선비 수십 명이 그가 글을 읽고 있는 정각에 내려와 어린 그에게 여러 가지 문리를 틔워 주었다.

치원이 글씨 공부를 할 때 바닷가 모래밭에 쇠막대기로 글씨를 썼다. 어찌나 열심이었던지 석 자나 되는 쇠막대기가 반 자쯤 닳아버렸다. 시도 잘하여 당나라 시인들의 시를 달달 외우고 흉내내어 시를 짓기도 했다.

어느 날 달 밝은 밤에 어린 치원이 시를 읊었다. 그 소리가 어찌나 맑고 청아한지 바람결에 멀리 당나라까지 날아갔다. 당나라 황제가 궁궐 후원을 거닐다가 시 읊는 소리를 듣고 따르는 내관에게 물었다.

"어디에서 들려오는 시 읊는 소리가 저리도 낭랑하고 명쾌하냐?"

내관이 어디에서 들어 알고 있었는지 선뜻 대답했다.

"폐하, 멀리 신라국의 어린 유생儒生이 읊는 소리이옵나이다."
황제가 깜짝 놀라 말했다.
"신라는 바다 건너 작은 나라이거늘 저렇듯 시를 읊는 어린 선비가 있다니 참으로 가상한 일이로다."
그후 황제는 당나라 유생들을 불러모아 그 가운데 글재주가 뛰어난 유생 둘을 뽑았다. 선비 둘에게 황제가 영을 내렸다.
"그대들은 곧 신라로 들어가 그 나라의 유생이 얼마나 문재에 뛰어난지 알아보고 오라!"
당나라 선비가 배를 타고 신라로 가고 있었다. 조그마한 섬이 하나 나타났다. 그런데 그 섬에서 글 읽는 소리가 낭랑하게 들려왔다. 유생들은 배를 멈추고 소리 나는 쪽으로 가보았다. 소년이 글을 읽고 있었다. 소년에게 말을 걸었다.
"이 쓸쓸한 섬에서 너 혼자 글을 읽고 있느냐? 대체 어느 양갓집 자제인고?"
"예에, 저는 신라 승상 나업羅業의 사람이나이다."
"몇 살이더냐?"
"금년 아홉 살이옵니다."
"신라에서는 아무나 글을 배우느냐?"
"그러하옵니다."
"허면 어이하여 이 작은 섬에서 글을 읽느냐?"
"이 섬은 저희 승상 댁 말목장이옵니다. 아비를 따라 이곳에서 지내며 글을 읽나이다."
당나라 유생들은 기특하기도 하고 신기하기도 하여 호기심이 일었다.
"얘야, 우리와 글짓기를 한번 해보겠느냐?"
"재주는 없사오나 한번 지어보겠나이다."
먼저 당나라 유생이 운을 떼었다.

棹穿波底月도천파저월
　　노는 물밑의 달을 꿰도다

시의 대구를 소년이 망설임 없이 받았다.

　　船壓水中天선압수중천
　　배는 물속의 하늘을 누르도다

당나라 유신이 다시 운을 떼었다.

　　水鳥浮還沒수조부환몰
　　물새는 떴다 다시 잠기도다

소년이 냉큼 받았다.

　　山雲斷復連산운단복련
　　산 구름은 끊어졌다 다시 잇는도다.

당나라 선비들은 혀를 내둘렀다.
"네 이름이 무엇이냐?"
"최치원이라 하옵니다."
당나라 유생들은 머리를 맞대고 의논하더니 뱃머리를 돌려 당나라로 돌아가버렸다.
아홉 살 소년의 시 짓는 솜씨가 이만하면 신라 유생들의 실력은 겨뤄보나마나였다. 공연히 망신을 당할까 봐 두려워 뱃머리를 돌렸던 것이다.
당나라 유생이 황제에게 고했다.
"신라는 작은 나라이오나 문재가 뛰어난 선비가 모래알처럼 많아 저희가 당하기 어려웠나이다."

황제는 불쾌했다. 용안이 붉어졌다.

"아니, 신라국 유생 하나 제대로 꺾지 못했더란 말인가!"

황제는 몹시 화가 났다. 문장으로 신라를 이기지 못하면 무력을 써서라도 제압하고픈 마음이 들었다.

황제는 한 가지 꾀를 내었다. 솜으로 달걀을 싸서 돌로 만든 상자 속에 넣고 다시 밀초를 끓여 상자 속에 부어 달걀이 움직이지 못하게 했다. 거기에다 구리와 쇠를 녹여 상자 뚜껑에 부어 열지 못하게 만들었다.

황제는 이 상자를 들려 신라에 사신을 보내었다. 사신이 말했다.

"신라에서 이 상자 속에 무엇이 들어 있는지 알아 맞추고 또 그 속에 들어 있는 것으로 시를 지어 황제께 올리시오. 만약 행하지 못하거나 틀리면 신라를 칠 것이라 하오."

신라 조정이 발칵 뒤집혔다. 황제의 심술이 그냥 넘어갈 성싶지 않았다. 분명히 트집을 잡아 신라를 공격할 빌미로 삼으려는 의도가 엿보였다.

신라 임금은 신하들을 불러모아 영을 내렸다.

"이 수수께끼를 푸는 자에게는 높은 벼슬을 주고 봉토를 하사하겠노라!"

이 무렵, 치원은 섬에서 경주로 돌아왔다. 그리고 승상 나업의 딸이 인물과 재주가 뛰어나다는 말을 듣고 한번 만나보고 싶었다. 그는 옷을 단정히 차려입고 거울 장사로 나섰다. 나업의 대문 앞에 서서 크게 외쳤다.

"자아, 거울이오, 거울! 깨진 거울은 새로 장만하시고 아직은 쓸 만하나 손보아야 할 거울은 고쳐드리겠소이다!"

외침 소리를 듣고 승상의 딸이 유모를 시켜 거울 장사를 불렀다. 치원은 승상집으로 안내되었다. 방안에서 치원을 훔쳐보는 딸의 눈길을 치원은 놓치지 않았다.

"이 거울 좀 보게나. 거울테만 바꾸면 아직 쓸 만한데 어떻겠나?"

유모가 치원에게 거울을 건네었다. 치원은 문틈으로 자기를 훔쳐보는 딸과 눈을 맞추느라고 그만 거울을 떨어뜨려 깨버렸다.

"이 자가 지금 무슨 짓을 하는고? 이 댁이 누구 댁인지 아는가! 조심하지 않고 두리번거리더니 기어이 일을 저질렀구만."

유모는 화를 내며 치원을 혼내주려고 했다. 치원이 정중하게 사과했다.

"죽을 죄를 졌나이다. 거울을 보니 값비싼 것이어서 제게는 대체해줄 만한 거울이 없나이다. 이 몸을 승상댁 노복으로 쓰시면 뼈가 부서지도록 몸을 아끼지 않고 일을 하여 보답하겠나이다."

유모는 어린 치원의 의젓한 모습에 다소 화가 풀렸다. 승상에게 이 사실을 알렸다. 치원을 종으로 쓰라는 허락이 떨어졌다.

치원은 스스로 파경노破鏡奴라고 했다. 거울을 깨트려 노예가 되었다는 뜻이었다. 치원은 말먹이꾼이 되었다. 그가 말을 먹인 후에는 여윈 말들이 살이 찌고 병들어 비실거리는 말이 한 마리도 없었다.

치원이 말을 몰고 들로 나가면 하늘에서 사람들이 내려와 말꼴을 베어주었다. 치원은 말을 힘들이지 않고 돌보았다. 그는 말을 몰고 산과 들을 누비며 시를 짓기도 하고 명상에 잠기기도 했다. 그가 하루종일 낮잠을 자더라도 멀리 가 있던 말들이 스스로 모여들어 치원이 자는 모습을 지켜보았다.

기이한 소문이 승상의 귀에 들어갔다. 승상의 부인은 치원을 아무리 보아도 말몰이꾼이 아니었다. 마구 부려서는 안 될 것 같았다. 부인이 승상에게 말했다.

"아무래도 우리집 파경노는 평생 노예로 살 사람이 아닌 것 같나이다. 들리는 소문도 기이하옵고 어린 나이에 어른 뺨치게 의젓하나이다. 원컨대 파경노에게 조금 나은 일을 시키소서."

승상도 파경노가 기이하다는 소문을 들은지라 부인의 말에 따라 꽃가꾸는 일을 맡겼다. 치원이 꽃을 가꾸기 시작하자 그의 손길이 닿는 곳마다 백화가 만발했다. 더구나 기이한 일은 꽃에 봉황이 날아와 노는 것이었다.

승상집 식구들은 어린 치원을 마음속으로 존경하고 있었다. 봉황이 자기 집에 날아와 논다는 말을 듣고 승상은 잘 가꿔진 후원으로 꽃구경을 나갔다. 치원이 꽃을 가꾸고 있었다. 승상이 보니 치원은 꽃을 가꾸는 것이 아니라 꽃 사이를 왔다갔다하며 꽃송이를 어루만져 주었다. 그런데 꽃들은 싱싱해지고 화려해졌다. 승상이 신기해서 치원에게 말을 걸었다.

"파경노야, 금년 몇 살이더냐?"

"열한 살이옵니다."

"저기 봉황이 날아와 노는데 언제부터 날아왔느냐?"

"소인이 꽃동산에 나타나기만 하면 어디선가 날아오나이다."

승상은 치원의 의젓한 말솜씨부터가 범상치 않아 보였다.

"애야, 글을 배운 적이 있느냐?"

치원은 시침 뚝 떼고 거짓말을 했다.

"일찍 조실부모 하옵고 떠돌이로 거울 장사를 한 몸이어서 글을 배우지 못했나이다."

승상은 아무 말 없이 가버렸다.

얼마 후 치원은 소문을 내었다. '시골에 볼 일이 있어 잠시 승상댁을 떠난다' 는 것이었다. 그가 이런 소문을 낸 것은 아무리 꽃을 가꾸어도 승상 댁 딸이 한번도 꽃구경을 나오지 않아서였다. 유모가 딸에게 말했다.

"아가씨, 파경노가 시골에 간 모양이오. 꽃구경을 한 번 나가시지요."

"그게 정말이오, 유모?"

"예에, 파경노가 시골에 갔다 하더이다."

딸이 안심하고 밖으로 나섰다. 꽃동산에 가보니 소문대로 옛날의 꽃동산이 아니라 신선이 노는 도원경 같았다. 형형색색의 꽃이 만발하고 향기마저 황홀했다. 딸은 본래 시재詩才가 뛰어나 꽃을 보자 저절로 시흥詩興이 나는 것이었다. 딸이 시를 읊었다.

花笑欄前聲未聽화소난전성미청

꽃이 난간 앞에서 웃되 웃음소리는 들리지 않네

치원이 꽃밭에 숨어서 시를 듣고 있다가 대뜸 대구를 채웠다.

鳥啼林下淚難着조제임하누난착
새는 숲속에서 울되 눈물은 보이지 않네

아무도 없는 줄 알고 마음놓고 시를 읊던 딸이 그만 소스라치게 놀라 방으로 들어가버렸다.

이듬해 2월까지 당나라 황제가 보낸 상자 속 수수께끼를 풀지 못하고 신라 조정에서는 전전긍긍하다가 나 승상에게 책임을 지웠다. 그의 지혜가 나라에서 으뜸이라는 평이 나서였다.

"승상, 이 난제를 풀기만 한다면 무엇이든 다 들어주리다. 허나 풀지 못하면 승상은 극형에 처해질 것이며 부인은 궁녀로 전락할 것이오."

나 승상은 기가 막혔다. 집에 돌아와 부인과 마주앉아 눈물을 흘렸다.

"이런 기막힌 운명이 어디 있겠소. 하필 내가 이런 궁지에 몰리다니, 내 운이 다한 모양이구려."

"하늘이 무너져도 솟아날 구멍이 있다 했나이다. 침착하게 기다려보소서."

나 승상은 부인의 위로가 귀에 들어오지 않았다.

치원은 후원에서 꽃을 만지다가 매와 가지를 꺾어 들고 앞마당으로 나왔다. 승상의 딸은 아버지 걱정에 눈물을 흘리고 있다가 언뜻 문틈으로 치원의 모습을 보았다.

치원이 눈치채고 그녀의 방문 앞에 섰다. 딸이 문을 반쯤 열고 눈물 젖은 목소리로 물었다.

"내 방문 앞에서 어이하여 서성거리는가?"

"낭자께오서 꽃을 좋아하신다 들었나이다. 싱싱한 매화꽃 가지를 꺾어왔으니 방에 두고 감상하소서."

치원이 꽃을 내밀었다. 딸은 만사가 귀찮았다. 전같으면 기쁘게 받아 꽃을 감상했을 것이다. 그러나 지금은 아버지가 궁지에 몰려 생사를 점칠 수 없는 지경에 빠져 있었다. 딸은 돌아앉아버렸다.

치원도 집안 분위기를 파악하고 있었다. 치원은 다시 꽃을 내밀며 말했다.

"낭자의 근심 걱정을 이미 알고 있나이다. 낭자의 근심 걱정을 저기 벽에 걸린 거울 속의 사람이 해결해줄 것이오니 이 꽃이나 받으소서."

"그 말이 진실이렷다?"

"명색이 사내이옵니다. 어찌 거짓을 말하오리까."

딸이 반색을 하며 꽃을 받았다. 딸이 아버지에게 달려갔다.

"아버님, 기뻐하시오소서. 저 파경노가 아버님의 난제를 해결해주겠다고 장담했나이다."

"쓸데없는 소리. 조정의 날고 긴다는 신하들과 온 나라 백성들 가운데 재주꾼들이 다 모였어도 풀지 못한 수수께끼였느니라. 당나라의 체면을 봐서 승상인 나를 희생시키려는 의도 같느니라. 어린 소년이 무슨 재주로 난제를 푼단 말이냐."

"아버님, 파경노는 헤아릴 수 없을 만큼 지혜가 있는 줄 아옵나이다. 그는 하늘의 힘까지 능히 빌릴 수 있다는 소문이옵니다. 파경노를 불러 수수께끼를 풀어보소서."

승상은 믿기지 않았으나 다른 방법이 없어 치원을 불렀다.

"듣자하니 네 재주가 하늘을 움직인다는 소문이더구나. 너도 소문을 들어 알고 있으리라 믿는다. 당나라 황제가 낸 수수께끼를 풀지 못하면 우리집은 망하게 되어 있다. 네 지혜를 빌어 그 난제를 풀고자 하니 나를 도와다오."

"불초에게 무슨 지혜가 있다고 그리 어려운 부탁을 하시나이까? 이 불초에 대한 소문은 한낱 소문일 따름이옵니다."

치원이 배짱을 부렸다. 그러자 승상의 측근들이 달래기도 하고 공갈협박을 하기도 했다. 치원이 중얼거렸다.

'별 볼일 없는 작자들이 벼슬을 꿰차고 앉아 백성들에게 거둬들인 녹봉만 축내는구만. 내가 당신들을 생각하면 입을 봉하고 있겠지만, 승상 집이 결단 나겠기에 한번 힘써 보려는 게야.'

승상이 치원의 눈치를 살폈다. 심기가 불편해 보였다. 승상이 부드러운 말로 다시 부탁했다.

"내가 너를 믿는 마음이 하늘 같으니라. 만약 이 일을 해결해주면 네가 원하는 것이면 무엇이든 죄다 들어주겠노라."

치원은 들은 체 만 체했다. 그러고는 엉뚱한 말을 했다.

"그 문제로 시를 짓는 일은 그리 힘들지 않나이다. 하옵고 승상께옵서 아무 청이나 들어주신다기에 한 가지 청을 드릴까 하옵니다."

승상이 활짝 웃었다.

"무슨 청이더냐? 어서 말해보라!"

"승상께오서 불초를 사위로 삼으실 수 있겠나이까?"

승상의 얼굴이 갑자기 험한 인상으로 구겨졌다. 이어 호통이 떨어졌다.

"네 이노옴! 건방지구나. 네 재주가 범상치 않다 하여 지혜를 좀 빌리려 했더니 이놈아 네 처지도 모르고 딸을 달라고? 나중에는 승상 자리를 내놓으라고 하겠구나. 불한당 같은 놈이로고!"

승상이 험한 얼굴로 으르릉대자 부인이 말렸다.

"여보 대감, 고정하소서. 이러시면 될 일도 아니 되오이다."

승상이 가슴을 쓸어내리며 화를 삼키고 나서 치원을 달랬다.

"얘야, 너와 내 딸은 신분이 달라 짝이 될 수 없으니 신라에서 네 신분에 맞는 제일 어여쁜 배필을 구해주겠느니라. 어떠냐? 그리하겠느냐?"

치원은 단호했다.

"불초는 승상님의 따님이 아니면 다 싫사옵니다. 따라서 수수께끼를 푸는 시도 지어드릴 수 없나이다."

승상과 부인은 얼굴이 하얗게 질려버렸다. 당장 밖으로 내쳐 물고를 내버리고 싶으나 집안의 생사가 달린 중차대한 문제이기에 그럴 수는 없었다. 어떻게든 치원의 지혜를 빌려야 했다.

승상의 딸이 이 말을 듣고 곰곰 생각해보았다.

'남녀 사이에 신분이 그리도 중요한가? 파경노가 천한 종이지만, 하는 짓은 어느 명문가의 자제들보다 더 똑똑하고 의젓하지 않은가. 게다가 이제는 이 나라에서 수수께끼를 풀 수 있는 단 하나의 인물이 아닌가. 내가 나설 때이다.'

딸이 결심하고 부모님 앞에 나타났다.

"아버님, 어머님, 파경노와 혼인하겠나이다."

청천벽력과 같은 선언에 부모는 눈이 튕겨져나올 것 같은 충격을 받았다.

"애야, 제 정신으로 하는 말이냐? 네가 어떻게 종놈의 아내가 된단 말이냐!"

"아버님, 남녀 사이에 신분은 그리 중요하지 않나이다. 더구나 파경노는 이 나라 제일가는 천재이옵니다. 제가 주저할 이유가 없나이다."

"종과는 절대로 안 된다!"

"하오면 집안이 망해도 되나이까?"

승상은 대답할 수 없었다. 치원이 빙긋 웃으며 말했다.

"낭자께서 선택하셨나이다. 허락하시오소서."

나 승상은 달리 선택할 길이 없었다. 하는 수 없이 혼인을 승낙했다.

"기왕 혼인을 승낙하셨으니 서둘러 혼례를 치르도록 해주소서."

치원이 밀어붙였다. 승상은 정신없이 치원이 하자는 대로 따라갔다. 며칠 안으로 택일하여 혼례식을 치르고 신방을 차려주었다.

치원은 장가를 든 뒤에 신혼 재미에 빠져 빈둥거리며 잠만 퍼질러 잤다. 승상이 답답하여 수수께끼를 풀 시를 지어오라고 해도 조금만 기다리라는 말뿐이었다. 치원의 아내는 남편을 굳게 믿고 있었으므로 하는

양을 묵묵히 지켜볼 뿐이었다.

치원은 벽에 커다란 흰 종이를 붙여놓고 이따금 종이를 노려보았다.

어느 날이었다. 아내가 치원의 사랑을 듬뿍 받고 곤한 잠에 빠졌다. 하늘에서 용 한 쌍이 내려와 큰 상자 위에 꿈틀거리고 있었다. 하얀 반바지를 입은 아이 10여 명이 또 하늘에서 내려오더니 상자를 들고 노래를 부르는 것이었다. 그러자 상자가 저절로 열리고 용의 입에서 서광이 뿜어져나와 상자 속을 비췄다. 붉은옷 푸른옷을 입은 사람들이 좌우에서 글을 불러주었다. 아내가 붓을 들고 받아쓰려는데 누군가가 고함을 질러 꿈을 깨어버렸다.

아내가 놀란 가슴을 쓸어내리며 옆을 보았다. 남편이 아직 자고 있었다. 잠시 후 남편이 눈을 떴다. 바로 붓을 들어 벽에 붙여놓은 흰 종이에 시를 써 내려갔다. 그 필세筆勢가 마치 용이 꿈틀거리는 것 같았다.

團團石中物단단석중물
半玉半黃金반옥반황금
夜夜知時鳥야야지시조
含情未吐音함정미토음

둥글고 둥근 돌 가운데 물건이여
반은 구슬이고 반은 황금이로다
밤마다 때를 아는 새로되
뜻만 머금고 아직 소리는 내지 못하도다

치원의 아내가 시를 승상에게 바쳤다. 승상이 시를 받아보고 고개를 갸우뚱거렸다. 딸이 꿈 얘기를 해주었다. 그제서야 승상은 이해하고 대궐로 달려가 임금에게 시를 바쳤다. 임금은 당나라 황제에게 시를 바치는 사신을 보내었다. 황제가 수수께끼를 푼 시를 보고 눈이 휘둥그레졌다.

"신라에는 과연 문재들이 많은가 보구나. 헌데 이 마지막 시구가 좀 수

상쩍다."

이 말에 신하들은 찔끔했다. 무슨 날벼락이 떨어질지 몰라서였다. 시의 마지막 구절 '함정미토음'은 아무래도 상자 속에 들어 있는 삶은 달걀과는 거리가 멀었다. '뜻만 머금고 아직 소리를 내지 못하는 것'이 아니라 아예 '소리 없이 죽어 있다'고 해야 맞는 시구였다.

"그 상자를 쪼개보아라!"

시종 무사가 상자를 쪼개어 열어보았다. 그런데 이것이 무슨 조화인가. 삶은 달걀이 부화되어 병아리가 깨어나고 있었다.

"신라의 선비는 도통한 천재로다! 실로 놀라운 일이 아니냐!"

황제는 감탄했다. 그러나 속이 편치 않았다. 황제의 심기를 눈치채고 대신들이 신라를 골탕먹일 음모를 진언했다.

"폐하, 신라의 선비는 하늘도 알아주는 천재인가 하옵나이다. 이렇듯 투시안을 가진 선비가 우리 나라에 있지 않고 신라에 있사오니 어찌 경계할 일이 아니겠나이까? 그 선비를 우리 나라로 불러들여 일찌감치 없애는 것이 좋을 듯하나이다."

"속히 신라의 그 유생을 불러들이도록 하라!"

황제의 지엄한 영이 떨어졌다.

신라에서는 이런 줄도 모르고 최치원에게 벼슬을 주고 후한 상을 내려 치원은 처가살이를 면하게 되었다. 치원의 기쁨은 그야말로 일장춘몽이었다. 당나라에서 수수께끼를 푼 선비를 당장 보내라는 황제의 엄명을 받들고 사신이 왔다.

신라에서는 장래가 촉망되는 최치원 대신 장인인 나 승상을 보내기로 중론을 모았다. 나 승상은 걱정이 태산 같았다. 당나라 황제가 또다시 어려운 문제를 내어 그것을 풀지 못하면 죽음을 면치 못하리라는 것은 불을 보듯 훤했다. 승상의 고민을 사위가 풀어주었다.

"승상께오서 당에 들어가시면 감당하기 어려운 문제가 기다리고 있을 것이옵니다. 이번에도 제가 가서 해결해야 될 것 같나이다."

"나라에서는 나를 보내기로 정했네. 죽으나 사나 내가 가야지."

짐짓 이렇게 말했으나 사위의 제안에 승상은 기뻐했다.

"대왕마마께 말씀 올려주소서."

승상은 못이기는 체하고 임금에게 치원이 당나라에 가기를 청한다고 아뢰웠다. 임금이 치원을 불렀다.

"정녕 그대가 가기를 원하는가?"

"그러하나이다."

"그대는 이 나라의 보배일세. 행여나 잘못되면 이 나라의 큰 손실이야. 신중히 생각하게나."

"마마, 신이 가야 하옵니다."

"정 그렇다면 가게나. 특별히 소용되는 물건이라도 있으면 말해보라."

"마마, 50척 되는 모자 하나만 만들어주오소서."

임금은 기가 막혔다. 도대체 50자나 되는 모자를 어디에 쓰겠다는 것인가. 그러나 치원의 기상천외의 재주를 믿고 있기에 용도도 물어보지 않고 모자를 만들어주었다.

최치원이 바닷길을 잡아 당나라로 떠났다. 바다로 나가 얼마쯤 가서 배가 앞으로 나가지 못하고 그 자리에 멈춰버렸다.

"어인 까닭인고?"

치원이 사공에게 물었다.

"이곳은 첨성도瞻星島라는 섬 근처이옵고 이 섬 밑에 용이 살고 있어 가끔 지나가는 배를 멈추게 하는 일이 있사옵니다. 아마도 제단을 쌓고 제사를 지내야 할 것 같나이다."

치원은 가까운 첨성도에 내렸다. 키가 작은 서생이 팔짱을 끼고 앉아 있었다. 치원이 물었다.

"그대는 누구기에 이런 외딴 섬에 혼자 있는고?"

그 서생이 일어나 공손히 절하고 나서 말했다.

"소생은 이곳 용왕의 아들이옵고 이름은 이목李牧이라 하옵니다. 신라국의 대문장 최치원 선생께오서 이곳을 지나가신다기에 이렇게 기다리고 있나이다."

치원은 흠칫 놀랐으나 마음을 가다듬고 물었다.

"그래, 최치원을 만나려는 까닭이 무엇이오?"

"공자孔子의 도를 배우고자 기다리고 있나이다. 혹여 최치원 선생이 아니신지요?"

치원은 속일 수 없어 고개를 끄덕였다.

"용궁이 여기에서 멀지 않으니 잠시 들렀다 가시지요."

치원은 내키지 않았으나 호의를 뿌리치지 못했다. 슬며시 용궁에 대한 호기심이 일기도 했다.

"제 등에 업히시고 눈을 감고 계시오소서."

치원은 이목이 시키는 대로 했다. 눈 깜짝할 새에 용궁에 왔다고 일러주었다.

용왕이 문밖까지 나와 반겨주었다. 곧 잔치가 벌어졌다. 음식물이 인간 세상과 다를 바 없어 친근감이 일었다. 향기로운 술이 나오고 아리따운 아가씨들이 나와 술시중을 들었다. 치원이 문득 생각했다.

'내가 이러다가 여기에 붙잡혀버리는 것은 아닐지…'

치원은 정신을 가다듬고 용왕에게 말했다.

"시생이 바쁜 일로 당나라에 가는 길이옵니다. 그만 물러가는 무례를 양해하소서."

용왕이 섭섭해하더니 청을 했다.

"미련한 제 자식놈을 데리고 가시어 글을 좀 깨우쳐주소서. 이런 청을 그 누구에게 드리겠소? 선생이 아니면 그 누구에게도 드릴 수 없소이다."

치원은 할 수 없이 이목을 데리고 다시 첨성도로 나왔다.

배를 띄웠다. 뱃길이 순조로웠다. 용왕의 아들을 태워서였다. 얼마쯤 가서 위이도魏耳島에 닿았다. 이 섬에서는 많은 사람들이 모여 치원을 기다리고 있었다.

"이제야 선생께서 나타나셨다!"

치원이 어리둥절한 채 섬 사람들에게 에워싸였다.

"우리도 이제야 살 길이 트이나 보옵니다. 섬 사람들을 위해 선생께오서 수고 좀 해주소서."

"무슨 일이기에 이토록 섬 사람들이 모였소이까?"

"이 섬이 까닭 없이 오랫동안 가물어 땅이 초토화되어가고 있나이다. 지금 당장 목을 축일 물 한 방울 나오지 않아 다 죽은 목숨이나이다. 이제 하늘이 도와 선생을 우리 섬에 보내주시었나이다. 선생께오서 하늘이 감동하여 비를 내릴 기우문祈雨文을 지어주소서."

치원은 굳이 기우문을 지을 필요 없이 이목을 내세우면 될 것 같았다.

"그대가 이 섬을 위해 비를 내리게 해주오."

이목이 쾌히 허락하고 산골짜기로 들어갔다. 얼마 후 파란 하늘을 먹구름이 덮더니, 이내 비가 쏟아져내렸다. 섬 사람들이 기뻐 환호성을 내질렀다.

그런데 뜻밖에도 갑자기 뇌성벽력이 요란해지더니 늙은 중 하나가 치원 앞에 나타났다. 푸른 옷을 걸친 노승은 살기등등했다. 노승이 이목을 노려보았다.

"웬 노승이 이리도 행패가 심하오?"

치원이 물었다. 이목이 대답했다.

"실은 제가 선생의 부탁을 받고 이 섬에 비를 내렸사온데, 이 섬 사람들은 부모를 공경할 줄도 모르고 형제간에 우애는커녕 싸움질을 일삼고, 부질없이 욕심을 부리는 자들이나이다. 그 풍속이 너무도 험악하다 하시어 천제께서 비를 주지 않았사온데 이제 소생이 천제를 거스른 죄로 벌을 받게 되었나이다."

치원이 말을 듣고 놀래어 노승에게 말했다.

"이 사람이 그러한 사정도 모르고 비를 간청했소이다. 죄가 오로지 이 사람에게 있으니 벌을 주시려거든 이 몸에게 주소서."

치원이 노승에게 말하며 이목에게 몸을 피하라고 눈짓했다. 이목은 금세 뱀으로 변하여 치원이 앉은 자리 밑으로 숨어버렸다.

노승은 빼었던 칼을 다시 거두고 말했다.

"선생이 문재로 이름난 최치원이오?"

"그렇소이다."

"신라국 최 문장이 말리면 천제께서 용서해주라고 하시었소."

노승은 말을 마치고 하늘로 솟구쳐 올라가버렸다. 이목의 목숨을 건져 길을 떠나려다가 치원은 문득 용의 본 모습이 보고 싶었다.

"그대의 변장술에 감탄할 따름이네. 내가 한번 그대의 본모습을 보고 싶으니 그대는 용이 되어보게나."

이목이 마지못해 용의 본모습으로 돌아갔다. 치원은 징그러운 용의 모습을 보고 그만 외마디 비명을 지르고 말았다.

"으악!"

그 모습을 보고 이목은 면구스러운 생각이 들어 그만 용궁으로 돌아가버렸다.

치원은 배를 버리고 육로를 택해 당나라 수도로 향했다. 얼마쯤 갔을까. 길가에서 한 노인이 치원을 불렀다.

"쉬었다 가시오, 최 문장!"

자기를 알아보는 노인을 따라갔다. 술과 안주를 대접하고 먼 길 온 것을 치하했다. 노인의 집을 나섰다. 노인이 솜에 간장을 묻혀주는 것이었다.

"비록 값이 없는 물건이나 아무쪼록 조심하여 잃어버리지 말고 지니고 다니시오."

치원은 하찮은 물건을 잘 간직했다.

또 한참을 갔다. 백발이 성성한 노인이 길목을 지키고 있다가 치원에게 말했다.

"신라국 최 문장이 맞소? 내가 보기에 당나라 수도로 들어가면 큰 화가 기다릴 터 아무쪼록 매사에 신중을 기하시오. 앞으로 닷새를 더 가면 큰 물가가 있는 길목에서 아름다운 여인을 만날 것이오. 그 여인에게 배울 것이 있을 것이오."

치원은 닷새를 걸었다. 노인의 말대로 아름다운 여인을 만났다. 그 여인에게 다가가 고개를 숙여 예를 표한 다음 점잖게 말했다.

"소생이 지금 수도로 들어가는 길이온데, 황제께오서 무슨 문제를 낼 것인지 측량키 어렵소이다. 부디 가르쳐주소서."

"지금 황제께오서 그대를 맞으려고 문을 아홉 개나 만들어놓고 있소. 그 아홉 개의 문을 무사히 통과하려면 내가 시키는 대로 하소서."

"가르쳐주소서."

"맨 먼저 만나는 문에서는 이 부적을 던지시오. 둘째 문에서는 붉은 부적을, 셋째 문에서는 흰 부적을, 넷째 문에서는 노란 부적을 던지시오. 그리고 나머지 문에서는 시로써 대답하면 무사할 것이오."

여자는 부적 넉 장을 주고 어디론지 사라져버렸다.

치원은 천신만고 끝에 당나라 서울 낙양에 도착했다. 그런데 학자 하나가 치원의 길을 막고 말을 걸었다.

"해와 달은 하늘에 걸렸는데, 하늘은 어디에 걸렸는고?"

"산과 물은 땅 위에 얹혀 있는데 땅은 무엇에 얹혀 있는고? 그대가 이 대답을 능히 하면 나도 그대의 물음에 답하리다."

당나라 학자는 말문이 막혀 가버렸다.

치원이 성문을 들어가려고 했다. 50척이나 되는 모자가 너무 높아 쉽사리 통과할 수 없었다. 치원이 문지기에게 외쳤다.

"신라와 같은 작은 나라에서도 이 모자를 쓰고 능히 통과했거늘 대국의 문이 이렇듯 작은 뜻을 알 수 없도다!"

이 말이 황제의 귀에까지 들어갔다. 말끝마다 대국임을 자랑삼던 황제의 코가 납작해졌다. 황제는 문이라는 문을 죄다 고쳐 치원이 50척이나 되는 모자를 쓰고 통과하도록 조치했다.

치원이 아홉 개의 문 가운데 첫 문을 통과했다. 별안간 땅속에서 풍악 소리가 요란하게 들려왔다. 치원이 파란 부적을 던지자 풍악 소리가 그쳤다.

두 번째 문으로 들어섰다. 또 풍악 소리가 들려왔다. 그럴 때마다 부적을 던져 풍악 소리를 멎게 했다. 세 번째 문에서도 풍악 소리가 들려왔다. 부적으로 막았다.

네 번째 문에서도 풍악 소리가 나서 노란 부적을 던졌다. 그랬더니 커다란 코끼리가 나와 문 뒤에 숨은 코끼리의 코를 물어뜯었다. 그 바람에 코끼리는 코로 행패를 부리지 못했다.

다섯 번째 문부터는 여러 사람들이 지키고 있다가 정신 없이 질문을 던졌다. 치원은 일일이 시로써 답했다. 아홉 개의 문을 무사히 통과하여 대궐에 이르렀다. 황제는 아연실색했다. 치원이 아홉 개의 문을 무사히 통과하고 자기를 만나러 올 수 없을 것이라고 굳게 믿고 있다가 큰코다친 것이었다. 치원은 50척이나 되는 모자를 쓰고 의젓이 나타나 황제의 기를 꺾었다.

황제는 치원에게 내리는 음식에 독약을 넣으라고 은밀히 영을 내렸다. 치원이 음식상을 받고 앉아 있는데 느닷없이 참새가 날아와 치원에게 빙그레 웃으며 속삭였다.

"이 음식에는 독이 들어 있소이다. 먹지 마소서."

치원은 낯꽃을 붉히며 상을 물리쳤다. 황제가 껄껄 웃으며 물었다.

"그대를 시험해보려고 음식에 독을 넣었거늘 어찌 알아냈는고?"

"참새의 지저귐 소리로 분간해내었나이다."

"과연 달통한 인물이로고."

황제는 치원을 해칠 마음을 거두고 당나라에 잡아두고 크게 쓸 생각을 했다.

"그대는 신라로 돌아갈 생각 말고 당나라에서 짐과 함께 지낼지어다."

"폐하, 황공하옵나이다."

치원도 당분간 당나라에 머물며 당나라 선비들과 겨뤄보고 싶었다. 숙소를 정하고 글공부에 매진했다. 하숙집 딸이 치원을 은근히 짝사랑했다. 치원은 딸을 위해 시 한 수를 지었다.

江南蕩風俗강남탕풍속
養女嬌且憐양녀교차린
性冶恥針線성흡치침선
粧成照管絃장성조관현
所學非雅音소학비아음
多被春心牽다피춘심견
自謂芳草色자위방초색
長占艶陽年장점염양년
却笑隣舍女각소린사녀
終朝芽機杵종조아기저
機杵縱勞身기저종로신
羅衣不到汝나의부도녀

강남의 호탕한 풍속이
기르는 딸도 어여쁘고 아름답다
바느질하는 것은 부끄러워하는 성격이오
화장하기가 바쁘게 거문고를 타는구나
아담한 곡조는 배운 바 없고
사내를 끄는 노래가 많을 뿐이다
스스로 생각하거늘 개울가에 핀 어여쁜 풀꽃이오
예쁜 얼굴은 언제나 화려한 것이 자랑일세
문득 이웃 색시들 웃는 생각이 저절로 나네
밤새도록 베틀에서 아침이 오는 줄도 모르네

베틀도 따는 몸도 피로하건만
비단옷을 네 몸에 한번도 못 걸치네

이 시가 주인집 딸에게는 독약이 되었다. 치원을 사랑하게 만든 것이다. 치원은 당나라에서 정신 없이 바빠졌다. 그곳에서 과거를 보았다. 천하의 내로라하는 선비들이 무려 8만 5,000명이나 모였다. 치원은 갈고 닦은 실력을 마음껏 펼쳤다.

결과는 장원급제였다. 당나라 선비들은 새삼 치원의 문장에 찬사를 보내었다. 치원은 급제 후 문신후文信侯가 되었다.

이 무렵 당나라에서는 황소黃巢가 난리를 일으켜 토벌작전에 나섰다. 치원은 고변高騈의 종사관이 되어 큰 공을 세웠다. 황제는 치원을 더욱 신임하게 되었다. 높은 벼슬을 주고 중원에서 머물기를 바랐다.

그러나 당나라 학자들은 치원을 곱게 보지 않았다. 과거시험에서 장원을 빼앗긴데다가 벼슬마저 높아지자 시기하는 자가 많았다. 그들은 기회만 있으면 치원을 무고할 전략을 짰다.

"폐하, 최치원의 벼슬이 너무 높아지옵니다. 오만한 그가 당나라 조정을 넘본다는 소문이옵니다."

"그러하옵니다. 문장도 출중하고 지혜 또한 뛰어나 앞으로 그가 무슨 일을 꾸밀지 모르옵니다. 그는 당나라 사람이 아니라 신라인이옵니다."

신하들이 기회 있을 때마다 씹어대자 황제가 의심을 했다. 황제는 드디어 치원을 남해로 귀양을 보내었다.

"치원에게 먹을 것을 주지 말라! 한 달만 굶기면 제아무리 재주가 좋다손 치더라도 살아남지 못할 것이니라."

치원은 위기를 맞았다. 치원은 당나라로 올 때 노인이 준 장이 묻은 솜을 생각해내었다. 그 솜을 이슬에 축여 빨았다. 그리하여 탈진상태를 면했다.

한 달이 지난 후 황제와 당나라 학자들은 그가 살아 있는지 궁금했다.

"치원의 생사를 확인하고 오라!"

황제가 영을 내렸다. 사자가 득달같이 남해로 달려갔다. 사자가 남해 고도에 닿아 치원을 소리쳐 불렀다. 아무런 반응이 없었다.

'드디어 그도 갔구나. 천하 장사일지라도 굶고는 살아남지 못하는 법이지.'

사자는 치원의 딱한 처지가 불쌍하여 눈물을 흘렸다. 사자가 달려와 황제에게 고했다.

"그가 죽어 독수리밥이 되었는지 흔적조차 없었나이다."

당나라 학자들은 그제야 마음을 놓았다.

얼마 후 남해를 지나던 사공이라는 사람이 시 한 수를 가져와 황제에게 바쳤다.

掛席浮滄海괘석부창해
長風萬里通장풍만리통
乘槎思漢使승사사한사
採藥憶秦童채약억진동
日月無何外일월무하외
乾坤太極中건곤태극중
蓬萊咫尺在봉래지척재
五且誇仙翁오차과선옹

자리를 펴고 푸른 바다에 뜨니
긴 바람이 만 리를 통하도다
돛대를 잡은 이를 보면 한漢 나라 사신을 떠올리고
약초 캐는 이를 보면 진秦나라 아이가 떠오른다
일월이 어찌하여 밖에는 없는고
하늘과 땅이 태극 가운데 있는 듯하여라
금강산이 지척에 있는 듯하여

나 또한 신선을 찾아갈 마음이 생기네

황제가 시를 보고 깜짝 놀라 물었다.
"이 시는 최치원의 시가 분명하도다. 그는 죽은 사람이 아니더냐?"
"그는 분명히 죽었나이다."
"신이 보기에도 사람으로 여겨지지 않았나이다. 남해섬을 지나가는데 웬 사람이 늙은 중과 마주앉아 이야기를 나누고 있었나이다. 그 둘레에는 천사로 보이는 수십 명이 둘러앉아 있어 하도 기이하고 황홀하여 그만 배를 대고 올라가 사람에게서 시를 받아왔나이다."
시를 가져온 사공의 대답이었다.
"그 사람이 혹시 최치원이라고 하지 않더냐?"
"그렇게 들은 듯하나이다."
황제는 크게 뉘우치고 최치원을 데려오라고 영을 내렸다. 사자가 남해섬으로 갔으나 치원은 만나주지 않고 이런 글을 남겼다.
"대국도 별수 없었소. 나는 신라인이니 신라로 돌아가겠소. 대국인들이여, 대인답게 행동하시오. 그리고 다시는 나를 찾지 마오."
황제는 치원의 글을 보고 부끄러워 아무 말도 못했다.
치원은 신라로 돌아왔다. 신라 조정에서는 높은 벼슬을 주었으나 잠깐 동안 벼슬살이를 하다가 털어버리고 자유의 몸이 되었다. 그는 아내와 일가친척이 붙잡는 것을 뿌리치고 지리산으로 들어갔다. 이후 신라의 산천을 떠돌며 새처럼 자유롭게 살았다. 그에게는 높은 벼슬도 명예도 부귀도 다 부질없는 것이었다. 말년에 그는 가야산으로 들어가 신선이 되기를 원했다. 그의 소원이 이루어져 학을 타고 하늘로 올라갔다는 전설을 남기고 있다.

## 진성여왕이 신라를 망쳤는가?

제51대 진성眞聖여왕은 역사상 여왕으로는 마지막이다. 그 이후 신라가 멸망한 뒤 고려·조선에서는 여왕이 없었다. 진성은 방탕하고 음란하며, 뇌물을 받아 왕실의 풍기를 문란케 하여 조세가 걷히지 않고, 병제兵制가 퇴폐하여 사방에서 도적떼가 일어나는 등 실정으로 말미암아 신라가 망하는 원인이 되었다는 평가를 받기도 한다.

통일신라 말기, 농민봉기에 편승한 호족세력이 이탈하여 독립함으로써 신라가 결정적으로 무너지기 시작한 것은 이 여왕 때였다. 하지만 진성여왕의 실정이 멸망으로 이어졌느냐라고 물으면 쉽게 대답이 나올 수 없다. 군주와 국가, 개인과 역사의 관계를 어떤 방법으로 이해할 것이며, 신라사회의 구조적 특징, 체제의 변천과정 등 정치세력의 움직임을 배제하고는 한 왕조의 멸망을 쉽게 말할 수 없다.

진성의 방탕성을 앞세워 신라 멸망을 말하기 전에 통일신라 사회의 여러 가지 측면을 차분히 짚어볼 필요가 있다. 진성여왕대의 혼란은 그 이전부터 진행되던 과정으로, 밖으로 드러난 시기가 바로 그 시대일 수도 있기 때문이다. 통일을 이룩한 신라는 중앙정부 조직과 함께 지방제도를 정비하고 약 1세기가량 안정을 누렸다. 그러나 중앙 골품들 사이에 치열한 왕권 쟁탈전이 일어나면서 위기를 맞게 된다. 넓어진 영토를 장기간 통치하려면 끊임없는 혁신이 필요한데 골품제의 신라 조정은 이를 불가능하게 만들었다.

이는 지방의 유력한 실력자들이 중앙정계에 진출하여 새로운 활력을 불어넣을 수 있는 통로가 차단되는 계기가 되었다. 조정에서도 성골은 왕위를, 진골은 모든 요직을 독점해버려 6두품 이하 실력자들의 불만이 날이 갈수록 쌓여갔다.

통일 이후 신라 귀족들은 수입이 끊이지 않았고, 3,000명의 노비를 두거나 사병을 거느리는 이들도 있었다. 이들은 조정에서 권력쟁탈전을 일

삼았다. 그리하여 혜공왕 때(760~780)를 기점으로 수많은 반란사건이 일어났다. 국왕이 살해되고, 전투에 이긴 자가 왕위에 오르는 일이 다반사였다. 150여 년 간 20여 명의 왕이 바뀌었고, 즉위한 지 1년이 못 되어 피살되는 예가 많았다.

9세기 후반에 이르면 왕위를 찬탈할 정도의 세력을 지닌 자도 없었지만, 정국은 계속 불안정했다. 지방 통치에는 자연히 관심을 두지 않게 되었고, 귀족과 사찰의 토지 소유가 확대되면서 농민들은 가중되는 수탈에 재해까지 겹쳐 몰락의 길을 걸을 수밖에 없었다. 이러한 때에 왕위에 오른 이가 진성이다.

'임금님 귀는 당나귀 귀'로 알려진 응렴, 즉 48대 경문왕은 설화로 역사적 사실을 상징하고 있다. 응렴은 야심가였음을 알 수 있다. 승려와 혼인문제를 상의하는 것을 보면 계획이 있었음을 암시하기도 한다. 게다가 잠자리에 모여드는 뱀은 그러한 음모가들을 상징한다.

예나 지금이나 옳지 않은 방법으로 권력을 거머쥔 자의 주변에는 뱀으로 상징되는 교활한 음모가 있게 마련이다. 나쁜 방법으로 권좌에 오른 자들은 자신을 비판하는 소리에 민감해져서 경문왕의 귀는 커질 수밖에 없었다. 또 궁인의 입을 봉하게 한 것은 비판자에 대한 탄압을 의미한다 ('화랑 응렴의 세 가지 좋은 일' 참조)

경문왕의 재위 15년 동안 실제로 세 번의 반란이 있었다. 그 과정에서 내부의 반대자들이 사라지자 권좌는 안정을 찾는 듯했다. 헌강왕 때 경주에 초가집이 없고 숯으로 밥을 지어 먹었다니, 대단한 태평성대처럼 보인다.

헌강왕의 뒤를 이어 동생 정강왕이 왕위에 올랐다. 그러나 2년 만에 죽고 누이 만曼이 왕위에 올랐다. 바로 진성여왕이다. 진성은 즉위 전부터 유모의 남편인 각간 위홍魏弘(향가집《삼대목》편찬)과 정을 통하고 있었다. 위홍이 죽자 진성은 젊은 미남들을 궁궐로 끌어들여 음란한 행각을 벌였다. 그리고 정을 통한 자들에게 관직을 주어 나라를 맡겼으니 풍기와 규율이 어떠했겠는가.

당나라 고종의 황후 측천무후와는 전혀 다른 행보였다. 측천무후도 진성 못지않게 남자를 끌어들였으나 조정의 기강을 위해 보안상 쥐도 새도 모르게 죽여버렸다. 측천무후와 정을 통한 남자는 그길로 저승행이었다. 그러나 진성은 관직까지 주어 남자를 사육했으니 나라꼴이 어찌 되었겠는가. 누군가 정치를 비방하는 글을 거리에 붙여 조정이 발칵 뒤집혔다. 진성은 범인을 잡아오라고 호통쳤다. 한 신하가 말했다.

"이는 학자로서 뜻을 펴지 못한 자의 소행인 듯하나이다. 생각하건대 대야주(지금의 경남 합천)에 사는 왕거인王居人이 의심스럽나이다."

진성은 즉시 그를 잡아들였다. 왕거인은 억울함을 호소했으나 감옥에 갇혔다. 왕거인은 분함을 하늘에 호소했다. 그러자 그날 저녁 하늘에서 벼락이 감옥에 떨어졌다. 진성은 겁에 질려 왕거인을 석방했다.

왕거인 사건 이후 국가재정이 바닥이 나서 지방에 조세를 독촉하자 농민들이 분통을 터뜨리고 반란을 일으켰다. 이때부터 신라는 전란의 와중에 휩싸여 몇 년이 지났다. 최치원이 시국에 관한 열 가지 건의를 올린 것이 894년의 일이다. 그러나 구체적인 조치를 취한 흔적은 보이지 않는다.

서기 897년 진성여왕은 조카에게 왕위를 물려주고 하야해버렸다. 살아서 왕위를 물려준 처음 예이다. 그때 신라는 사실상 경주 일원에서만 겨우 명맥을 유지해갔다. 전란이 휩쓸고 지나가면서 중소 지방세력들을 규합한 진훤과 궁예가 각기 나라를 세워 후삼국 시대가 시작되었다.

1966년 신라 말의 사회상을 말해주는 귀중한 자료가 발견되었다. 석탑의 사리장치 도굴범들이 검거되어 그들이 해인사 부근의 탑에서 꺼낸 4개의 벽돌판이 회수되었다. 거기에 전란중에 목숨을 잃은 이들의 영혼을 위로하기 위해 895년에 탑을 세우면서 작성한 글이 새겨져 있었다. 거기에는 최치원이 쓴 것도 있다.

"악중의 악惡中惡이 없는 곳이 없고 굶어죽은 시체와 전쟁으로 죽은 해골이 들판에 별처럼 흩어져 있다."

당시의 비참한 상황이 기록되어 있다. 또 도적의 습격을 받아 해인사를 방어하다가 죽은 이들의 명단을 적은 글도 있었다. 그 당시 사찰은 많은 토지와 재물을 소유한 부의 대명사였다. 예전에는 불상 앞에서 극락왕생을 빌던 농민들이 수탈에 시달리고 굶주림에 견디다 못해 도적으로 변하여 사찰을 습격하기에 이른 것이다.

이러한 시대상황으로 볼 때 진성이 비록 방탕한 생활을 했다고는 하나 신라 멸망의 직접 원인을 찾기란 매우 어렵다. 그 훨씬 이전부터 신라는 쇠퇴의 길로 접어들었고, 그 과정에서 진성의 방탕이 돋보인 감이 없지 않다. 진성여왕이 퇴위한 후 39년간 5명의 임금이 바뀌었으나 이미 무너져가는 신라를 다시 일으킬 수는 없었다. 결국 56대 경순왕은 신라를 고려 왕건에게 바치고 말았다.

### ● 청주 한씨 시조의 정자

신라 말, 청주 고을 오공골은 십 리 벌판이 개척되지 않은 땅이었다. 이 땅을 소년 한란韓蘭이 개척에 나섰다. 그런데 이 땅에는 무서운 전설이 내려오고 있었다. 누구든 이 땅에 연장을 대면 지네왕(蜈蚣倉)이 무서운 벌을 내릴 것이라 하여 몇백 년을 개간할 엄두를 내지 못했다. 오공골은 한문으로 지네 오자에, 지네 공자이다.

그뿐만이 아니었다. 이 벌판의 북쪽 한구석에는 언제부터 내려오는 집인지 텅 빈 고래등 같은 큰 흉가 한 채가 있었다. 이 근처 여러 동네 사람들은 윤달이 드는 해에 이 흉가에 모여 지네왕을 위하는 큰 제사를 지내었다.

그러나 지네왕의 정체를 아는 사람은 아무도 없었다. 전하는 말로는 몸통은 굵기가 대들보만하고 길이는 10척이나 되는데 이 흉가에 숨어 있다는 것이었다. 윤달이 드는 해에 이 지네왕에게 처녀 한 사람씩을 제물로 바쳐야 했다. 이 지방 사람들은 이 흉가를 지네창으로 불렀다.

이 지네창에 제사를 지낼 적마다 인근 동네 사람들이 쌀을 모아 타지방에 가서 숫처녀를 사다가 제물로 올렸다. 이 무서운 지네창과 오공벌은 무시무시하고 괴이한 존재였다. 그런데 이곳에 또 다른 얘깃거리가 생겼다.

"이제 보니 다 헛소리였어. 한란이란 소년이 오공벌에다 집을 짓고 개간을 하는 데도 아무 탈이 없잖은가."

"그 아이는 지네창이 무섭지 않은 모양이야. 이따금 지네창 부근에 나무를 심어놓곤 한다는 게야."

"좀더 두고봐야 알지. 윤달이 드는 해에 무슨 일이 벌어질지 누가 아누."

근방 사람들의 쑥덕공론이었다.

재작년 봄부터 어디에서 왔는지 한란이란 소년이 어머니 한 분을 모시고 오공벌에 움막을 치고 황무지 벌판을 개간하고 있었다.

한란이 전에 살던 곳은 공주公州 팥절(赤豆寺) 동네였다. 그는 그 동네의 가장 뛰어난 자손이었으나, 아버지를 일찍 여읜 탓에 가난한 농사꾼으로 전락해버렸다. 한란은 주경야독을 하는 부지런한 소년이었다.

그는 좀 별난 데가 있었다. 아주 어렸을 때 장마비에 떠내려가는 병아리를 진흙탕을 뒹굴어가면서 구해내었다. 또 어미 젖을 얻어먹지 못한 새끼 돼지를 안다가 토방 구석에 놓아두고 쌀뜨물을 먹여 기르기도 했다. 어려서부터 한란은 인자한 데가 있었다.

재작년 봄이었다. 한란은 나무를 하러 공주장에 갔다가 물고기 장사의 항아리 속에 짚단만한 잉어 한 마리가 굼실거리는 모양을 보았다.

'이놈을 사다가 길러볼까?'

한란은 잉어가 눈을 번히 뜨고 살려달라고 애원하는 것 같아 나무를 판 은전을 몽땅 털어 그 잉어를 샀다. 잉어를 사가지고 금강나루터에 닿았다. 잉어를 금강에 넣어주고 싶었다.

'역시 물고기는 강에서 살아야 마땅하다. 집에서 기른다고 해도 곧 죽을 수가 있다.'

한란은 미련 없이 잉어를 금강에 던져버렸다. 나룻터 사람들이 말했다.
"너, 벌써부터 덕을 쌓는구나."

한란은 대답 없이 빙그레 웃었다.

그날 밤이었다. 꿈에 한 노인이 나타나 곤히 잠든 한란을 흔들어 깨우고 말했다.

"내 평생에 너처럼 순진하고 싹수있는 아이는 처음 보았다. 그런 마음이라면 아무리 흉살방凶殺方에 간들 그 살기가 다 녹아버린단다. 너 청주 오공벌이라는 곳에 가서 살아라. 그곳이 흉가터라고 하지만 네 기에 눌려서 대복지大福地가 될 것이다. 그리고 이것은 비밀이다…"

노인이 귀엣말을 했다. 한란은 노인의 목소리가 지금도 들리는 듯했다.

이튿날 한란은 청주 오공골을 찾아 나섰다. 노인의 말대로 과연 그러한 벌판이 있었다. 개간하지 않아 황무지였으나 한란은 마음에 들었다. 한란은 팥절에 돌아가 어머니를 설득하여 모시고 오공벌로 이사온 것이다. 그러고는 바로 개간을 시작하여 오곡의 씨를 뿌렸다.

바로 올해에는 윤달이 들어 있었다. 한란은 개간을 하다가 허리를 쉬려고 바로 서서 지네창 흉가 쪽으로 눈을 돌렸다. 지네창 부근에 사람들의 모습이 눈에 띄었다. 한란은 그제서야 금년에 윤달이 들었다는 것을 기억해내었다.

'으음, 제사 준비를 하는 사람들이로군. 나도 금년 제사에는 참례해야 할까? 그보다는 또 어떤 처녀가 제물로 바쳐질까?'

한란은 여러 가지 생각을 떨쳐버리고 다시 괭이질을 하려고 머리를 숙였다. 숙인 머리가 지네창 옆에 놓인 가마를 발견했다. 한란은 괭이질을 그만두고 허리를 폈다.

'벌써 제물이 왔다는 말인가? 도대체 어떤 사람들이 은전 몇 푼에 딸

을 팔아먹을꼬?'

한란은 괭이를 어깨에 메고 사람들이 모인 지네창으로 갔다. 그러고는 가마 옆으로 다가서며 말을 걸었다.

"어디에 사시는 손님이시오?"

한란은 가마문을 열었다. 예상대로 처녀가 가마에 타고 있었다. 입성은 허술했으나 깨끗하고 얌전해 보이는 처녀였다. 한란은 모른 체하고 가마문을 연 채 물었다.

"무슨 연유로 이곳에 오셨소?"

처녀의 얼굴이 일그러지며 괴로운 한숨이 내뿜어졌다.

"아아…"

처녀의 맑은 눈동자에 이슬이 맺히고 한란을 쳐다보다가 그만 고개를 떨구었다. 그때 한 어른이 다가와 한란을 밀쳤다.

"이 사람이 무슨 짓을 하는 게얏! 부정 타면 화를 입을지 몰라서 이러는 게야?"

"아저씨, 이 아가씨를 왜 데려온 것이지요?"

"네가 상관할 일이 아니다. 너 혹시 한란이란 애냐?"

"그렇소. 아저씨 이러지 마시고 이놈의 지네창을 없애버립시다."

"어린 놈이 겁없이 지껄이는구나. 네가 정녕 실성을 한 게로구나."

여러 어른들이 달려들어 한란을 두들겨팼다. 얼굴이 피투성이가 되고 사지가 욱신욱신 쑤셨다. 그대로 놓아두면 어른들이 살인을 저지를지도 모를 일이었다.

"그만들 두게. 제사를 드리기 전에 어린 것한테 피를 보아서야 되겠나. 부정 타면 안 되느니, 그 아이를 그만 놓아주게."

마을의 수장이 말려 한란은 죽음을 면했다.

이튿날, 지네창의 제사가 끝나는 날이었다. 한란은 도끼와 창을 들고 움집 밖으로 나왔다. 깜깜한 밤하늘에 별빛만이 찬란했다. 지네창의 불빛마저 꺼져 있었다. 언제나 제사 뒷마당은 쓸쓸하고 을씨년스러웠다.

한란은 한달음에 달려 지네창에 닿았다. 주위를 살폈다. 아무도 없는 것 같았다. 안심하고 지네창 정문 돈대 위로 올라갔다. 그리고 안에 대고 귀를 기울였다. 아무 소리도 들리지 않았다. 한란은 도끼로 정문 판때기를 한번 후려쳤다. 육중한 대문에 어린애 머리통만한 자물통이 채워져 있었다. 한란은 대문을 부술 수 없어 담장을 안고 돌아가보았다. 좀 야트막한 곳이 눈에 띄었다. 도끼와 창을 담장 너머로 던지고 한란은 몸을 날렸다. 흉가는 음습하고 깜깜했다.

한란은 오로지 가마 안의 처녀를 구하겠다는 일념으로 지네왕과 한판 승부를 겨루려고 모험을 하고 있었다. 한참을 두리번거렸다. 어둠 속에 건물 안채가 보이고 창고가 보였다. 쇠기둥에 철창에 쇠간살을 사방으로 댄 건물인데다가 역시 어린애 머리통만한 자물통이 채워져 있었다. 한란은 창고의 철창 밑으로 살금살금 걸어갔다. 귀를 기울였다. 안에서 신음 소리가 들렸다.

한란은 지네왕의 모습을 떠올리고 진저리를 쳤다. 그러나 지체할 시간이 없었다. 그는 철창 간살을 붙잡고 매달려서 철창 안을 들여다보았다. 지네왕 같은 거대한 물체는 보이지 않고 처녀의 모습만이 희미하게 보였다. 한란은 안도의 한숨을 내쉬었다.

한란은 도끼로 창문을 헐기 시작했다. 도끼로 자물통을 부수고 창고문을 열었다. 처녀가 결박된 채로 창고 안에서 신음소리를 내었다.

한란은 처녀를 부축하여 창고 밖으로 나왔다. 흉가에 지네왕이 산다는 것은 터무니없는 소문이었다. 대대로 내려오는 미신 때문에 그동안 철창에 갇혀 굶어죽은 처녀가 그 얼마나 되는지 헤아릴 수조차 없었다.

"내 등에 업히시오."

"괜찮나이다. 제가 걸어가겠나이다."

"아직 정신을 차리지 못할 것이오. 자, 사양 말고 업히시오."

처녀가 마지못해 한란의 등에 업혔다. 한란은 처녀를 등에 업고 별빛이 쏟아지는 오공벌로 나왔다. 봄이어서 꽃향기가 풍겼다. 움막집으로 처녀를 업고 온 한란은 어머니에게 지금까지 일어났던 일들을 자세히 애기했다. 어머니는 미음을 쑤어 처녀에게 먹인 다음 기력을 회복시켜 처녀의 얘기를 들었다.

처녀는 회덕 땅 벼슬아치인 송씨 집안 딸이었다. 처녀 아버지가 공금 횡령죄로 사형에 처할 운명에 놓여 있었다. 효심이 지극한 처녀는 아버지를 살리려고 은전을 받고 제물로 팔려온 것이다. 그 돈으로 아버지가 횡령한 돈을 변상하고 죽음을 면했다.

"효성이 지극하면 하늘이 도와 은혜를 베푸는 법이야."

어머니가 말했다.

"이 은혜 어찌 갚을지 그저 황송할 따름이나이다."

처녀가 한란의 어머니 앞에 무릎을 꿇었다.

"이것이 다 연분이 아니겠나. 서둘러 집으로 돌아가 부모님을 기쁘게 해드려야지."

그러나 처녀는 마음속으로 결심했다.

'은혜를 저버리고 떠날 수 없다. 나는 이제부터 송씨 집 딸이 아니라 한씨 집 사람이다.'

처녀는 떠나지 않았다. 한란과 송 낭자 사이에 사랑이 싹텄다. 두 사람은 혼인했다. 황무지 오공벌은 이들 신혼부부의 손으로 활발히 개척되어 갔다.

해가 거듭될수록 오공벌은 옥토로 변해갔다. 개간된 논과 밭에서 벼·조·기장·수수 등등 오곡이 풍성히 익어갔다. 이들은 오곡뿐만이 아니라 근방 여러 동네 사람들의 마음밭까지 일구었다. 한란은 동네 사람들의 동의를 얻어 미신의 근거지인 지네창 흉가를 불태워버렸다.

지네창 터는 습지였다. 한란은 이곳을 파서 수원지水源池를 만들었다. 그 근처 20여 리 땅이 무논으로 변해갔다. 그러는 한편 한란은 이 신개척지로 이사오도록 충청도 일대를 돌며 권유했다. 황무지 오공벌과 미신의 근거지 지네창 일대가 새 마을로 변모해갔다.

한란이 50대로 접어들 무렵, 그의 가세는 만석군이 되었다. 그리고 그의 마을 이름은 진창(지네창)의 터전 명칭을 살려서 방정리方井里가 되었다.

이 수원지의 둑에는 녹음방초에 가려진 아담한 정자 하나가 생겼다. 무농정務農亭이었다.

그후 고려 태조 왕건이 진훤을 치려고 남정南征길에 나섰을 때 청주 고을 방정리에 닿아 군사를 잠시 쉬게 했다. 이때 한란이 3군이 하루 먹을 양식을 바쳤다. 한란은 결국 왕건 휘하에 들어가 삼한 통합에 큰 공을 세우고 마침내 벼슬이 문하태위태사門下太尉太師에 이르렀다. 한란은 청주 한씨의 시조이다.

## ❀ 신라의 5교와 9산 선종

신라 말 불교는 각 종파와 당나라 유학파들이 지방 토호들과 손을 잡고 선종禪宗을 일으켜 크게 번성한 곳이 9산이나 되었다. 5교는 열반종涅槃宗 · 계율종戒律宗 · 법성종法性宗 · 화엄종華嚴宗 · 법상종法相宗 등이다.

열반종은 고구려의 중 보덕普德이《열반경》40권을 가지고 평양성 유산방有山房에서 시작한 것이 처음이다. 그후 보덕은 대보산大宝山 바위굴에서 선관禪觀하고 그 아래에 영탑사靈塔寺를 지었다. 후에 그는 반용산 연복사에서 설법했다.

당시 고구려는 당나라에서 도교를 들여와 불교를 믿지 않으므로 보덕은 백제의 완산주 고달산高達山으로 옮겨갔다. 이때 신통력으로 방장方丈을 날게 하여 고달산 경복사景福寺에 비래방장飛來方丈이 생겼다고 한다.

이는 고구려의 열반종이 신라에 들어온 것을 말해준다. 열반은 불생불멸의 길을 말하는 것으로 사람은 누구나 죽지만, 불보살만 잘 믿으면 죽어서 환신幻身하여 불생불멸이 된다는 것이다. 즉, 사람의 본성은 불생불멸이라는 것이다.

전주의 경복사에 비래당飛來堂이 있고, 보덕대사의 화상이 있었다. 보덕의 자는 지법智法이다. 어느 날 제자에게 고구려는 도교 때문에 오래가지 못할 것이니 안주할 곳이 없는지 물었다. 제자 명덕明德이 전주 고달산을 추천했다. 고구려 보장왕 26년 3월 3일에 제자가 문을 열고 보니 보덕대사의 방장이 날아가버렸다. 연복사에서 고달산까지의 거리는 1,000여 리였다. 이것을 본 명덕은 "고달산은 비록 경치는 좋지만 샘이 없다. 내가 샘을 옮기겠다" 하고 연복사의 샘물마저 옮겨갔다.

보덕에게는 수제자 11명이 있었다. 제자들이 모두 새 절을 짓고 열반종을 전파했다. 제자 무상無上은 자기의 제자 김취와 함께 금동사金洞寺를 열었다. 적멸과 의윤 두 제자는 진구사珍丘寺를, 일승과 심정·대원 등 세 제자는 대원사大原寺를 열었다. 또 사대와 계육 등은 중대사中臺寺를, 개원開原은 개원사를, 명덕은 변구사變口寺를 세웠다. 수정은 유마사維摩寺를 시찰했다.

계율종은 신라 자장慈藏이 개종했다. 계율은 5계로서 승도들이 지켜야 할 약속이었다. 5계는 살생·도적·음란·망령·술 등으로 한나라 영제 건녕 3년(서기 170)에 안세고安世高가 의결율義決律 2권을 내놓았고, 다음에 비구들의 계율을 내놓았다. 그러나 실제로 계율을 지키지는 않았다. 위나라 이후에 계율을 지켰다.

당나라 때 도선道宣이 각 종파의 계율을 통합하여 그대로 실행할 것을 촉구했다. 우선 소율小律을 지킴으로써 몸가짐을 단정히 하고 마음을 항상 성불成佛하도록 하라고 일렀다.

자장은 당나라 유학파였다. 신라에서는 승려들이 계율을 지키지 않아 계율부를 강화하여 계율을 엄히 단행했다. 계율종의 본거지는 양산 통도사이다. 계단戒壇을 쌓아 사중四衆을 구제하며 계율을 지키도록 했다.

법성종은 원효가 개종했다. 법성은 모든 불법의 본성을 말하는 것으로 만유萬有의 실체나 우주의 본체는 진여眞如·실상實相·법신法身과 같다고 설법한다. 불교의 진리를 연구한 말이다. 원래 원효는 의상과 같이 화엄종을 배운 학승으로 주로 불경의 해석과 주소注疏를 많이 연구했다. 그러므로 원효는 법성종의 교조라는 사실보다 분황사에서 항상 불경을 연구하며 저술한 스님으로 알려져 있다. 분황사는 한적하고 조용하여 불경 연구에 좋은 곳이었다.

화엄종은 의상이 부석사浮石寺에서 시작한 것으로 영주 봉황산 아래에 있다. 의상은 부석사뿐 아니라 도처에 절을 지어 화엄종을 강의하며 중생을 제도했다. 부석사는 문무왕 16년에 임금이 의상에게 창건토록 했다. 그러나 이 절은 고려 때 쇠퇴하여 쓸쓸한 사찰이 되었다. 고려 때 사천감司天監 이인보가 경주도 제고사慶州道祭告使로 산천에 제사지내고 돌아오다가 날이 저물어 부석사에서 하룻밤 묵게 되었다. 이 무렵 부석사는 폐사에 가까웠다.

밤이 깊었다. 이인보는 절이 너무도 스산하여 잠을 이루지 못했다. 자정이 넘었다. 어디선가 여자가 나타나 이인보가 묵는 요사체 앞에 섰다. 발자국 소리에 인보가 방문을 열었다. 여자가 생긋 웃고 있었다. 여자는 날아갈 듯한 자세로 절을 하고는 인보가 있는 방으로 선뜻 들어섰다. 인보는 불쾌했으나 불빛에 비친 여인의 얼굴을 보고 그만 넋이 빠져버렸다. 인보가 태어나서 처음 보는 미인이었다.

"어인 일이오?"

"첩은 사는 곳이 이 절에서 멀지 않나이다. 대감의 높으신 명성을 듣고 부끄럼을 무릅쓰고 한밤에 찾아왔나이다. 거절하지 않으시면 영광으로 알겠나이다."

목소리 또한 얼굴 못지않게 아름다웠다. 인보는 이것저것 따질 겨를이 없었다. 그동안 여러 고을을 다니느라고 여자 생각이 간절하던 참이었다. 인보는 여인을 와락 껴안았다.

인보는 사흘밤을 절에서 묵으며 여인과 환락에 빠졌다. 길을 떠난 인보는 우정郵亭이란 곳에서 묵었다. 그런데 그날 밤, 그 여인이 또 찾아왔다. 인보는 놀랍고 반가웠다.

"어찌하여 집으로 돌아가지 않았소?"

"대감, 제 뱃속에는 이미 대감의 씨가 잉태했나이다. 이러니 어찌 제가 대감을 떨어지겠나이까."

이날 밤도 인보는 여자와 만리장성을 쌓았다. 이튿날 인보는 길을 떠나 홍주興州에서 묵었다. 이날 밤도 그 여인이 또 찾아왔다. 인보는 의심을 품었다. 아기를 잉태했으면 몸가짐을 바로하고 조신해야 할 터인데 밤마다 쾌락만을 탐하는 여인이 아무래도 요물 같았다. 인보는 마음을 단단히 먹고 호통쳤다.

"네 이년! 요물이구나. 네게 모성이 있다면 아이 밴 몸으로 몸뚱이를 함부로 굴리지 않을 터, 썩 물러가라!"

여자가 눈을 흘겼다. 섬뜩했다. 인보는 여자를 방에서 밖으로 내동댕이쳐 버렸다. 그러자 회오리바람이 일더니 여인이 야차夜叉로 변하여 사라져버렸다.

부석사에 대한 이러한 이야기는 절이 황폐하여 요괴妖怪가 나타났음을 말해주는 것이었다. 그리고《화엄경》속의 자기 마음의 변화와 요사스러운 물건이 시험해본다는 우화를 만들어낸 것같이도 여겨진다. 일종의 마음의 허공을 풍자하기도 한다. 한때 번성했던 화엄종의 본산도 몽환처럼 사라지고 쓸쓸한 현세의 공허로 돌아가는 것이 인간사가 아닐까. 불교도 인간이 믿는 종교가 아닌가.

법상종은 진표율사가 금산사金山寺에서 시작했다. 그러나 송나라 고승전高僧傳에는 신라 유학승 순경順暻이 당나라 건봉乾鳳 연대에 당에 들어가 법상종을 배워 귀국하여 해외에서 가장 이름을 떨쳤다고 씌어 있다.

진표는 부안 변산 부사의암에서 지장보살의 정계淨戒를 받았다. 그후 다시 미륵불을 감感하고 《점찰경》2권과 간자簡子 189개를 받았다. 이때 미륵불이 이런 말을 했다.

"이 법을 세상에 전하고 중생을 구제하라."

그는 금산사 미륵장육을 주조한 후 속리산을 거쳐 금강산에 들어가 발연수鉢淵藪를 만들고 점찰법회를 열었다. 이때 속리산의 영심·융종·불타 등이 제법을 간청했다. 진표는 그들의 요구에 따라 교를 전하고 관정灌頂을 했다. 그리고 가사와 발鉢, 《공양차제비법》 1권, 《점찰선악업보경》 2권, 간자 189개를 주었다.

진표의 제자 영심은 이것을 가지고 속리산에 들어가 길상초가 나는 곳을 찾아 길상사를 짓고 점찰법회를 열었다. 영심은 이 법을 팔공산 동화사桐華寺의 심지화상心地和尙에게 전했다.

진표는 다시 그의 제자 보종·신방·체진·진해·진선·석충 등에게 이 법을 전했다. 이들은 모두 한 산문의 조祖가 되었다.

경덕왕이 진표를 초청하여 궁궐에서 보살계를 받고 벼 7만 7,000석을 하사했다. 참여한 모든 대관들도 보살계를 받았다. 그들이 비단 500단端, 황금 50냥을 시주했다. 진표는 많은 시주를 여러 절에 나누어주었다.

신라 말, 원효의 법성종과 진표의 법상종은 그리 활발하지 못했다. 원효는 불경을 연구한 학자에 가까웠고, 진표는 각지를 떠돌아다녔다. 개조開祖가 이런 분들이어서인지 사세寺勢가 번성하지 못하고 화엄종·계율종·열반종이 활발했다. 그러나 이 3파도 차차 백성들과 거리가 멀어졌다. 정교政敎·교경敎經이 밀착되어 백성들을 외면했기 때문이다. 종교, 즉 불교가 힘있는 대신과 돈 많은 부자들과 결탁하여 오히려 백성들을 속이고 억눌렀으니 백성들이 등을 돌릴 수밖에….

이 틈을 노려 지방 호족과 결탁한 9산 선문이 신라 말의 백성들에게 큰 위안을 주었다.

전남 장흥 가섭산迦葉山 보림사寶林寺는 조선 초기에 거의 퇴락했다. 그 절에 보조선사普照禪師의 탑비명塔碑銘만이 남아 있었다. 이 절은 당나라 서당西堂 지장智藏의 선을 계승한 것으로 신라 초대 교조는 도의대사道義大師이다. 도의가 당나라 유학승으로 당에 가서 서당의 선을 배워 신라에 들어와 포교했다. 그러나 그의 학설은 허탄虛誕한 것이라 하여 존

중받지 못했다. 도의는 산중으로 숨어버렸다. 겨우 염거廉居선사에게 선을 전하고 설산의 억성사億聖寺에서 다시 서당의 선교를 열었다.

보조는 염거의 제자이다. 신라 희강왕 2년에 도반인 정육貞育 · 허회虛懷 등과 당에 들어가 선지식善知識을 배워 문성왕 2년에 귀국했다. 임금은 그의 덕을 흠모하여 경주로 들어오라고 했으나 오지 않으므로 보림사에 있도록 했다. 원래 보림사는 원표元表 대덕의 구거舊居였다.

원표는 당나라 천보 연간에 당에 들어가 인도의 성지를 순례했다. 심왕心王보살을 만나 지지산支指山의 영부靈府(천관天冠보살의 거주처)로 들어가 천관보살에게 예배하고《화엄경》80권을 얻어왔다. 그러나 그가 다시 신라로 들어온 기록은 보이지 않는다.

남원 운봉의 실상사實相寺는 개조가 홍척국사洪陟國師이다. 홍척은 헌덕왕 때 당에 들어가 역시 서당에게 심법心法을 배웠다. 홍덕왕 즉위 초에 귀국하여 지리산에서 살았다. 홍덕왕이 실상사를 짓고 살게 했다.

지증대사智證大師의 적조탑비寂照塔碑에 따르면 홍척국사가 당나라에서 귀국 후 처음으로 9산 선문을 열었다고 기록되어 있다. 그의 사법嗣法 수철秀徹은 신라의 명문거족으로 천종天宗 대덕에게 경을 배웠으며 경주 복천사에 있었다. 경문왕 때 양주良州(양산) 심원사深源寺에 있다가 지리산 실상사로 옮겨 홍척국사의 뒤를 이었다.

전남 곡성谷城 대안사大安寺(태안사라고도 함)는 혜철惠哲이 연 사찰로 9산 선문의 하나이다. 혜철의 속성은 박朴씨로 경주인이다. 출가한 후 부석사에서《화엄경》을 읽고 22세 때 구족계具足戒를 받았다.

당나라에 들어가 방공산龐公山에서 역시 서당에게 심법을 배우고 그의 인印을 전했다. 얼마 후 서당이 열반에 들자 당나라 여러 곳을 돌아다녔다. 서주 부사사에서 3년간 대장경을 공부하고 귀국 후 곡성 동리산桐裏山에 대안사를 지었다. 문성왕이 이 소식을 듣고 사신을 보내어 나라를 다스리는 데 조언을 구했다. 혜철은 사양치 않고 답을 보내어 정치적 조언을 했다. 그의 제자로는 풍수로 널리 알려진 도선道詵국사가 있다.

강원도 강릉 굴산사堀山寺의 개조 범일梵日은 속성이 김씨로 계림의 벼슬아치 아들이다. 15세에 출가하여 20세에 구족계를 받았다. 당나라에 들어가 항주抗州 염관鹽官에 있는 제안濟安대사의 문을 두드렸다. 대사가 그에게 물었다.

"어디에서 왔는고?"

"동국에서 왔나이다."

"바닷길인가, 육로인가?"

"두 길을 다 밟지 않고 왔나이다."

"두 길을 밟지 않았으니 그윽한 가운데 이곳에 왔구먼."

"일월이 어찌 빈도의 길을 막겠나이까?"

"그대야말로 동국의 보살일세."

"어찌하면 성불할 수 있겠나이까?"

"길을 닦을 필요가 없다네. 다만 오염치 말게나. 부처님·보살이 될 생각을 말게. 평상의 마음을 가지면 도가 되는 것일세."

이 말에 범일은 크게 깨닫고 6년간을 수업한 후 장안으로 갔다. 때마침 당나라에서 회창법란會昌法亂이 일어나 불교를 배척하게 되었다. 그는 신라로 돌아와 백달산白達山에서 가부좌를 틀었다.

명주(강릉) 도독 김공이 그에게 굴산사에서 40년 동안 설법을 들었다. 신라의 여러 임금이 그를 국사로 모시려고 했으나 죄다 거절하여 존경을 받았다. 80세로 열반에 들자 임금은 시호를 내리고 탑을 세워주었다.

창원의 봉림사鳳林寺는 진경眞鏡대사가 시작했다. 스승은 고달사高達寺의 현욱玄昱이다. 진경의 속성은 김씨金氏이며 임나任那의 왕족으로 알려져 있다. 이 선종의 종파는 마조馬祖 도일道一의 일파로서 당나라 장안의 경장사敬章寺 회뇌懷惱의 계통을 이은 학파이다. 문도는 융체融諦·경체景諦 등이다.

영월 흥녕사興寧寺는 도윤道允이 시작한 사찰로서 지주地州 남천南泉의 보원普源대사의 계통을 이은 절이다. 도윤은 속성이 박씨이고 한주漢州

휴암의 호족으로 알려져 있다.

나이 18세 때 귀신사鬼神寺에서 《화엄경》을 배웠고 당나라에 들어가 보원대사에게 배웠다. 그후 22년 만에 귀국했다. 능주 쌍봉사雙峰寺에서 종풍을 드날리고 금강산에 잠시 머물 때 배움을 얻고자 많은 사람이 모여들었다. 사자산문獅子山門이라고도 하며 종홍宗弘·정지靖智 등이 문도들이다.

문경의 봉암사鳳岩寺는 희양산曦陽山에 있고 개창한 이는 지선智詵이다. 속성은 김씨이며 경주 사람이다. 호가 도헌道憲으로 소년시절에 부석사에 들어가 학문을 배운 후 17세 때 경의율사瓊儀律師에게 구具(구족계)를, 혜은선사慧隱禪師에게 현玄(현리玄理)을, 양부선사楊孚禪師에게 묵默(선禪)을 배워 사조쌍봉四祖雙峰의 말손이 되었다. 희양산문이라고 하며 성견·민휴 등이 문도이다.

보령 성주사聖住寺는 무염無染이 시작했다. 호는 무주無主이며 태종 무열왕의 8대손으로 알려져 있다. 9세에 글을 배울 때 눈으로 보면 곧 외우므로 해동 신동이라고 불렀다. 13세에 설악산 오색석사五色石寺(지금의 오색약수)에서 중이 되고 법성法性을 수년 동안 섬겼다. 부석사 석징釋澄에게 《화엄경》을 배우고 당나라에 건너가 남산 지상사至相寺에서 《화엄경》을 묻고 마곡麻谷 보철宝徹에게 법인法印을 받았다. 오랫동안 중국의 고적과 고승을 사방으로 방문하여 당나라에 이름이 알려져 동방 대보살이라고 일컬어졌다. 23년 만에 귀국하여 김양金陽의 후원을 받았다. 성주산문을 열고 순차·원장 등의 문도를 배출했다.

해주 광조사廣照寺는 이엄利儼이 시작했다. 이엄의 속성은 김씨이며 경주 사람이다. 12세에 출가하여 덕량德良에게 배우고 도견에게 구족계를 받았다. 당나라로 건너가 운거雲居 도응道膺에게 심인心印을 받고 영남·하북·호남·강서로 다니면서 선지식善知識과 성지聖地를 참배했다. 16년 만에 귀국하여 경순왕 5년, 고려 태조의 청으로 해주 광조사에서 개산했다. 수미산문須彌山門이라고도 하며, 문도로는 치광·도인 등이 있다.

9산은 선종의 남파로서 처음에는 각각 특징이 있었으나 신라 말기에는 9파를 계승한 선파禪派는 희미해져 갔다. 지방 토호들과 결탁하여 새로운 국가 건국에 참여하여 본연의 임무를 소홀히 했기 때문이다. 9산 선문도 신라의 국운과 더불어 쇠락의 길로 접어들었던 것이다. 신라의 멸망은 9산 선문의 쇠락과 맥을 같이했다. 신라 이후에는 보조국사(가지산 보림사에서 9산 선문의 하나인 가지산문을 일으킴)의 파와 태고화상太古和尙의 파로 분리되었다. 이후에는 명승名僧이 나오면 그 파만이 번성했다. 명승이 나오지 않으면 결국 종파는 사라지고 말았다. 명승이 일궈놓은 사찰도 자연히 폐허가 되어버렸다. 결국 세상사의 이치는 성하면 반드시 쇠하는 법이다. 통일신라가 그렇고 9산 선문도 세상 이치에서 벗어날 수 없었다.

저자 후기

# 왜 4국이 아닌 3국인가

    삼국시대의 야사를 끝내면서 한 가지 의문점이 남았다. 삼국시대에 가야라는 나라가 한반도에 엄연히 존재하여 가야 문화를 꽃피웠는데 어찌하여 가야국을 빼고 삼국시대로 부르는가. 분명 그 이유가 있었을 것 같아 고찰해보았다.

    가야는 서기 24년 한반도 남부의 낙동강 유역에 흩어져 있던 작은 나라로부터 출발했다. 그 당시 남부지방에는 마한·진한·변한 등 이른바 삼한으로 불리우는 한이 들어서 있었다. 마한은 52개국, 진한은 12개국, 변한은 12개국의 거수국을 두고 있었다. 가야는 이 한 나라 가운데 변한 지역에서 일어나 주로 낙동강 서쪽의 영남지역에 집중해 있었다.

    오늘날 크게는 군, 작게는 면 단위에 해당되는 작은 국가들을 소국으로 불렀다. 작은 나라라는 뜻이다. 이들 소국은 주변 소국의 간섭을 받지 않을 뿐만 아니라 문제를 스스로 해결하는 독립적인 정치체제였다. 자체 내에 군장君長·관료는 물론 농민과 노비, 그리고 각종 공공건물과 시설을 갖춘 작은 국가였다.

    그런데 철기 보급이 확대되면서 소국 내부에도 많은 변화가 일어났다. 철로 만든 농기구가 널리 사용되면서 노동력이 절감되고 생산력이 증가되었다. 이 생산력 증가는 사회적 부를 증대시켰지만, 빈부의 격차를 심화시켰다. 또한 철제무기의 사용은 군사력 팽창을 가져왔다. 이들 소국은 잘사는 나라가 되고 철제 무기를 다량 보유하면서부터 독립성을 서로 인정해주던 관계에서 무력 충돌의 경향이 생겨나 지배하거나 지배당하는 관계로 변해갔다.

가장 강한 소국이 가장 약한 소국을 제압하면서 점차 주도권을 장악해 나갔다. 따라서 약한 소국들은 연맹관계를 맺어 상호 공존의 무리를 이루었다. 어느 시기부터인가 변한지역의 소국들이 결집된 연맹체 전체를 가야라고 불렀다. 그 연맹체에 속한 소국들은 금관가야(김해)·대가야(고령)·아라가야(함안)·고령가야(상주)·소가야(고성)·성산가야(성주)·비화가야(창녕) 등의 명칭을 사용했다.

금관가야가 있던 김해지역은 일찍부터 철을 다루는 기술이 발달했다. 옛 용성국의 후예들이 감포에 터를 잡고 그들이 익힌 철 기술을 발달시켰다. 더구나 철의 생산이 풍부하여 왜 열도를 비롯하여 신라·백제에 수출했다. 철은 농기구나 무기의 재료로서 국가 발전에 중요한 자원이었다. 이 당시의 철은 무역할 때 화폐의 대용으로 이용하기도 했다.

김해지역은 지리적으로 낙동강 하류에 위치하여 해상과 육지를 연결하는 교통의 중심지였다. 낙동강을 따라 경상도 내륙지방과 쉽게 교류할 수 있었으며, 바다를 통해 왜 열도, 중국의 군현과 무역할 수 있는 요충지였다.

금관가야는 이 같은 지원·기술 조건과 지리적 이점을 살려 왜 열도, 중국의 군현 및 내륙의 백제·신라와 교류하면서 선진문물을 받아들였다. 그리고 철과 함께 이 선진문물을 내륙의 여러 가야 소국에 전해주었다. 이러한 중계무역을 통해 경제력이 성장한 금관가야는 소국들의 해외 교역을 통제하면서 가야연맹 맹주국으로서의 지위를 튼튼히 구축했다.

서기 102년, 신라의 거수국인 소국 음죽벌국과 실직곡국 사이에 영토 분쟁이 일어났다. 당시 신라의 파사이사금婆娑尼師今은 사태 해결을 김수로왕에게 부탁한 기록이 보인다. 수로왕이 이 사건을 원만히 해결해주자

파사이사금과 신라 6부의 지도자들이 감사 표시로 성대한 잔치를 마련해 주었다.

이때 6부 가운데 5개 부는 신분이 높은 자들이 접대했는데, 오직 한지부漢祇部만이 신분이 낮은 자를 보내었다. 이를 안 수로왕은 크게 성이 나서 자신의 부하를 시켜 한지부의 지도자를 죽이고 돌아갔다. 그러자 신라에서는 파사이사금이 살인을 한 수로왕의 신하를 붙잡아 죽여버렸다.

파사이사금이 자기 나라 문제를 수로왕에게 부탁하여 해결했다는 사실은 그만큼 가야가 주변국인 신라의 문제를 해결해줄 정도로 국력이 신장되어 있었고, 대외적으로 권위가 있었음을 증명해주고 있다. 또 수로왕이 6부의 한지부 지도자를 죽였는데도 신라는 수로왕의 신하만을 처단하고 아무런 보복조치를 취하지 않은 점에서도 알 수 있다.

가야가 초기에는 신라에 비해 정치적으로 우위에 있었음을 엿볼 수 있다. 이처럼 초기에 신라와 대등한 위치에 있던 가야가 우리 고대사에서 주역 아닌 조연의 자리에 머물 수밖에 없었던 것은 그럴 만한 사정이 있었을 것이다. 즉, 고구려 · 신라 · 백제 · 가야 등 4국 시대라고 불러야 마땅하고, 그럴 만한 가야였는데 가야를 빼고 3국 시대로 부르는 까닭은 무엇일까? 가야 문화 역시 3국에 못지않은 높은 수준이었는데, 왜 4국이 아니고 3국일까? 가야는 신비의 왕국으로 남아 있다.

5세기 전반, 신라가 급속히 성장하여 낙동강 방면으로 세력을 뻗치자 남해안의 가야 소국이 연맹에서 이탈했다. 낙동강 동쪽의 여러 나라들도 신라에 항복하는 사태가 벌어졌다. 그리하여 금관가야가 강력한 집권체제를 갖추기도 전에 가야연맹은 와해되고 말았다.

김해지역을 중심으로 한 가야연맹이 해체된 뒤 낙동강 서쪽 내륙에 있던 고령의 대가야를 중심으로 하여 다시 가야 소국들의 연맹체가 형성되었다. 이를 금관가야 중심의 가야연맹과 구분하여 후기 가야연맹이라고 부른다.

후기 가야연맹의 맹주인 대가야는 중국 남조의 제나라와 교류하여 작호를 제수받는 등 대외적인 활동을 활발하게 전개했다. 이때 악사 우륵으로 하여금 각 지역의 음악을 종합하여 새로이 가야금 12곡을 정리토록 했다. 이로써 각 소국간의 문화적 이질감을 해소하기 위해 노력했다.

가야금을 말 그대로 풀면 '가야에서 만든 거문고(琴)'라는 뜻이다. 6세기 대가야의 가실왕嘉實王은 성열현(지금의 의령군 부림면) 출신의 악사 우륵에게 당나라의 악기 쟁箏을 참고하여 새로운 악기를 만들도록 지시했다. 우륵은 기술자들과 함께 가야금을 만들어냈다.

가야금이 만들어지자 가실왕은 다시 '가야의 각 지역 말소리가 달라서 통일하기가 어렵다'고 하여 우륵에게 가야금으로 12곡을 만들게 했다. 지금은 전하지 않고 이름만 남은 12곡은 이렇다. 하가라도下加羅都 · 상기라도 · 보기寶伎 · 달이達已 · 사물思勿 · 물혜勿慧 · 하기물下奇物 · 사자기師子伎 · 거열居烈 · 사팔혜沙八兮 · 이사爾赦 · 상기물上奇物 등이다.

이 곡 전부를 우륵이 새로 작곡한 것은 아니다. 이들 곡은 주로 그 당시 가야의 지명이나 놀이명을 제목으로 삼은 것이 특징이다. 그리고 이전부터 내려오던 각 지역의 음악을 우륵이 가야금 곡조로 재정리했던 것이다.

우륵이 활동하던 시절 가야의 주변 정세는 매우 급박하게 전개되었다. 가야연맹의 주도권을 쥔 고령의 대가야는 서기 532년 신라가 금관가야를 병합하자 상당히 위협을 받았다. 신라는 영토를 확장하면서 급성장하고 있었다. 이러한 상황에서 대가야는 백제와 손을 잡고 신라에 공동전선을 펴는 전략을 구사하면서 나라를 지탱해보려고 했지만 여의치 않았다.

가야가 점점 기울어지는 것을 안 우륵은 제자들과 함께 가야금을 가지고 신라로 망명했다. 신라 진흥왕 때의 일이다. 신라 조정은 망명객들을 받아들여 국원國原(지금의 충주)에서 살도록 했다.

서기 551년, 순수길에 나선 신라 진흥왕은 낭성(지금의 청원군 낭성면)에 묵었다. 그곳에서 우륵과 제자 이문이 음악을 잘한다는 소식을 듣고 그들을 불렀다. 우륵과 이문은 새로운 곡을 지어 하림궁河臨宮에 가서 가야금 연주를 하여 진흥왕을 감탄시켰다. 진흥왕은 가야금을 적극 수용, 그 맥을 잇게 하려고 계고階古·법지法知·만덕萬德 등 세 명의 신라인을 우륵의 제자로 삼았다. 우륵은 이들의 특기를 살려 계고에게는 가야금을, 법지에게는 노래를, 만덕에게는 춤을 전수해주었다. 그런데 이들은 가야금 12곡 가운데 11곡까지 배운 뒤 '이 음악들은 번잡하고 음탕하다'며 줄여서 5곡으로 만들었다.

우륵은 자기 허락도 없이 곡을 마음대로 바꿔놓은 것을 알고 처음에는 몹시 화를 내었다. 그러나 제자들이 고쳐놓은 음악을 듣고 나서 눈물을 흘리며 기뻐했다.

"즐겁고도 산만하지 않고, 애처롭지만 비통하지 않으니 바르다고 할 만하구나."

이렇게 말한 우륵이 자신있게 권했다.

"여보게들, 임금 앞에 나가 연주하게나."

세 사람은 진흥왕 앞에 나가 실력을 선보였다. 진흥왕은 음악을 듣고 칭찬과 함께 후한 상을 내렸다.

우륵의 제자들이 '번잡하고 음탕하다'고 한 것은 신라인 대부분이 가야 음악을 거부했다는 것을 알 수 있다. 실제로 계고·법지 등이 새로운 곡을 가지고 진흥왕 앞에서 연주하려 할 때에도 신하들은 멸망한 가야 음악이므로 받아들여서는 안 된다고 했다. 그러나 진흥왕은 "가야 왕이 음란해서 망한 것이지 음악이 무슨 죄가 있느냐! 나라가 태평하고 어지러운 것은 음악과는 아무런 상관이 없다"면서 신하들의 배척을 단호히 물리쳤다. 이리하여 거문고·비파와 함께 가야금은 신라의 3대 현악기로 자리잡게 되었다.

우륵이 신라로 망명한 후 얼마 되지 않아 대가야는 신라에게 멸망하고 말았다. 이때 공격의 선봉에 선 화랑 사다함의 활약은 눈부셨다. 그 공을 높이 산 진흥왕은 포로로 잡은 가야인 300명과 약간의 땅을 상으로 내렸다. 사다함은 포로를 모두 양민으로 풀어주었다. 이러한 사다함의 행동은 당시 신라인들에게 아름다운 행동으로 칭송되었다. 당시 사다함의 직책은 귀당비장으로서 여러 부대 가운데 하나인 귀당의 부부대장에 해당되었다. 따라서 그보다 높은 직책의 장군들도 포상으로 받은 가야의 포로들을 양민으로 풀어주었을 것이다.

어쨌든 가야는 백제와 신라의 강대국 틈에서 행동이 극히 제한적일 수밖에 없었다. 전기 가야연맹과 후기 가야연맹은 주도세력만이 바뀌었을 뿐 연맹체 형태는 멸망할 때까지 지속되었다. 가야연맹체에 속해 있었던 소국들은 멸망할 때까지 하나의 강력한 국가를 형성하지 못한 채 각기 독자적 세력을 유지하고 있었다.

가야와 마찬가지로 삼국도 초기에는 소국 연맹체였다. 그러나 삼국은 소국 연맹체에서 탈바꿈하여 중앙집권적인 국가로 발전하는 데 성공했다. 각 연맹의 종주국들은 세력이 강해지자 자신들의 힘을 바탕으로 주변의 소국을 완전히 통합한 뒤 직접 통치를 시행했다. 백제는 나라에 망명정부를 세운 뒤에도 본국의 십제와 곰나루 백제, 그리고 외백제를 통치했다. 이로써 왕권이 강화되고 각종 제도를 정비하기에 일사분란했고, 영토를 확장하면 거수들을 파견하면 되었다.

그러나 삼국에 비해 가야는 끝까지 연맹체에서 벗어나지 못하고 주도세력만 바뀔 뿐 멸망할 때까지 그대로 유지했다. 따라서 가야가 삼국과 구분되어 다루어지는 이유는 삼국처럼 강력한 중앙집권적 통치체제를 형성하는 데 실패했기 때문이다. 가야연맹체에 속해 있던 소국들은 각기 정치적인 독자성을 유지했을 뿐만 아니라 문화적으로도 다른 지역과 통합을 이루지 못함으로써 국가가 발전하는 데 근본적으로 한계를 안고 있었다. 그리하여 삼국과의 경쟁에서 도태될 수밖에 없었다. 이런 이유로 가야가 4국에 들지 못한다.

가야 멸망 후 가야인의 상당수는 백제로 망명하고, 일부는 신라 각지에서 전리품으로 취급되어 노비로 전락해버렸다. 그러나 일부는 신라에서 출세 가도를 달렸다. 우륵도 출세한 경우에 속하나 가야인이라는 이

유 때문에 수도 경주에서 살지 못하고 지방도시인 국원에서 일생을 마쳤다. 문장이 뛰어난 강수의 선조도 가야인으로 국원에서 살았다. 가야를 멸망시킨 후 신라는 가야인을 국원에서 살도록 했던 것이다.

가야 출신으로 가장 출세한 인물은 김유신이다. 그는 서기 532년에 신라에 항복하여 경주로 옮겨와 진골귀족이 된 금관가야 왕족의 후손이었다. 김유신의 할아버지 김무력은 관산성 전투에서 백제 성왕을 죽이는 큰 공을 세웠다. 아버지 김서현 역시 장군으로 활약했다. 그러나 그의 집안사람들은 진골이면서도 토박이 경주 귀족들에게 차별대우를 받았다. 김서현은 결혼할 때 어려움이 많았다.

진흥왕의 동생이자 진평왕의 작은할아버지인 숙흘종의 딸 만명부인이 아버지의 반대를 무릅쓰고 집을 뛰쳐나와 김서현을 따라 나서자 겨우 결혼이 성사되었다. 이 두 사람의 결혼은 김유신 집안의 정치적 입지를 강화시켜주었다.

김유신은 김춘추에게 여동생을 시집보낸 후 김춘추를 태종 무열왕으로 만드는 데 커다란 공헌을 했다. 이때 김유신을 비롯한 가야계 세력은 절정을 이루었다. 그러나 김유신이 죽은 후 그 후손들은 신라 왕족들의 질투와 시기를 받아 점차 약화되어갔다. 급기야 통일신라 말에는 사회적으로 거의 몰락하기에 이르렀다. 망국의 후예는 망명국가에서도 영원히 망국의 후예일 뿐이었다.

## 〈한 권으로 보는 역사 100장면〉 시리즈

### 한 권으로 보는 세계사 101장면
**김희보 지음 | 신국판 | 값 8,000원**
인류의 출현에서 소련의 붕괴까지 세계의 역사 가운데 전기를 이루었다고 생각되는 101대 사건을 간명하게 정리, 세계사의 흐름을 파악할 수 있게 했다.

### 한 권으로 보는 한국사 101장면
**정성희 지음 | 신국판 | 값 10,000원**
한반도의 구석기문화 출현에서 문민정부의 등장까지 우리 역사에서 전기를 이루었다고 생각되는 101대 사건을 엄선, 정리했다.

### 한 권으로 보는 중국사 100장면
**안정애·양정현 지음 | 신국판 | 값 10,000원**
북경원인의 출현에서부터 최근의 한·중 수교에 이르기까지 장구한 중국의 역사에서 100대 사건을 엄선, 다기한 중국사의 흐름을 간명하게 제시했다.

### 한 권으로 보는 러시아사 100장면
**이무열 지음 | 신국판 | 값 12,000원**
러시아 대륙에 최초로 나타난 나라 키예프 러시아에서 '인류의 위대한 실패'로 기록된 소련의 붕괴까지, 격동의 러시아사에서 100대 사건을 간명하게 정리했다.

### 한 권으로 보는 미국사 100장면
**유종선 지음 | 신국판 | 값 10,000원**
신대륙 발견에서 LA 흑인폭동에 이르기까지, 건국 200년 아메리카 합중국의 역사에서 일대 전기를 이루었다고 생각되는 100대 사건을 엄선, 간명하게 정리했다.

### 한 권으로 보는 해방후 정치사 100장면
(증보판)
**김삼웅 지음 | 신국판 | 값 9,000원**
해방에서부터 김대중 집권까지 반세기 동안 격동했던 한국 현대정치사 중에서 역사의 전기를 이루었다고 생각되는 102대 정치사건을 엄선, 정리했다.

### 한 권으로 보는 서양철학사 100장면
**김형석 지음 | 신국판 | 값 10,000원**
철학의 탄생에서 20세기 현대사상에 이르기까지 3,000년 서양철학사를 에세이풍으로 시원스레 풀어나간 노교수의 명강의.

### 한 권으로 보는 불교사 100장면
**임혜봉 지음 | 신국판 | 값 10,000원**
석가의 탄생에서부터 성철 큰스님의 입적까지 우리 불교를 중심으로 100대 사건을 엄선, 2500년 불교사의 가닥을 간명하게 정리했다.

### 한 권으로 보는 북한현대사 101장면 (증보판)
**고태우 지음 | 신국판 | 값 9,000원**
김일성의 입북에서 사망, 김정일의 후계계승, 최근의 남북정상회담까지 북한의 역사에서 101대 사건을 엄선, 북한사의 흐름을 쉽게 짚을 수 있도록 엮었다.

### 한 권으로 보는 세계 탐험사 100장면
**이병철 편저 | 신국판 | 값 12,000원**
중세의 바다를 주름잡았던 바이킹에서부터 에베레스트를 무산소로 등정한 라인홀트 메스너까지, 이제까지 있었던 인류의 탐험사를 100장면으로 정리.

### 한 권으로 보는 20세기 대사건 100장면
(증보판)
**양동주 지음 | 신국판 | 값 9,500원**
격동의 20세기, 어떤 대사건들이 일어났나? 20세기 100년 동안 세계사의 흐름을 뒤바꾼 대사건 100개를 엄선한, 살아 있는 세계현대사.

### 한 권으로 보는 20세기 결전 30장면
**정토웅 지음 | 신국판 | 값 12,000원**
20세기 100년간 일어난 수많은 전쟁 중 주요 전투, 곧 '결전' 30개를 뽑아 그 전개경과와 전술, 승패요인, 전사적 의미 등을 쉽게 풀어쓴 20세기 전쟁사의 결정판.

### 한 권으로 보는 전쟁사 101장면
**정토웅 지음 | 신국판 | 값 9,000원**
트로이 전쟁에서 대 이라크 전쟁인 걸프 전쟁까지, 인류 역사의 물줄기를 바꾸어온 중요 전쟁 101개를 엄선한 전쟁사 입문서.

### 한 권으로 보는 일본사 101장면
**강창일·하종문 지음 | 신국판 | 값 10,000원**
선사문화에서 의회 부전결의까지, 일본역사의 전기를 이룬 101장면을 추려 시대순으로 정리하여 일본사의 흐름을 한눈에 파악할 수 있게 한 '새로운 일본사 읽기'.

한 권으로 보는 한국 최초 101장면
김은신 지음 | 신국판 | 값 9,000원
'파마 값이 쌀 두 섬이었던 최초의 미장원'에서부터, 남자가 애 받는 '해괴망측한 산부인과 병원'까지 우리 근대문화의 뿌리를 들춰 보는 재미있는 문화기행.

한 권으로 보는 한국미술사 101장면
임두빈 지음 | 변형 4*6배판 | 올 컬러 | 값 20,000원
선사시대 원시인들의 암각화에서 현대미술에 이르기까지 101개의 주요 작품을 위주로 일목요연하게 해설, 부담없이 읽어나가는 동안 한국미술 5000년의 역사를 파악할 수 있도록 한 역작.
〈98 한국간행물윤리위원회 제32차 청소년 권장도서〉 선정.

한 권으로 보는 중국미술사 101장면
장훈 지음 | 노승현 옮김 | 변형 4*6배판 | 올 컬러 | 값 20,000원
동양미술의 첫 샘, 중국미술을 이해하지 않고서는 우리 미술을 이해할 수 없다. 반파 채도에서 제백석까지, 7000년 중국미술사로의 재미있는 여행.
〈99 이달의 청소년도서〉 선정.

한 권으로 보는 스페인 역사 100장면
이강혁 지음 | 신국판 | 값 12,000원
알타미라 동굴 벽화에서 유로화까지, 한때는 세계 제패를 꿈꾸던 강대국에서 내전의 소용돌이와 민주화를 위한 소용돌이를 거쳐 다시 부활을 꿈꾸기까지 스페인의 길고 웅대했던 역사가 펼쳐진다.

서양음악사 100장면
박을미 · 김용환 지음 | 변형 4*6배판 | 올 컬러
값 1권 18,000원, 2권 22,000원
모차르트, 베토벤 등 고전시대 이후를 다룬 책은 많아도 바흐 이전의 고음악을 쉽게 알려주는 책은 거의 없던 터라 반갑다. 고음악 애호가들에게는 좀더 지적인 감상을 위한 나침반이고, 고음악을 잘 모르던 사람에게는 호기심을 일으키는 자극제다. −〈한국일보〉

이 책은 오랜 세월의 소리가 묻어 있는 문화예술의 결정체 음악의 자취를 더듬는다. 또한 르네상스 시대 레오나르도 다빈치가 건축과 회화 외에 음향악에도 조예가 깊었다는 새로운 사실을 발견하는 즐거움도 준다. −〈세계일보〉